DELIUS KLASING

BURGHARD PIESKE

Expedition Wiking Saga

Im offenen Boot
über den Nordatlantik

Delius Klasing Verlag

Weitere im Delius Klasing Verlag von Burghard Pieske erschienene Bücher:
„Shangri-La", „Karibisches Eis – arktisches Feuer", „Abenteuer unter
arktischer Sonne" sowie „Bounty Bay – 5000 nasse Meilen im Pazifik".

Die Deutsche Bibliothek – CIP-Einheitsaufnahme

Pieske, Burghard:
Expedition Wiking Saga : im offenen Boot über den Nordatlantik / Burghard
Pieske. – 1. Aufl.. – Bielefeld : Delius Klasing, 2002
  (Abenteuer)
  ISBN 3-7688-1341-X

1. Auflage
ISBN 3-7688-1341-X
© by Delius, Klasing & Co. KG, Bielefeld

Fotos: Burghard und Silke Pieske, Jean Molitor
Zeichnungen: Gerhard Pieske, Robbert Das (Seite 246/247)
Umschlaggestaltung: Buchholz/Hinsch/Hensinger, Hamburg
Druck: Westermann Druck Zwickau GmbH
Printed in Germany 2002

Delius Klasing Verlag, Siekerwall 21, D-33602 Bielefeld
Tel.: 0521/559-0, Fax: 0521/559-113
e-mail: info@delius-klasing.de
www.delius-klasing.de

INHALT

PROLOG: WIR HABEN ÜBERLEBT!

„Land ...!" krächzt Peter unvermittelt in das Brausen hinein. Nur das eine Wort. Und dann noch einmal, mit einem verwirrten, hoffenden Fragezeichen: „Land ...?"

Er stemmt sich neben mir von der Ruderbank hoch, ohne die gewohnte Behendigkeit, die ihm noch vor Tagen zu eigen war. Tappt, den Arm ausgestreckt, zwei Schritte vorwärts, als helfe das, dem Ziel näher zu kommen: wie ein Verdurstender, der eine Fata Morgana zu greifen versucht. „Da vorn ... Siehst du?" Seine Stimme ist so fremd und brüchig, als habe sie hundert Jahre lang geschwiegen. Das Rauschen der Seen und der sprühende Wind, der uns die Ohren taub schlägt, verschlucken sie fast.

In den letzten vierundzwanzig harten Stunden muß uns die Fähigkeit zu artikulieren weitgehend abhanden gekommen sein, erstarrt in eisiger, peitschender Nässe, niedergeknüppelt vom Entsetzen des Ausgeliefertseins, erfroren in Kälte und Angst. Jeder von uns hat sich sprachlos der Einsicht ergeben, daß unsere letzten verbliebenen Kräfte einem einzigen Zweck dienen müssen: dem Durchhalten. Jeder ist verkrochen in sich selbst, versunken in einen lautlosen Monolog an irgendwelche hilfreichen Mächte. In den wattierten Overalls, die sich als unzulänglich erwiesen haben, sind wir zu scheintoten Raupen geschrumpft. Unsere Rücken sind gekrümmt, als könnten so alle Peinigungen besser abprallen.

Ich folge mit dem Blick Peters unsicherem Zeigefinger, der in die trübe Morgendämmerung weist, aber mir fällt mehr das bedenkliche Flattern seiner Hand auf als irgend etwas anderes. Mein Gehirn formuliert eine Erwiderung, die jedoch auf dem

Weg zu den Lippen den Schwächetod stirbt. Meine Hände auf dem Ruder sind gefühllos, zu nassem, eisigem Holz geworden wie die Pinne, die mehr an mir reißt als ich an ihr. Seit zwei Tagen und zwei Nächten haben wir keinen Schlaf gefunden. Wir haben längst angefangen, Gespenster zu sehen. Und deshalb ist auch dem kaum wahrnehmbaren, schattenhaften Gebilde nicht zu trauen, dessen Grau nur unwesentlich abweicht von der verschwommenen Kimm, an der es hinter der schaumspuckenden Dünung sporadisch zum Vorscheint kommt: ein Trugbild, das uns zum Narren hält? Niemals kann das Grönland sein, sagt mir mein rechnerischer Restverstand. Denn es ist erst der dritte Tag, seit wir Island in der irrigen Annahme verließen, die Gegebenheiten seien günstig.

„Das täuscht", presse ich schließlich hervor. „Bis morgen mußt du noch warten."

Eher bis übermorgen, aber das behalte ich für mich, um die Moral nicht zu zersetzen. Es kann sich nur um eine weitere dicke Wolkenbank handeln, eine geballte Masse Regen, die uns überschütten und uns endgültig der Auflösung preisgeben wird. Doch trotz dieser felsenfesten Überzeugung saugen auch meine Augen sich am Horizont fest. Die Droge Hoffnung ist verführerisch.

Peters Alarmruf hat Jürgen aus dem Zelt gelockt, er kommt hervorgekrochen wie eine Krabbe. Eine halbe Stunde zieht sich hin, während wir zu dritt gebannt ins Trübe starren und mühsam alle vorausgaloppierenden Wünsche im Zaum halten. Dann zeigt sich, daß Peters Entdeckung zwar kein Land ist, aber dennoch etwas Verheißungsvolles. Das graue Etwas wird immer heller, formt sich zu einem kantigen Klotz und entpuppt sich schließlich als Eis: ein Vorbote der Erlösung. Denn wo ein Eisberg auftaucht, wird irgendwo auch die Küste seiner Herkunft sein.

Die letzte Schwärze der Nacht löst sich auf, der schmierige Himmel wird durchsichtiger, und der Vormittag gibt das Wunder preis: Graphitgraue Steinmassen filtern sich aus dem Nichts, wuchtige, düstere Türme mit tief eingeschnittenen Kerben sind zu erkennen und oben übergestülpte weiße Kapuzen – die Gebirge der Ostküste. Grönlands wildeste, unzugänglichste, furchteinflößendste Seite liegt vor uns, verteidigt von Schwadronen patrouillierender Eisberge. Eine Küste, wie sie in Seefahrers haarsträubendsten Alpträumen vorkommt. Aber ich schwöre, nie habe ich festes Land, selbst das abschreckendste, verzweifelter herbeigesehnt. Keine Palmeninsel könnte in uns beglückendere Gefühle wecken. Denn was sich dort erhebt wie die geschundene Mauer einer uneinnehmbaren Festung bedeutet Sicherheit und Schlaf, bedeutet heiße Brühe für die verödeten Eingeweide, bedeutet *Leben*.

Wir fixieren das steinerne Bild, das Versprechen unserer Rettung, so gespannt, als müsse es jeden Augenblick uns zu Ehren in Bewegung geraten. Es blickt uns starr und drohend entgegen, aber in unsere Adern sickert die Kraft zurück.

„Du hattest also doch recht", höre ich mich zu Peter sagen.

Die beiden wenden mir die Gesichter zu, und ich erschrecke. Ich muß wohl schon länger vermieden haben, die Freunde direkt anzusehen, vielleicht aus Sorge, sie könnten die Furcht in meinen Augen erkennen; all meine gepredigte Zuversicht wäre dann als Hochstapelei entlarvt worden. Jetzt blicke ich in zwei Gesichter, die ich so alt nicht in Erinnerung hatte. Sie sind aschfahl wie der kalte Morgen und die Augenhöhlen so dunkel, als könne Tageslicht sie nie erreichen. Ich brauche keinen Spiegel, um zu wissen, welchen Anblick ich selber biete. Wir sind halb erfroren, restlos fertig, aber wir sind am Leben und am Ziel. Und auf einmal sehe ich in diesen fast erloschenen Augen ein kleines Licht aufglimmen, das immer heller strahlt und über die Erschöpfung triumphiert. Es ist ein schweigsamer Triumph. Die passenden Worte fallen keinem von uns ein, und wahrscheinlich gibt es sie auch gar nicht. Peter taucht unter die Persenning und bringt eine angebrochene Buddel Rum zum Vorschein, die er himmelwärts hebt, als handle es sich um die olympische Fackel. Jürgen nickt bloß zum wiederholten Male. Es ist ein Augenblick stummen Gleichklangs, was ihm eine seltsame Feierlichkeit verleiht.

Wir genehmigen uns jeder einen Festtagsschluck, der eiskalt und doch wärmend durch die Kehle rinnt. Wir haben es geschafft. Wir sind entkommen. Der Nordatlantik hat uns nicht behalten.

9

1 VOM WELTUMSEGLER ZUM WIKINGER

Die meisten Leute, befragt, was ihnen spontan zum Stichwort „Grönland" einfällt, kommen erst mal auf Eskimos. Was ja nicht unbedingt falsch ist, nur von unangemessener Dürftigkeit. Aber bis vor gar nicht langer Zeit wäre auch meine Antwort nicht viel erschöpfender ausgefallen. Um so größer war dann die Offenbarung. Grönland – nichts als ein paar Robbenfänger, jede Menge Eis und grenzenlose Öde? Das dachte ich nur, solange ich noch nicht ahnte, wie sehr die gewaltige, weltferne Insel zwischen Nordatlantik und Polarmeer mit ihrer kantigen, spröden Schönheit von mir Besitz ergreifen sollte.

Dabei war es keineswegs Liebe auf den ersten Blick, eher schon ein Fehlstart, ziemlich verdrießlich jedenfalls, diktiert von der Zwangslage, irgendwo in dem fremden Land ein sicheres Winterquartier für unsere SHANGRI-LA finden zu müssen. Seit neun Jahren war ich mit dem Katamaran rund um den Globus unterwegs, auf einer Weltumsegelung, die ursprünglich drei Jahre hatte dauern sollen und sich dann in die Länge zog. Nun befand sich SHANGRI-LA auf Heimatkurs – von Kanada über Grönland und Island nach Europa.

Der früh einsetzende Polarwinter stoppte allerdings unsere Heimreise in Grönland, erzwang eine Pause von mehreren Monaten, auf die es mir nun auch nicht mehr ankam. Dann würde SHANGRI-LA eben im nächsten Sommer ihren Heimathafen Travemünde wiedersehen. Zehn Jahre waren eine schöne, runde Zahl.

In den ersten Tagen im Hafen der windgebeutelten Hauptstadt Godthåb schockierte mich Grönland mit einer Grobheit nach der anderen. Bezechte Vandalen nahmen den Katamaran aufs Korn, ein Raub konnte gerade noch vereitelt werden. Ich hatte schon den Eindruck, daß man in Grönland weder seines Lebens noch seiner Habe sicher sein konnte. Am liebsten wollte ich stehenden Fußes wieder weg. Was aber nicht ging – zum Glück, denn sonst wäre ich nie mit dem eigentlichen Wesen der arktischen Insel in Berührung gekommen. Hätte nie den entrückten, urzeitlichen Zauber kennengelernt, der mich unwiderstehlich in seinen Bann ziehen sollte. Und natürlich hätte ich nicht all jene Menschen gefunden, Originale, wie sie nur in extremer Umgebung gedeihen, rauhschalig wie der Norden selber, aber von selbstloser Hilfsbereitschaft.

Weitab vom Sog der Zivilisation, in der stillen Schärenwelt der Südwestküste, verfiel ich der Faszination der großen „Eisschüssel", wurde ich auf einen Pfad gelockt, der mich schließlich in eine ganz neue, ungeahnte Richtung führen sollte: in die Vergangenheit. Denn überall an den Ufern der grönländischen Fjorde fand ich geheimnisvolle Wegweiser in eine versunkene Welt – die Welt der alten Skandinavier, die sich einst dieses urwüchsige Land für Jahrhunderte zu eigen gemacht hatten. Ich tauchte ein in die Zeit der Wikinger. Fortan dachte ich, wenn das Wort Grönland fiel, nicht mehr zuerst an Eskimos, sondern sah in archaischer Fjordlandschaft überwucherte Steine vor mir, Ruinen, die altnordische Namen flüsterten, vor allem einen, dessen Klang alle überdauerte: Erik Thorvaldsson, genannt der Rote.

Genaugenommen war es des Roten Sohn Leif Eriksson, dem ich zuerst begegnete, nicht in Grönland, sondern schon in Kanada. Ich hatte erst nach Amerika kommen müssen, um etwas über die Völkerstämme zu erfahren, die einst auch das Land meiner Herkunft, Schleswig-Holstein, bewohnten. Jenseits des Atlantiks öffnete sich mir unerwartet ein weithin unbekanntes Kapitel europäischer Geschichte, zumindest einen Spalt breit, gerade genug, um den Forscher in mir zu wecken.

Da war die kleine Ortschaft L'Anse aux Meadows auf Neufundland, die in einem eigens hergerichteten Museum das Andenken ihrer längst verschollenen Gründerväter hütet, der ersten Europäer, die über das Meer gekommen und über das Meer wieder verschwunden waren. Das „Vinland" der alten Sagas, lange von der Fachwelt in allen möglichen Gegenden gesucht, nicht selten in seiner Existenz bezweifelt oder als Phantasieprodukt verworfen, wurde hier in den sechziger Jahren von dem norwegischen Hobby-Archäologen Helge Ingstad eindeutig lokalisiert und der Beweis dafür aus der kanadischen Erde zutage gefördert. An der Nordspitze der Neufundlandinsel, wo sich der Schwarze-Enten-Bach in eine flache Bucht ergießt, haben sie vor tausend Jahren über das Wasser geblickt: die Leifsbudir, die Häuser, die Leif errichtete, nachdem er und die Mannschaft seines Schiffes wahrscheinlich als erste Weiße die Neue Welt betreten hatten.

Eine weitläufige Gruppierung länglicher Grassodenhäuser auf Steinfundamenten war der äußerste westliche Brückenpfeiler wikingischer Entdeckungen. Eine schwache Bastion. Die kleinen Trupps verwegener Kolonisten, die sie einige Jahre lang immer wieder neu besetzten, hatten letztlich der Übermacht feindseliger indianisch-eskimoischer Jäger weichen müssen. Vinland und die Leifsbudir wurden wieder aufgegeben, die gescheiterten Siedler zogen sich nach Grönland zurück, woher sie gekommen waren: eine kurze, aber dramatische Episode der Weltgeschichte. Nur konnte zur damaligen Zeit niemand ihre Bedeutung erfassen, ereignete sie sich doch fünfhundert Jahre, bevor ein gewisser Christoph Kolumbus nach „Indien" aufbrach und schamloserweise den Ruhm erntete, Amerika entdeckt zu haben.

L'Anse aux Meadows und seine Vergangenheit holten mich also im letzten Jahr meiner Weltumsegelung wieder ein, als SHANGRI-LAS Kurslinien sich weiter zum Polarkreis und bis tief in die verstecktesten Fjorde Westgrönlands zogen. Hier waren die Nordmänner allgegenwärtig. Das malerische Labyrinth dieser zerklüfteten Küste zu besegeln, heißt geradezu zwangsläufig, über sie zu stolpern. Über sie und ihre zwar vom Zahn der Zeit zernagte, aber doch noch eindrucksvolle Hinterlassenschaft, für die sie auf nicht recht vorstellbare Weise Hausrat und Vieh über die stürmi-

12

sche, gnadenlose Weite des Nordatlantiks transportiert haben. Ihnen verdankt Grönland noch heute seine Verbundenheit mit Skandinavien.

Da sind die Mauerreste von Gardar, in seiner Blütezeit eine veritable Bischofsresidenz, Speerspitze Roms am einsamen Rand der Welt, wo der alte Heidenglaube noch zähen Widerstand leistete. Oder die beredte Kirchenruine von Hvalsey, die „Hochzeitskirche", Schauplatz der letzten beurkundeten Trauung, bevor die Wikinger für immer aus Grönland und auf geheimnisvolle Weise im Dunkel der Geschichte verschwanden. Und nicht zu vergessen Brattahlid, des berühmten Roten Eriks Anwesen: erstes von etwa dreihundert wikingischen Gehöften in den grünen Tälern Grönlands. Brattahlid war ein Gutshof mit sechzehn Kühen im Stall und einem Haupthaus, das mit einer Frontbreite von fünfzig Metern am Ufer des Eriksfjordes thronte. In der großen Versammlungshalle amtierte noch lange nach Eriks Zeit der „Gesetzessprecher" des kleinen Bauernstaates. Und hier scharte an einem Sommertag des Jahres 1001 der junge Leif Eriksson 35 Freunde um sich, belud sein Schiff und segelte durch den Fjord hinaus zu einer der bemerkenswertesten Entdeckungsreisen der Menschheit: nach Amerika.

Nichts von alledem hatte ich mir im Zusammenhang mit Wikingern bisher vorgestellt. Auch ich war bis dahin dem landläufigen Klischee verfallen, wonach Wikinger Plünderer, Totschläger, Piraten waren, kurz: die Geißel des mittelalterlichen Europa, dessen Küsten sie heimzusuchen pflegten wie eine unabwendbare Naturkatastrophe. Doch alles, was ich jetzt sah, führte dieses Zerrbild ad absurdum. Gewiß läßt sich die Vorliebe der Wikinger für den Kampf nicht abstreiten. Grausamkeit und Rücksichtslosigkeit waren allerdings im frühen Mittelalter nicht die Domäne eines einzelnen Volkes, sondern Allgemeinpraxis – nicht zuletzt auch der Kirche, die besonders eifrig an der Verteufelung der „Barbaren" arbeitete.

Das Leben der Wikinger auf Grönland muß jedoch ein vergleichsweise friedliches gewesen sein. Sie waren wohlhabende Großbauern und gleichzeitig seefahrende Kaufleute. Der Kampf,

der ihr Dasein bestimmte, war der Kampf gegen die Naturgewalten – bis sie am Ende Menschen weichen mußten, die sich den Bedingungen der Arktis noch besser angepaßt hatten als sie: kleinwüchsige, zähe Leute asiatischer Herkunft, die sich selbst in der Unwirtlichkeit von Eis und Schnee längst assimiliert hatten. Als „Skraelinge" tauchen sie in den altnordischen Sagas auf, eine verächtliche Bezeichnung. Niemals hätte sich Erik der Rote träumen lassen, daß diese Verachteten einmal die Oberhand über seine hellhäutigen Hünen gewinnen sollten...

Nichts ist von ihnen geblieben als verwitterte Steine, stumme Zeugen aus vier Jahrhunderten, in denen die große arktische Insel das Gelobte Land der „Nordleute" war. Doch wer sich darauf einläßt und lauscht, dem können diese Steine Geschichten erzählen, in denen alle Facetten menschlicher Gemütsregungen vorkommen. Da geht es um Liebe, Haß und Eifersucht, um Freundschaft und Opferbereitschaft, um Angst und Trauer, Ehre und Mut, Hoffnung, Ausdauer, Unternehmungslust. Und auch um ein Gefühl tiefer Verbundenheit mit einer Landschaft, die in ihrer Dramatik so ganz dem Naturell dieser Menschen entsprach. Das

14

Lebensgefühl der Wikinger, in den Sagas überliefert – hier, am Schauplatz des Geschehens, ist es noch greifbar.

Was sind tausend Jahre? Nur ein Atemzug der Geschichte, erst recht in der unberührten Arktis, die seither kaum ihr Gesicht verändert hat. Nur in solchen Gegenden, wo die dominante Natur das, was wir Fortschritt nennen, in seine Schranken weist, kann das Antlitz der Erde so lange nahezu unwandelbar sein – und gleichsam eine Brücke, an deren Anfang die Vergangenheit noch sichtbar ist.

Hier also hatten sie gelebt, hatten auf dieselben Bergformationen und das wechselnde Blau der Fjorde geblickt wie wir. Hatten dem Getöse der kalbenden Gletscher gelauscht und die Wasserfälle bewundert, die wie zarte Schleier von den Felswänden stauben. Hatten ihr Vieh vor der Kulisse segelnder Eisberge weiden lassen – auf den sanft gewellten Matten, die noch heute von Schafen gesprenkelt sind. Sie setzten ihre Füße auf den denselben Boden wie wir.

Es ist nicht schwer, ihnen hier zu begegnen...

Fast sah ich ihre verblaßten und verwehten Schatten sich bewegen: Frauen in langen, wollenen Kleidern mit schmucken Schulterspangen, bärtige Männer in sackartigen Hemden. Ich sah sie am abendlichen Herdfeuer die Wolle verspinnen und Kleiderstoffe weben, sah sie vor ihren Häusern hantieren, die noch keine unkrautüberwucherten Fundamente waren, sondern stattliche Bauten mit meterdicken Wänden, die sich unter isolierenden, grünen Grassodendächern duckten. Sah sie miteinander reden, feilschen, lachen, ihre Boote beladen, die Segel setzen... Sie haben salzige Tränen geweint und das Lachen geliebt, nicht anders als wir.

Der Blick in die Vergangenheit hatte etwas unwiderstehlich Plastisches. Und er mündete unweigerlich in der Überlegung, was die Nordleute befähigt hatte, anderen Völkern ihrer Epoche so weit vorauszueilen – bis über den Rand der damals bekannten Welt.

Ein Schiff, so organisch wie Fels und Eis

Wo der Begriff „Wikinger" auftaucht, ist das Wort „Schiff" nicht weit. „Sie leben auf dem Meer" – so verkürzt gibt ein Chronist des Mittelalters sein unvollständiges Wissen über die Völkerstämme des Nordens wieder. Womit er aber genau den Eindruck trifft, den die übrigen Europäer von ihren nördlichen Nachbarn gehabt haben müssen, deren Bootsflotten ab Ende des achten Jahrhunderts wie Heuschreckenschwärme überall an den Küsten einfallen. Kein anderes europäisches Volk ihrer Zeit konnte die Meere überqueren. Was es anderswo an Booten gab, taugte allenfalls für die Küstenschipperei und den Fischfang unter Land. Allein die Nordmänner verfügten über den Schlüssel, der die Welt öffnete: hochseetüchtige Fahrzeuge, weitreichende Kenntnisse in Navigation, Erfahrung mit dem Wechselspiel von Wind und Wogen und die Bravour, von diesen Voraussetzungen auch Gebrauch zu machen – ja, die bis dahin gültigen Dimensionen der „Erdscheibe" nicht mehr zu akzeptieren. Das ist der Grundstoff, aus dem Eroberungen gemacht sind, aber auch erfolgreicher Handel und nicht zuletzt die Entdeckung und Erschließung neuer Territorien. Die Seefahrt der Wikinger war der Punkt, an dem ich, an der Schwelle des 21. Jahrhunderts, den gemeinsamen Nenner fand, eine Möglichkeit der Annäherung. Sie ist der Leitfaden, dessen Ende ich ergreife, um mich heranzutasten an ein Phänomen der Geschichte.

Ich erinnere mich, daß es einen Tag gab, an dem so etwas wie der zündende Funke in mir aufflammte. Es war einer dieser unvergleichlich gläsernen Tage, von reiner Transparenz, wie es in der Arktis viele gibt. Als er zur Neige ging und tiefstehende Sonnenstrahlen mit den abendblauen Konturen der Berghänge ein bewegliches Schattenspiel trieben, zog vor dem schon nachtdunklen Schlund des Fjords im letzten Licht die monumentale Skulptur eines Eisbergs dahin: eine Brücke, ein turmhoher Triumphbogen aus gleißendem, funkelndem Weiß. Langsam schob sich die Silhouette unseres Katamarans vor den leuchtenden Hintergrund. Wie einen Scherenschnitt projizierte SHANGRI-LA ihren Schatten auf die schimmernde Eiswand. Lautlos glitten die Konturen von Vor- und Großsegel am ersten Brückenpfeiler entlang, verschwanden in der Öffnung des Bogens, um auf der anderen Seite still ihre Schattenreise fortzusetzen.

Da wußte ich es: In diesen Rahmen gehörte ein anderes Bild, ein Schiff, so organisch wie der Fels und das Eis. Ein Schiff, wie der Himmel und die Berge Grönlands es vor langer Zeit durch diese Kulisse hatten fahren sehen: schmal und hochgeschwungen der Steven aus Eichenholz, seine Spitze bewehrt mit einem Drachenkopf, und das Segel ein ausladendes Rechteck...

Von diesem Tag an segelte ein Wikingerschiff durch meine Träume. Segelte zurück in seine tausendjährige Vergangenheit, segelte voraus in meine Zukunft, beherrschte meine Wünsche und Gedanken.

Bald nach der abgeschlossenen Weltumrundung mit SHANGRI-LA stand fest, wohin mein nächster Weg führen sollte: dorthin, woher ich gerade gekommen war. Zurück in das Land, in dem die

Zeit stillzustehen scheint und tausend Jahre wie ein Tag sind. Wo wilde, eisgekrönte Berge wie eh und je unerschütterlich hinabschauen auf verschwiegene Fjorde und sich nicht einmal wundern werden, wenn eines dieser altbekannten hölzernen Boote zurückkehrt – ein Wikingerschiff.

Wer weiß, womöglich wäre die Sache nicht so bald gediehen ohne die Wende. Unser aller Wende, die als neu definierter Begriff den deutschen Wortschatz bereichert.

Ohne die Voraussetzung des politischen Jahrhundertabenteuers hätte ich kaum eines schönen Tages einen Streifzug zur Erkundung Mecklenburg-Vorpommerns unternommen, das mein Leben lang ein mehr oder minder weißer Fleck auf der Landkarte gewesen war. Der Ausflug sollte sich als ungeahnt zukunftsträchtig erweisen. Ohne die Wende wäre ich auch nicht auf diese beiden „Ossis" gestoßen, denn unser Zusammentreffen trug sich an einem Ort zu, an dessen Besuch die Betreffenden früher per Schießbefehl gehindert worden wären: in Düsseldorf am Rhein.

Es ist der Januar 1990, und Januar in Düsseldorf – das weiß, wer je dem Wassersport verfallen ist – bedeutet Messezeit. Der Welt formidabelste Schau maritimer Fahrzeuge hat wie alljährlich ihre Tore geöffnet. Und im Messe-Kongreß-Zentrum kommt es zu einer für mich folgenreichen Begegnung. Im Rahmenprogramm der Messe gastiere ich zweimal täglich mit Filmvorträgen über die letzten Reisen mit SHANGRI-LA. Doch längst bin ich ganz erfüllt von neuen Plänen, in meinem Kopf blüht eine Zukunftsvision, die paradoxerweise in eine weit entfernte Vergangenheit zielt. Das Fieber, das mich in den Fjorden Grönlands befiel, hat sich als langlebig erwiesen, was zu befürchten stand, denn ähnlich dauerhafte Viren, die bildhafte Sehnsüchte auslösen, begleiteten mich schon mein halbes Leben und hatten mich zehn Jahre lang auf den abwegigsten Segelkursen rund um die Erdkugel getrieben. Das ist wohl die Triebfeder in meinem Leben: dabeisein, miterleben, teilhaben an möglichst vielem, was die Welt bunt, vielfältig und aufregend macht. Ich wollte verstehen, was die Völker dieses kunterbunten Planeten unterscheidet – oder verbindet.

Diesem Wunschziel war ich immer nur dann nahegekommen, wenn ich aufhörte, auf meinen Reisen lediglich Zaungast, Lauscher, Beobachter zu sein, und mich darauf einließ, den Alltag anderer zu meinem eigenen zu machen.

Zugegeben, im vorliegenden Fall hatte die Sache einen Haken: Die Leute, deren Lebensweise ich diesmal zu ergründen suchte, waren vom Antlitz der Erde verschwunden, gehörten einer weit zurückliegenden Epoche an. Menschen über die Kluft der Zeit hinweg zu erreichen – ging das überhaupt? Waren nicht tausend Jahre ein hoffnungsloses Hindernis? Seltsam, derartige Fragen fielen mir gar nicht ein, als ich durch die Ruinen von Brattahlid stolperte, die Nase auf der Fährte Eriks des Roten und seiner Zeitgenossen.

Zurück in Deutschland: Der allseitige Heimkehr- und Wiedersehenstaumel ist abgeebbt und einer Stille der Besinnung und Neuorientierung gewichen, da kommen die Bilder aus der Schatztruhe der Erinnerung wieder hervor, in arktischer Klarheit und mit unverminderter Faszination. Und an den langen Winterabenden reift in mir ein vager Traum zum ernsthaften Konzept: auf den klassischen Routen der Wikinger den Nordatlantik zu überqueren, ihrem Kielwasser zu folgen entlang den Stationen ihrer Expansionsgeschichte – von Norwegen über die Shetlandinseln, die Färöer, Island und Grönland bis nach Amerika. Und das alles mit einem originalgetreuen Gefährt, authentisch ausgestattet bis ins Detail, ohne jedes verfälschende Hilfsmittel moderner Technik.

Ein flaches, hölzernes Drachenboot muß es sein, anvertraut nur dem Wind, der Strömung und den Sternen. Denn wie sonst ließe sich nachvollziehen, wie die Reisen dieses dem Ozean verbundenen Bauernvolkes, das sich zu unglaublichen navigatorischen Leistungen aufschwang, wirklich aussahen? Ich will es genau wissen, auf welche Art damals Menschen mit den ihnen zur Verfügung stehenden Mitteln von Nordeuropa bis in die Neue Welt gelangten – jene Vorfahren, von deren Seefahrerblut vielleicht ein Tröpfchen auch in meinen Adern zirkuliert. Um eine Antwort zu finden, muß ich es so anpacken, wie es mir auf meinen Abstechern in fremde Kulturkreise zur Maxime geworden ist: indem ich mich weitestgehend der ortsüblichen Lebenssituation angleiche. Wofür nur dummerweise in diesem Fall kein lebendes Modell existiert.

Bald zeichnet sich ab, daß es Jahre brauchen wird, dieses Vorhaben in die Tat umzusetzen. Derselbe Weg zurück um die nördliche Hemisphäre, den ich gerade mit dem Katamaran zurückgelegt habe, wird diesmal ungleich weiter sein. Er beginnt mit einer methodischen Wallfahrt durch halb Europa – zu allen Stätten, die irgend etwas Wissenswertes über Leben und Zeit der Wikinger verheißen. Ich wirbele Staub auf in Archiven, verschlinge die einschlägigen Bücher in den Bibliotheken, pilgere durch die Museen von Haithabu bis Roskilde. Ich schaue, lerne, jage nach jeder nur erreichbaren Information, und eine versunkene Welt kommt dabei mit all ihrer geheimnisvollen Pracht an die Oberfläche, wird anschaulich und gegenständlich. In den Museen, wo sie gehütet wird, blinzelt mir die nordische Geschichte aus ihrem langen Dornröschenschlaf entgegen. Überall werde ich fündig, betrachte gebannt und nicht selten überrascht die Zeugnisse einer Epoche, die mir zunehmend vertraut wird.

Hatte mir schon vorher gedämmert, über welche Vielfalt an Fähigkeiten die Nordmänner verfügt haben müssen, so wachsen jetzt Erstaunen und Bewunderung mit jedem Aha-Erlebnis. Die angeblich so üblen Typen des frühen Mittelalters machen vor meinen Augen gewissermaßen wundersame Häutungen durch. Waren die „Barbaren" schon nach meinen jüngsten, in Grönland gewonnenen Erkenntnissen immerhin geschickte Bauern und Viehzüchter, die auch zu Wasser Furore machten und sich jahrhundertelang am nördlichen Polarkreis behaupteten, so mausern sie sich nun im Lauf meiner Spurensuche zu Welthandel treibenden Kaufleuten, die ihre Geschäfte bis an die Wolga ausdehnten, und zu politischen Taktikern, die mit dem Herzogtum Normandie einen Musterstaat schufen. Ich entdecke sie als ruhmreiche Palastwache im orientalischen Byzanz, als phantasiebegabte, wortgewaltige Poeten und als Schöpfer begnadeter Handwerkskunst. Vor allem aber als geniale Schiffbauer.

Nachhaltig setzt sich bei mir der Verdacht durch, daß es nicht ganz mit rechten Dingen zugegangen sein kann, als die Völker Odins in die Sünderecke der Weltgeschichte gestellt wurden, wobei sich stets die Eiferer des Vatikans als rührige Lobbyisten entlarven lassen. Viel Feind', viel Ehr', sage ich mir. Wer so entschiedene Gegner hat, muß Ungewöhnliches vollbracht haben.

Und siehe da, ich stehe mit meiner Feststellung nicht allein, bald treiben mich meine Recherchen in die Arme Gleichgesinnter. Auf Alsen in Dänemark treffe ich einen Mann, der sich nicht nur akademisch mit seinen Urahnen befaßt, sondern konsequent die Tatsache ignoriert, daß er um tausend Jahre zu spät auf die Welt gekommen ist: Carlo Gloy. Den kennen sie alle auf der Insel, und wenn schon nicht dem Namen nach, so weiß doch jedes Kind, wer gemeint ist, wenn von „dem Wikinger" die Rede ist. Wer Carlo unverhofft in seinem Kostüm auf der Heide begegnet, könnte sich im falschen Zeitalter wähnen. Er ist sattelfest in nordischer Mythologie, und stilgerecht wie der Mann ist sein Domizil, auf dessen Dach nach überlieferter Manier eine grüne Wiese sprießt. Am Haus finden sich jede Menge originalgetreue Ornamente, kultische Symbole – und alles in Eigenarbeit fabriziert, in Carlos berühmter Schreinerwerkstatt, die sich nebst Wohnung unter der besagten Wiese befindet. Der Wikinger von Alsen hat das Glück, Beruf und Leidenschaft optimal kombinieren zu können, und knüpft mit seinem Handwerk an die Künste der Meister aus grauer Vorzeit an.

Ist der Mann von Alsen ein Unikat, so treten anderswo die Spätwikinger gleich scharenweise auf, in verschiedenen Vereinen, die das wikingische Leben auf ihre Fahnen geschrieben haben. Als ich mich den Leuten von „Jarnfara", einer Gruppierung aus Braunschweig, oder den Berliner Normannen von „Gotarike" gegenübersehe, scheinen die von mir verfolgten Geister leibhaftig auferstanden zu sein. In materialgerecht nachgewebte Stoffe gewandet, schreiten sie in mittelalterlicher Fußbekleidung einher, rasseln mit den Kettenhemden und schwingen die Streitäxte – zur eigenen wie zur Erbauung des staunenden Publikums. Helme, Bogen, Trinkhörner sowie der ganze Haithabu-Hausrat sind nicht

Attrappe, sondern in penibler Tüftelei den Originalen nachgearbeitet.

In diesen Kreisen brauche ich nicht um Sympathie für mein Projekt zu werben. Ich renne offene Türen ein, überall schlägt mit schulterklopfende Begeisterung entgegen, und langsam wird mir selber klar, daß die ganze Sache ernst zu werden droht. Irgendwann muß ich unbemerkt den Punkt ohne Umkehr hinter mir gelassen, die Markierung zwischen Phantasterei und gezielter Planung überschritten und dabei einen Grad an Überzeugung erreicht haben, der den zündenden Funken auch auf andere überspringen läßt. Bis hin zu den detailliertesten Überlegungen hinsichtlich Expeditionsverlauf, Mannschaftsstärke, Verpflegung und Gestaltung von Schilden und Schwertern bin ich, präpariert durch einen historisch sattelfesten Beraterstab, in die Materie eingedrungen.

Was aber an erster Stelle für meine zeitfremde Seereise vonnöten ist, läßt sich in keinem Hobbykeller schnitzen und übersteigt selbst Carlo Gloys beachtliche Möglichkeiten: ein Wikingerschiff. Dieses Traumbild steht eines Tages vor mir, oder besser ich vor ihm. Und es scheint mir von überirdischer Schönheit, fast zu vollkommen für diese Welt, als sei es für die Wogen eines walhallischen Meeres gedacht: eine formvollendete Silhouette aus gedunkeltem Eichenholz, aufgetaucht aus dem Nebelmeer der Geschichte, von einer Aura der Mystik umgeben – und doch real und greifbar. Nur ist Anfassen nicht erwünscht, denn es steht an einem Ort, wo es gehütet, konserviert und beschützt für immer erhalten bleiben soll: In Oslo bewundere ich im Museum von Bygdøy das berühmte, prächtig restaurierte Gokstadschiff.

Es ist Liebe auf den ersten Blick. Bis ins Herz berührt von der Perfektion der reinen Linien, umrunde ich diesen Triumph kunstsinniger Hände und analytischen Verstandes, ein Dokument zeitlos ausgereifter Ästhetik, das den ehrenrührigen Leumund seiner Erbauer Lügen straft.

In der zweiten Hälfte des neunten Jahrhunderts als kostbarer Totenschrein zweckentfremdet, verdankt das Gokstadschiff seine nahezu vollständige Unversehrtheit dem glücklichen Vorhandensein feuchtigkeitsabweisenden blauen Tons im Erdreich jenes Grabhügels, aus dem es nach tausend Jahren 1880 zutage gefördert wurde. Das nahegelegene Gokstad-Gehöft, unweit des Oslo-Fjords, diente den Ausgräbern als Namenspatron.

Ich erfahre, daß dieses Schiff mehr war als nur der repräsentative Sarg eines Häuptlings, den man darin samt seinen irdischen Gütern auf die letzte Reise schickte, damit er sich, zu Lebzeiten der Seefahrt verbunden, ihrer auf ewig erinnere. Der Fund von Gokstad war funktionell wie alles, was die pragmatischen Wikinger anfertigten. Er gilt sogar als der Typ des klassischen Wikingerschiffes schlechthin: eine „karvi", gut 23 Meter lang, knapp fünf Meter breit und auf beiden Seiten mit je 16 Rudern besetzt. Dieses hochseetaugliche Luxusgefährt der Fürsten konnte auch als schnelles Hilfsfahrzeug bei Kampfhandlungen eingesetzt werden. Es war ein ausgefeilter Entwurf, konzipiert von Profis der Ozeansegelei – und das ohne Zuhilfenahme irgendwelcher Konstruktionspläne, derer die genialen Baumeister des neunten Jahrhunderts nicht bedurften. Ihnen genügte ihr erfahrenes Auge.

In den Hallen von Bygdøy weicht mein verklärtes Phantasieschiff der faßbaren Materie. Eine „karvi", eine Kopie des Gokstadschiffes, soll meine Expedition tragen. Noch überblicke ich nicht, geblendet von meinem grenzenlosen Enthusiasmus, welch dornenreiches Dickicht der Erweckung meiner seit tausend Jahren schlafenden Meeresprinzessin im Wege steht.

Ich besuche alle einschlägigen Bootswerften Skandinaviens, denn wo sonst, denke ich, beherrscht man noch die überlieferten Techniken dieser Art des Bootsbaus, wenn nicht in der Urheimat der Wikinger? Vor allem in Norwegen ist die Kunst der Klinkerbauweise – Eichenplanke auf Eichenplanke an Spanten vernagelt – noch vielerorts gebräuchlich. Nur läßt man sich diese besondere Fertigkeit mit Liebhaberpreisen honorieren, die meine Schmerzgrenze deutlich überschreiten. Eine Gesamtsumme mit sechs Stellen kam bislang nicht mal in meinen Alpträumen vor.

Der Taschenrechner wird in nächster Zeit mein ständiger Begleiter und das Schachern mit mir selber zur Gewohnheit. Wo könnten eventuell Abstriche gemacht werden? lautet die Frage, die mich bis in den Schlaf verfolgt und auf die es immer wieder nur eine Antwort gibt: eigentlich nirgends. Nach meiner Erfahrung läßt sich der Nordatlantik nicht mit einem Hollywoodrequisit überqueren, alles an diesem Schiff muß Hand und Fuß haben, gerade weil die Bedingungen für die technikverwöhnten Seefahrer von heute noch hart genug sein werden. Die originalgetreue Ausrüstung, die den Wikingern zum Gelingen ihrer waghalsigen Überseereisen verhalf, muß einfach stimmen. Und stimmen muß auch die Crew, eine Handvoll qualifizierter Leute, die aus ihrem Berufs- und Privatleben für länger herauszulösen unentgeltlich kaum möglich sein wird. Als gewichtiger Kostenfaktor kommt hinzu, daß ich mir die bereits arktiserprobte SHANGRI-LA als Begleitfahrzeug denke, von dem aus ein wetterfestes Kamerateam das Ganze filmen soll. Die Anwesenheit eines zweiten Schiffes wird uns Amateurwikingern auf dem hölzernen Drachen gleichzeitig ein Mindestmaß an Sicherheit geben.

Das Fazit: Ich muß um Sponsoren buhlen, um begeisterungsfähige Gönner, die bereit sind – vielleicht im Hinblick auf das weltweite Kolumbusjahr –, die Wikinger als die eigentlichen Entdecker Amerikas für ihre Zwecke einzuspannen. Wobei ich eine schwindelerregende Gratwanderung vor mir sehe, zwischen der Notwendigkeit, für irgendein Produkt zu werben, und dem Anspruch, die historische Authentizität nicht zu verwässern. Eine Zigarettenreklame auf dem Segel kommt nicht in Frage.

Seit meiner Weltumsegelung weiß ich allerdings, daß Wirtschaftsunternehmen keineswegs zum Geldausgeben bereit sind, um Einzelkämpfern zum Selbstmord zu verhelfen, die den Regenwald per Klapprad oder das Meer mit dem Tretboot bezwingen wollen. Da die zuständigen Herren im Nadelstreifen erfahrungsgemäß am besten auf Freizeit- oder Bootsmessen zu finden sind, füllt sich in der Folgezeit mein Terminkalender mit Daten und Orten. Doch muß ich feststellen, daß diesmal alles anders läuft und der Grund dafür ein ganz einfacher ist: Ich habe, was mir verspätet bewußt wird, inzwischen die Klasse gewechselt. Die Bootsmessen, längst okkupiert von den High-tech-Spezialisten unserer Kunststoff- und Computergesellschaft, propagieren, was vom Spaceshuttle auf die maritime Fortbewegung übertragbar ist. Davon kommt selbstverständlich wenig für ein Wikingerboot in Betracht. Es scheint, daß ich mich ins falsche Jahrhundert verirrt habe. Meine gewohnte Fakultät war die polyesterglänzende Welt der Katamaransegler, jetzt lande ich unversehens in den versteckten Ecken der „Oldtimer", sofort identifizierbar an Holzpantinen und Finkenwerder Fischerhemden. Ein gemütvolles Schattendasein führend, tauscht man sich hier im trauten Qualm des Pfeifentabaks über solides Hanftauwerk, die Qualität verzinkter Nägel oder die guten alten Methoden der Holzkonservierung aus.

Diese duften Typen, so urig wie ihre liebevoll restaurierten Museumsschiffe, brechen in ehrliche Begeisterung aus, wenn ich mein Vorhaben erläutere, und moralisch aufgerüstet gehe ich von dannen. Eine kleine, aber glühende Anhängerschar erwächst mir aus diesen Kontakten. Als in der Folge Zeitungsartikel über „Pieskes neues Abenteuer" erscheinen, dauert es nicht lange, und ich finde in meinem Briefkasten erste Bewerbungsschreiben für meine Wikinger-Expedition. Nur eine wie auch immer geartete substantielle Entwicklungshilfe ist nicht in Sicht.

Als ich im Januar mein Auto belade, um zur Düsseldorfer „boot" zu fahren, tue ich es dennoch unverdrossen in der Hoffnung, daß die dort zusammenkommende internationale Freizeit-Seefahrt auch für Wikinger etwas übrig hat. Und das soll dann auch der Fall sein, nur ganz anders, als ich denke.

Die Nordmänner aus Mecklenburg

Der eine Kerl, ein angegrauter, drahtiger Jeansträger um die Fünfzig, fällt mir an einem der ersten Messetage auf. Ich bin dabei, das improvisierte Kino für meine Vorführung herzurichten, da streicht dieser Typ zum drittenmal durch die Kulisse. Zum Vortrag taucht er mit einem Kumpel von der Statur eines Panzerschranks auf. Danach wird der „Weltumsegler zum Anfassen" noch mit detaillierten Fragen ins Kreuzverhör genommen. Am wißbegierigsten ist diesmal der Typ von vorhin mit seinem

Freund, und mir wird auch klar, wieso: Von „drüben" sind sie, oder besser von dort, wo vor kurzem noch „drüben" war: aus dem mecklenburgischen Schwerin. Nur habe ich gerade einige Herren im Visier, die ich in ein verfängliches Gespräch über Sponsoring zu verwickeln gedenke, deswegen hält sich sowohl meine Aufmerksamkeit als auch meine Geduld in Grenzen. Da man aber so nette Schweriner nicht einfach vergraulen kann, vertröste ich sie auf später und kritzle eilig meine Lübecker Adresse auf irgendein Papier.

Als die „boot" ihre Pforten schließt, kutschiere ich, versehen mit nichtssagenden Lobpreisungen, heimwärts. Autobahnmüde zu Hause angekommen, werde ich von meiner besseren Hälfte bereits an der Haustür abgefangen. Es sei Besuch für mich da, und zwar seit mindestens zwei Stunden. Unwissend, wen ich eingeladen haben könnte, spähe ich ins Wohnzimmer. Vom Sofa blicken mir erwartungsvoll zwei von Bier und Aufregung gerötete Gesichter entgegen, nach deren Namen ich eine Sekunde lang im Gedächtnis kramen muß. Wie konnte ich auch damit rechnen, derart konsequent beim Wort genommen zu werden?

In meiner ersten Verblüffung, von den beiden Schwerinern aus Düsseldorf im Blindflug überholt worden zu sein, ahne ich nicht, daß vor mir die Besatzung meines noch nicht vorhandenen Expeditionsschiffes sitzt, zwei Männer, die mit mir ein Abenteuer teilen werden, das ihre jahrzehntelang erträumten maritimen Wunschbilder in den Schatten stellen und sie in einen neuen Lebensabschnitt katapultieren wird. Die vielstrapazierte „Wende", für Peter Bluhm und Jürgen Kurreck, Freunde, solange sie denken, könnte sie einschneidender nicht sein.

Es wird einer der längsten Abende, an die ich mich erinnern kann. Wir wissen schnell, daß wir zusammenpassen. Spätestens ab Mitternacht wollen Peter und Jürgen nur noch eins: mit einem Wikingerboot Richtung Grönland und Amerika fahren. Sieht ganz so aus, als wären wir jetzt drei Wikinger. Die Tatsache, daß es unser Schiff noch nicht gibt, kann die Euphorie meiner beiden Mitstreiter in keiner Weise dämpfen. Das fände sich. Zuerst könne man ja damit beginnen, die SHANGRI-LA für ihre Rolle als Eskorte instandzusetzen, meinen sie. Motoren, Lager und Tanks müssen ersetzt werden, ganz zu schweigen von dem Zubehör, das in einer finsteren Schmuddelnacht in Schlackenhusen geklaut und trotz polizeilicher Ermittlungen nicht wieder aufgetrieben wurde. Peter, gelernter Bootsbauer, und Jürgen, Maschinenschlosser und Leistungssportler mit den Reserven eines Grizzlybären, erklären sich frischweg zuständig für die Wiederherstellung des Kats.

„Samstag fangen wir an. Wo liegt das Schiff?"

Pünktlich am folgenden Wochenende sind sie zur Stelle, und ich kann mich davon überzeugen, daß mir zwei Allroundhandwerker in den Schoß gefallen sind, die mit der Bearbeitung jedweden Materials auf vertrautem Fuß stehen. Es wird zugepackt, ohne lange zu fragen, und jeder Handgriff verrät Routine. Am zweiten Wochenende erscheinen sie mit der Nachricht, daß sie ihren Jahresurlaub genommen hätten und jetzt auch in der Woche weiterarbeiten können. Einen Monat später haben sie daheim ihre Jobs gekündigt, womit ich über zwei Vollzeitkräfte verfüge, die sich ganz in ihre selbstgewählte Aufgabe hineinknien.

Jetzt kommt richtig Schwung in die Angelegenheit. Wir wissen, wir werden es schaffen – zu dritt, begleitet von einer zweiten, noch aufzutreibenden Crew, die den Katamaran übernimmt. Als dessen Skipper habe ich bereits meinen Wunschkandidaten, den alten, erfahrenen Seglerkollegen Eugen Appelhans, ins Auge gefaßt. Eugen ist nicht abgeneigt, und je mehr Leute nun in das Unternehmen involviert werden, um so nötiger wird es, einen Zeitplan aufzustellen. Möglichst im Juni nächsten Jahres soll der Start sein. Meine Aufgabe besteht weiterhin im wesentlichen darin, mir eine Lösung des Hauptproblems einfallen zu lassen, der Finanzierung.

Daß irgendein aufgeschlossenes Industrieunternehmen uns über Nacht mit der veranschlagten Million beglückt, betrachten wir inzwischen als unwahrscheinlich. Bleibt nur eines: Der Drache muß auf Pump entstehen und seine Kosten nachträglich als werbewirksames Schauobjekt und TV-Star wieder hereinholen. Mein Konzept sieht nun vor, daß – abgesehen von Fernsehfilm, Vorträgen, Buch und Pressepublikationen – das Schiff und die Geschichte seiner Expedition unters Volk gebracht werden: ein mobiles Museum, das über den Atlantik schwimmt und im Anschluß an die historische Reise als zugkräftige Attraktion eingesetzt werden kann, auch im Binnenland, was allerdings voraussetzt, daß dieses Schiff auch über Land segeln kann.

Letzteres veranlaßt den angehenden Wikinger zum gründlichen Studium der deutschen Straßenverkehrsordnung. Und da haben wir's: Transporte bis drei Meter Gesamtbreite, lerne ich, sind (Erteilung einer Sondergenehmigung vorausgesetzt) gestattet. Alles, was darüber hinausgeht, braucht eine amtliche Eskorte, die entweder den Transport vor den anderen oder die anderen vor dem Transport zu sichern hat.

Was das kosten würde, rechne ich gar nicht erst zu Ende. Die Eskorte fällt dem Rotstift zum Opfer, und ich freunde mich mit dem Gedanken an, daß das Gokstadschiff schrumpfen muß. Nicht mehr als drei Meter darf es von Backbord nach Steuerbord messen, wonach auch die Länge maßstabsgerecht zu errechnen ist.

Etwa zu selben Zeit stoße ich auf ein Inserat, das mir ins Auge springt wie das fehlende Teilchen eines Puzzles: „MAN-Sattelschlepper, geeignet für Bootstransporte, zu verkaufen". Ich deute das als Wink des Schicksals und bin zwei Tage später im bayerischen Straubing, wo mir ein Mensch namens Ulli ein 200-PS-Monstrum vorführt, das mir als fahrbarer Untersatz für mein Traumschiff sofort brauchbar erscheint. Wir werden unverzüglich handelseinig, der Lkw ist vom Fleck weg meiner: das erste angeschaffte Rüstzeug für die Nordatlantikexpedition. Daß dieser Umstand allseits die Bemerkung provoziert, hier werde wohl der Gaul von hinten aufgezäumt, trage ich mit Gleichmut. Irgendwo muß man ja anfangen.

Inzwischen, die Wochen eilen davon, brennt mir immer mehr die Kardinalfrage auf den Nägeln: Welche Werft baut mir zu einem vernünftigen Preis ein Wikingerschiff, so echt, daß selbst Erik der Rote es akzeptieren würde?

Ich will nicht behaupten, daß mich irgendein glückverheißendes Omen leitet an jenem frischen Spätsommertag, an dem ich über die nur noch imaginäre Grenze und durch die verträumte mecklenburgische Landschaft Richtung Wismar gondle. Aber als ich auf den Werften der alten Hansestadt mit den Leuten ins Gespräch komme, keimt erste, leise Hoffnung in mir auf, das unbestimmte Gefühl, auf einer guten Fährte zu sein. Ich erhalte den schicksalhaften Wink, doch einmal hinüberzufahren auf die Insel Poel, auf der Kirchdorfer Bootswerft hätten sie jede Menge abgelagerter Eichenstämme herumliegen. Und überhaupt – ein solcher Auftrag käme dort vielleicht nicht ungelegen. „Ist leicht zu finden – halten Sie immer auf den Kirchturm zu!"

Eine halbe Stunde später liegt vor mir im hellen Mittagslicht die flache, stille Insel in der Wismarer Bucht, ein dunstiger grüner Streifen, mit dem Festland durch eine Brücke verbunden. Hier ist altes Wikingerland, Poel ist urkundlich verknüpft mit skandinavischer Vergangenheit. Noch heute befindet sich ein besonders geschichtsträchtiges Areal der Insel, die „Schwedenburg", im Besitz der schwedischen Krone.

Der Kirchturm ist wirklich nicht zu verfehlen, und in seinem Schatten, am Rand eines verschlafenen Hafenbeckens, finde ich die „Poeler Bootsbau", einen kleinen Werftbetrieb, dem gerade die Metamorphose von der volkseigenen Produktionsgenossenschaft zur Gesellschaft mit beschränkter Haftung bevorsteht. Der nette, dröge Mecklenburger im Blaumann, den ich auf dem Gelände aufstöbere, ahnt nicht, was ihm mit meinem Auftauchen noch alles an revolutionären Umwälzungen blüht: Nicht nur, daß bald ein funkelnagelneues Firmenschild mit der Aufschrift „Poeler Bootsbau GmbH" die Giebelseite der Produktionshalle schmückt – als neues Gütezeichen des Betriebs wird neben dem Namen auch noch ein stilisiertes Wikingerschiff mit geblähtem Segel prangen, das jedermann verkündet, was an diesem Ort entsteht. Und an einem Maitag des kommenden Jahres werden lärmende Scharen wie die Normannen auf Poel einfallen, um mit rauschendem Fest eine denkwürdige Schiffstaufe zu begehen. Die Bewohner der Insel, aus ihrem beschaulichen Dasein gerissen, werden ihren Augen nicht trauen angesichts der Invasion tausender Schaulustiger, die über die Brücke drängen, angeführt von Reportern, Fotografen und Fernsehteams, die allesamt dasselbe wollen: dem furiosen Auftakt einer außergewöhnlichen Expedition beiwohnen, die von Kirchdorf hinausgehen soll in die Region des Eises und der Stürme.

Peter Bluhm war schon immer einer, der es wissen wollte. Beispielsweise wie der Mensch sich fühlt, wenn er einem Vogel gleich unter dem Himmel dahingleitet, in einer Dimension, die grenzenlos und unvermauert ist. Ein Ansinnen, das zwangsläufig auf Mißtrauen stieß in einem Land, das nichts so rigoros hütete wie seine Begrenztheit. Irgendwie, vielleicht dank seiner treuherzigen blauen Augen, schaffte der geborene Sonnyboy es trotzdem, als einer der ersten und wenigen in der DDR einen Segel- und Motorfliegerschein zu ergattern und frei über den real existierenden Sozialismus hinwegzuschweben.

Später sah er im Westfernsehen, daß es eine ihm noch unbekannte Variante des Fliegens gab, dem Traum des Ikarus am ähnlichsten: unter den lautlosen Schwingen eines Drachens. Das mußte ausprobiert, erlebt, erfahren werden. Peter Bluhm versuchte sich als Konstrukteur eines Flugdrachens und bezahlte seinen unverwüstlichen Fliegerehrgeiz mit gebrochenen Knochen, was für diese allerdings nichts Neues war. Fünfzig Jahre alt und noch immer die glückliche Natur eines wißbegierigen Kindes, die ungebrochene Bereitschaft, im Leben nichts unversucht zu lassen – wenn das kein Abenteuerblut ist! Auch seine Berufswahl, Bootsbauer, sprach nicht nur von handwerklicher Kreativität, sie verriet auch das Fernweh des Eingesperrten.

Mit Jürgen Kurreck, dem langjährigen Freund, verband ihn bei allen sich ergänzenden Gegensätzen eine Menge: die kategorische Ablehnung stupiden Drills und die Verweigerung einer Unterordnung bis zur Selbstaufgabe. Sonst waren sie ein eher ungleiches Gespann: „Charming Peter", der Frauen und Geselligkeit schätzte, und Jürgen, der Introvertierte, der bis zum Eigensinn seine Meinung verteidigte, wo der Ältere den Ungehorsam eher in Diplomatie kleidete. Unangepaßt waren sie beide – jeder auf seine Art. Jürgen kündigte dem allmächtigen Staat die Freundschaft, indem er kompromißlos seine Laufbahn als Schwerathlet an den Nagel hängte, die bis in den Olympiakader der Freistilringer geführt hatte. Er nahm seinen Abschied vom Leistungssport, um nicht als hormonveredeltes Monster mißbraucht zu werden. Als Andenken blieben ihm durchtrainierte Muskelpakete, die sich noch als ebenso nützlich erweisen sollten wie sein Geschick, Kraft präzise dosiert und mit peinlicher Gewissenhaftigkeit einzusetzen.

Jürgen war der Mann, der nichts dem Zufall überließ, schon gar nicht die ihm anvertrauten Motoren der SHANGRI-LA. Wann immer ein ölverschmierter Bär aus dem Maschinenraum tappte und murmelnd mitteilte: „Alles okay", wußte ich, daß sich jede Kontrolle erübrigte.

Entscheidend: ein Plankengang mehr

Bald nach der Kiellegung des Drachenboots brachten wir auch den Katamaran zur Insel Poel, was für uns alle Zeitersparnis bedeutete. Ich mußte nicht mehr zwischen zwei weit auseinanderliegenden Baustellen pendeln, und für die beiden Schweriner verkürzten sich erst recht die Wege. Denn Peter und Jürgen hatten inzwischen neue Arbeitsstellen in günstiger Lage angenommen, die es ihnen ermöglichten, nebenbei noch als „Feierabendbrigade" aktiv zu sein. Mein Expeditionsbudget verkraftete neben den Werftkosten einfach keine weiteren Vollbeschäftigten, weshalb an der SHANGRI-LA wieder abends und an den Wochenenden gewerkelt werden mußte.

In meinem Terminkalender beginnen sich Interviews, Fototermine und sogar einige Fernseh-Talkshows zu sammeln. Zwischendurch eile ich hinauf nach Dänemark, wenn Carlo Gloy anruft, der mit der Hingabe eines Besessenen an seiner Werkbank unsere stilgerechte Ausstaffierung kreiert – ebenso wie Lars Jensen in Kiel, der sich als Waffenschmied in den Dienst der Sache gestellt hat. Lars versteht sich auf Schwerter und kriegerische Kopfbedeckungen. Mit einem kiloschweren Helm, seinem Meisterstück, das zum Glück nur für Demonstrationszwecke gedacht ist, habe ich mir schon probeweise fast den Schädel eingedrückt.

In meinem Arbeitszimmer werden Besucher von einem kolossalen, zähnebleckenden Drachenhaupt erschreckt, das Carlo als erstes abgeliefert hat. Dort nimmt es sich allerdings gewaltiger aus, als dies auf der Spitze des Vorderstevens, die es einmal zieren soll, der Fall sein wird. Auch hölzerne Schilde stapeln sich bereits, alle in wunderschöner Ornamentik bemalt und keins wie das andere. Von den Wikingern, behaupten gewisse Experten, wurden sie auf See außenbords an die Schiffswand gehängt – eine These, die später im Zuge unserer „experimentellen Archäologie" arg ins Wanken geraten wird.

Manchmal gibt es auf der Werft die eine oder andere Nuß zu knacken, wobei alle Probleme stets um den Begriff „Originaltreue" kreisen. Wie weit muß, wie weit *kann* sie überhaupt gehen? Wir kommen zu dem Schluß, daß geringe Abweichungen einfach unumgänglich sind, und zwar aus Gründen, die überwiegend die Sicherheit betreffen. Aber gewiß bedeutet es keinen schweren Stilbruch, wenn etwa das Segel einen Kompromiß verlangt: Bei den Wikingern aus schwerer Wolle doppelt gewebt, würde es voll Wasser gesogen ein nicht zu unterschätzendes Gefahrenpotential darstellen, das zu beherrschen wir uns nicht zutrauen. Deshalb geben wir normalem Segeltuch den Vorzug. Außerdem entscheiden wir uns für Kupfer- statt für Eisennieten, und ein Bleiballast im Rumpf erscheint uns zuverlässiger als der historisch authentische Haufen rollender Wackersteine. Alles in allem darf man diese Abwandlungen wohl als vertretbar bezeichnen, verfälschen sie doch nichts an den Segeleigenschaften des Bootes.

Mit einem großen Fragezeichen behaftet bleibt die Beschaffenheit des Rudertampens, der uns noch weit über die Planungs- und Bauphase hinaus in Verlegenheit bringen soll. Alle Holzfaser-Tampen der ausgegrabenen Wikingerschiffe waren stark verrottet. Das Rätsel lautet also: Woraus bestanden sie, und wie dick waren sie? Soviel sei schon jetzt verraten: Unser gutgemeinter 28-Millimeter-Tampen wird sich als heillose Fehlspekulation entpuppen und nicht imstande sein, den Kräften, mit denen er gedehnt wird, standzuhalten: ein einprägsames Exempel für den Unterschied zwischen Theorie und Praxis, das uns während der halben Reise beschäftigen wird.

Zur unentbehrlichen Informations- und Beratungsquelle ist in dieser Zeit Werner Dammann geworden, der sich in Fachkreisen den Titel „Wikingerpapst" erworben hat. Jahrelang trug der Hamburger Autodidakt zusammen, was er zum Thema Wikingerschiffe in Erfahrung bringen konnte. Zum lebenslangen Liebhaber Norwegens und dessen maritimer Museumsschätze machte ihn der Krieg, der von ihm den Dienst auf Patrouillenbooten entlang der norwegischen Küste verlangte. Der Soldat Dammann lernte bei dieser Gelegenheit nicht nur Norwegisch, sondern auch Land und Leute lieben.

Heute birgt sein Keller unschätzbare Werte – nein, keine geraubten Klunker aus Beutezügen, sondern ein umfassendes Archiv, die zu Papier gewordene Ausbeute eines akribischen Lebenswerks. „Werner Dammann", befand Arne Emil Christensen, Leiter der Wikingerschiffshalle in Oslo, „hat eine große und verdienstvolle Kompilationsarbeit geleistet. Aus den verschiedensten Quellen hat er das gesammelt, systematisiert und präsentiert, was wir heute über das Wikingerschiff von Gokstad wissen."

Wie also könnte ich um ihn herumkommen auf meinem Weg zu den Wikingern? Werner Dammann erspart mir weitere Fahrten nach Oslo – im nahen Hamburg finde ich nun jede Hilfe, die ich brauche. Mag sein, daß ich am Anfang nicht unbedingt vertrauenswürdig wirkte. Aber ich war wild entschlossen, und so wird sich Werner gedacht haben: Da der Kerl nicht zu bremsen scheint, ist es besser, den Verrückten ein wenig zu kontrollieren, statt ihn abzuwimmeln. Doch bald finde ich Gnade vor seinen Augen, er wird zum kritischen Beobachter, berät und beeinflußt den Werdegang des Schiffes. Unauffällig taucht er in Kirchdorf auf und befindet: „Das ist gute Arbeit." Ein Ritterschlag, der alle damit Gewürdigten schier vor Stolz bersten läßt. Ein anderes Mal ruft er an: „Dein Schiff könnte einen Plankengang mehr vertragen." Ich weiß, ich tue gut daran, seinem Rat blind zu folgen. Der

Freibord wird um einen Plankengang erhöht – zehn Zentimeter, die uns, wie sich zeigen wird, viele hundert Liter Wasser im Boot ersparen.

So vergeht der Winter, vollgestopft mit drängenden Aufgaben oder notwendigen Übeln, und jeder rasch verflogene Tag bringt uns einen Schritt näher an das große Abenteuer. Von gelegentlicher Muße kann kaum mehr die Rede sein. Selbst wenn an sonnigen, aber klirrend kalten Sonntagnachmittagen drei Jogger in Trainingsanzügen durch den Schnee in Wald und Flur pflügen, dient dieses augenscheinliche Freizeitvergnügen nur der Notwendigkeit, Herz und Lunge zu stählen und den Körper unempfindlich gegen kommende polare Unbilden zu machen.

Mittlerweile fiebert eine zweite Crew dem Startschuß entgegen. Unter dem Kommado von Skipper Eugen Appelhans, der die SHANGRI-LA schon aus ihrer lang zurückliegenden Südsee-Epoche kennt, werden Axel und Werner, zwei Kameraleute aus Ostberlin, in Doppelfunktion als Mannschaft und Filmteam agieren: eine Gruppe, die sich erst auf See zu einer Einheit zusammenfinden muß.

Ja, und am schönsten ist, daß auch Silke mitkommt, die für mich die ganz private Wende herbeigeführt hat. Es stimmt schon: Das Leben selbst erfindet manchmal Verwicklungen, die den bewegendsten Schlagertext in den Schatten stellen. Es war die Liebe meiner Schulzeit, das ansteckend fröhliche Mädchen mit den dunkelblonden Haaren. Mit achtzehn gehörte uns die Welt – eine Welt, von der wir herzlich wenig wußten und die zu erobern mir in meiner Sturm- und Drangperiode vordringlicher schien als eine allzu frühe feste Bindung. Da waren Silke und die ersten umwerfenden Emotionen meiner Jugend, da waren aber auch sieben Meere, die unwiederbringliche Abenteuer verhießen. Und ich war in dem Alter, da letztere den Sieg davontragen mußten.

Dennoch, alles hat seinen Preis, und so bezahlte ich in den Jahren der Seefahrt meine Freude an den Wundern der Welt mit dem zeitweiligen Stechen einer kleinen versteckten Wunde, die nur oberflächlich verschorft war. Unsere Wege hatten sich getrennt, wie es schien für immer. Silke blieb eine wehmütige Erinnerung, mehr oder weniger erfolgreich verdrängt durch die brausenden Zeiten bei der Handelsmarine und später durch die zehnjährige Weltumsegelung, die Helga Seebeck mit mir teilte. Helga, in deren Adern das Meer pulsierte. Uns verband eine Partnerschaft, die mit Wasser und Salz zusammengeschweißt war, und doch sollte ein halbes Leben später der Tag hereinbrechen, an dem dieser Kitt machtlos war gegen den Magnetismus alter Gefühle. Am Ende des Weges, der mich mit Helga um den Globus führte, sah ich mich jäh von der Vergangenheit eingeholt. Vor mir stand das dunkelblonde Mädchen von damals, gereift und Mutter zweier fast erwachsener Töchter. Und sie war frei.

Es ist, als ob das Schicksal mir ausnahmsweise eine zweite Chance eingeräumt hätte. Und ich ergreife sie. In einem schmerzhaften, chaotischen Prozeß drehen sich für uns alle drei die Weichen in eine neue Richtung. Am Ende steht ein neuer Anfang, stehen neue Inhalte, neue Verpflichtungen – und für mich die Gewißheit, daß das scheinbar Undenkbare doch möglich ist: Silke und ich, unsere Zweisamkeit, ohne daß ich der See den Rücken kehren müßte. Von Anfang an trägt Silke das Expeditionsprojekt tatkräftig und begeistert mit. Vielleicht glaube ich deshalb so fest daran, daß es unter einem guten Stern steht.

Die Taufe des Drachens

Endlich hat das Kind einen Namen, gerade noch rechtzeitig zur Taufe. Im April verschicken wir an alle, die es im besonderen Maße angeht, einen Stapel Einladungskarten: *Burghard Pieske und seine Crew laden herzlich ein zum Stapellauf der WIKING SAGA – Sonnabend, den 4. Mai 1991, um 12.00 Uhr, in Kirchdorf (Insel Poel bei Wismar).*

Für Nichtmecklenburger ist als Orientierungshilfe vorsichtshalber eine kleine Lageskizze dabei, und die Vorderseite ziert ein denkwürdiges Foto, für das wir in voller Montur in der Werfthalle posiert haben: Drei finstere normannische Krieger, unter ihren martialischen Helmen mit Nasenschutz weitgehend unkenntlich, umrahmen eine um so liebreizendere Wikingerin in blauem Gewand. Ziemlich unscheinbar im Hintergrund: der Täufling, von dem nur ein paar Seitenplanken zu identifizieren sind. Das Ganze könnte auch ein Schnappschuß von einer Schulaufführung sein, meint Silke. Na, macht nichts, denke ich, ein paar Leute werden trotzdem kommen – und sich hoffentlich auch nicht vom schlechten Wetter abschrecken lassen.

Pech, daß sich die Eisheiligen verfrüht haben. Seit gut zwei Wochen gehen kalte Schauer nieder, aber dieser Festakt kann wirklich nicht in den Saal verlegt werden. Ich sehe schon den Ministerpräsidenten, der das Patronat übernommen hat und der Ehrengast des Tages sein soll, allein auf weiter Flur stehen, unter einem windgebeutelten Regenschirm, vor hastig auf- und abgebauten Fernsehkameras, während das Schiff eilig ins Wasser geschubst wird – und fertig. Aber Samstag früh ist es trocken. Ungemütliche Böen fauchen zwar noch über die Ostsee, doch sie wird zusehends blauer unter den aufreißenden Wolken, und hier und da wirft die durchblinzelnde Sonne schon mal einen Glitzerstreifen aufs Wasser. So gehört es sich.

Vorsichtshalber bin ich schon um neun Uhr in Kirchdorf, wo WIKING SAGA, prangend in der formvollendeten Schönheit ihres noch makellosen Eichenrumpfes, unter freiem Himmel der Stunde harrt, da sie Bekanntschaft mit ihrem Element machen soll. Ich bin voll zappeliger Erwartung, schließlich ist es so eine Art Geburtsstunde, die naht. Auch wenn das Kind erst nach dem Stapellauf flügge werden muß, wird sich doch schon heute zeigen, ob sein erster Schritt Erfolg verheißt.

Letzte Vorkehrungen müssen getroffen, Wikingerkostüme und Requisiten für das Spektakel bereitgelegt und die Getränkebude mit Met bestückt werden. Noch döst Kirchdorf in trügerischer Ruhe: auf dem angrenzenden Hafengelände, wo der samstägliche Wochenmarkt abgehalten wird, frieren vereinzelt die ersten Hausfrauen mit Einkaufstaschen. Ich verkleide mich schon mal als Leif-Eriksson-Verschnitt, später komme ich vielleicht nicht mehr dazu. Als ich in brauner Tunika, den Thorshammer als Markenzeichen vor der Brust, auf dem Hof erscheine, erwartet mich die fleischgewordene Demoralisierung, die meinen Wikingergeist mit einer einzigen Frage zu Staub zerbröselt.

„Sie sind Herr Pieske?"

Irgend etwas an diesem unerwartet frühen Besucher, der naßforsche Umgangston, das glatte Marzipangesicht unter der Borstenfrisur oder die teilnahmslosen Augen, läßt mich umgehend meine Sünden rekapitulieren. Ich weiche zwei Schritte zurück und bejahe, worauf mir der frühe Besucher kalten Blicks seine Kompetenz erklärt: „Personenschutz, Schwerin."

Eine Sekunde lang bin ich dämlich genug zu überlegen, wieso man mich beschützen will – ein Irrtum, der rasch korrigiert wird: „Bevor der Ministerpräsident kommt, müssen wir hier alles genau überprüfen." Vier seiner Leute seien bereits auf dem Gelände ausgeschwärmt, um jeden Winkel unter die Lupe zu nehmen. „Und Sie, Herr … äh, Pieske, zeigen mir jetzt, wo das Büro ist, und machen mich mit dem Werftbesitzer bekannt!"

Auf dieses Kommando hin, von keiner Bitte gemildert, müßte man wohl die Hacken zusammenknallen und Haltung annehmen. Das habe ich leider nicht gelernt, aber soviel erfasse ich auch als erbärmlicher Nichtmilitarist: daß es dieser wandelnden Reizschwelle eine liebe Gewohnheit zu sein scheint, Befehle zu erteilen. Und mit dem Führen von Verhören dürfte es genauso sein, denke ich unbehaglich. Es muß wohl doch was dran sein an dem Gerücht, daß die Herren von der alten Garde noch in Amt und Würden sind. Unser Werftboß, als gelernter Ossi, durchschaut die Dinge schneller als ich. Ich sehe, wie bei ihm angesichts des auffallend unauffälligen Herrn abrupt die Jalousie runterfällt, und bei erster Gelegenheit verkrümelt er sich.

Ich aber klebe unversehens auf einem unbequemen Stuhl vor einem abgegriffenen Schreibtisch – in meinem Wikingeraufzug, der ganz nach Kostümfilm aussieht. Fehlen nur noch Handschellen und eine grelle Lampe mitten ins Gesicht. Verwundert muß ich in den nächsten Minuten zur Kenntnis nehmen, daß ich hinreichend verdächtig bin, den Ministerpräsidenten des Landes Mecklenburg-Vorpommern hier und heute einer lebensbedrohlichen Situation auszusetzen.

„Sie werden wohl wissen", schnarrt das Schutzorgan, „welche Verantwortung auf Ihren Schultern lastet." In spätestens einer Stunde werde der Marktplatz mit Menschen überfüllt sein. Wir hätten eine völlig unübersichtliche Lage geschaffen, gewalttätigen Umtrieben sei Tür und Tor geöffnet.

Unwillkürlich werfe ich einen Blick aus dem staubigen Fenster, hinter dem Kirchdorf trotz des Markts vor sich hindöst wie immer. Neben der Werft, die in einer Einbuchtung des Miniaturhafens liegt, erstreckt sich eine normalerweise leere Fläche von einigen hundert Metern bis zur flachen Uferböschung, die WIKING SAGA als Gleitrampe dienen soll. Durch die breite Gasse zwischen den Marktständen und vorbei an dem kleinen „Restaurant", das vor allem Schnaps und Erbsensuppe zu bieten hat, werden wir das Boot zum Wasser rollen, wobei meine einzige Sorge bisher dem Problem galt, niemandem über die Füße zu fahren.

Ich hatte keinen Schimmer, daß das hier eine bedenkliche Gegend sein könnte, wo Attentäter den Festrednern aufzulauern pflegen. Der Gorilla des Herrn Gomolka, offenbar genervt von meiner Einfalt, verdonnert mich mit erhobenem Zeigefinger: „Daß es also klar ist: Sie und nur Sie allein, Herr ... äh, tragen die volle Verantwortung für alles, was hier abläuft! Wir durchsuchen das Gelände rund um die Werft, aber was hier nachher so vor sich geht, dafür ist niemand anderer haftbar als Sie. Es ist Ihre Veranstaltung, und somit haften Sie auch – für die Sicherheit des Ministerpräsidenten und sämtlicher Personen, die sich hier aufhalten." Beiläufig fügt er noch hinzu, ich sei hoffentlich für den speziellen Anlaß gut versichert.

Bin ich nicht. Und gegen Staatsstreiche schon gar nicht. Aber diese Unterlassungssünde wage ich natürlich nicht zu erwähnen, um meine standrechtliche Erschießung noch etwas aufzuschieben. Die späte Erkenntnis, daß wir vielleicht doch nicht ausreichend auf den heutigen Tag vorbereitet sind, saust auf mich nieder wie ein Keulenschlag. Sollte das Gewese, das der Kerl hier macht, etwa berechtigt sein? Nicht auszudenken! Ich hatte allein das kulinarische Wohl der Gäste im Auge gehabt und fand mich besonders weitblickend, weil ich sogar an dessen Entsorgung gedacht hatte: Ein paar sündhaft teure Miet-Toiletten waren herangekarrt und gleichmäßig verteilt worden. Damit, so glaubte ich, sei allem vorgebeugt. Aber jetzt breitet sich ein tiefes Unbehagen in meiner Magengegend aus. Dabei hatte ich mir alles so nett gedacht: ganz entspannt und zwanglos, einfach eine große, vergnügte Geburtstagsparty.

„Moment! Moment mal", wehre ich ab in der Hoffnung, den soeben aufgebauschten Elefanten noch in eine Mücke zurückverwandeln zu können. „*Meine* Veranstaltung, damit wir uns recht verstehen, ist eine Schiffstaufe. Wir halten hier auf der Werft eine private Feier ab, und die wird für Unbefugte abgeriegelt. Dieser Wochenmarkt und wer sich darauf herumtreibt, geht mich wirklich nichts an. Der findet jeden Samstag statt, ohne daß ich damit das geringste zu tun hätte."

„Aber Herr Pieske ..." Der Profi ist fast beleidigt, daß man ihn aufs Glatteis führen will. „Sie werden doch nicht bestreiten, daß das Ganze hier für die Öffentlichkeit gedacht ist! Wer heute herkommt, kommt Ihretwegen, beziehungsweise wegen Ihres Schiffes. Von der Präsenz der Medien gar nicht erst zu reden. Sie haben doch mit Ihren vielen Plakaten ganz Wismar eingeladen."

Ach du Schande, das ist also aufgefallen. Vielleicht, denke ich, hätte man die Fußgängerzone doch etwas zurückhaltender bepflastern sollen. Das in Einklang zu bringen mit einer Feier im kleinen Kreis wird schwierig sein. Ich versuche es trotzdem: Ich sehe darin keinen Widerspruch, behaupte ich. Für die Leute in der Umgebung sei dieses Schiff nämlich so eine Art Identifikationsobjekt, ein von allen geliebtes „Familienstück", auf jeden Fall für die Poeler, und Wismar könne man getrost dazurechnen. Jeder Fischer im Umkreis rede stolz von „unserem Wikingerschiff". Dieses Bauprojekt habe der – na, sagen wir es doch ruhig: desolaten Region zu neuem Selbstbewußtsein verholfen. Angesichts dieser Tatsache könne es schon sein, daß die Leute – alles Nachbarn, gewissermaßen – an dem kleinen Festakt gern teilnehmen wollten, nicht?

Den Personenschützer interessiert das alles einen feuchten Dreck. „Wie auch immer, Sie wissen jetzt Bescheid. Alles geht auf

Ihre Kappe – einschießlich der Unversehrtheit des Herrn Ministerpräsidenten. Also sehen Sie zu, daß die Sache reibungslos abläuft, sonst sind Sie dran." Spricht's und geht hinaus, seinen Spürhunden suchen helfen. Ich sehe ihn nicht wieder, aber den ganzen Tag werde ich den kühlen Luftzug spüren, der mit ihm hereingeweht ist.

Um elf Uhr ist das Chaos perfekt. Als eine Blechlawine ungeahnten Ausmaßes über die Dorfstraße heranholpert und wir Helfer zum Parkplatzanweisen abordnen müssen, als das Areal des kleinen Hafens, mit etwa dreitausend Menschen gefüllt, aus den Nähten platzt, als die Leute scharenweise die Absperrungen ignorieren und selbst Omis über Zäune klettern, ertappe ich mich dabei, wie ich Thor und seine ganze Göttersippschaft um Hilfe anrufe. Doch die ist nur von den paar altbewährten Freunden zu erwarten, die sich redlich mühen, einen Ordnungsdienst zu improvisieren. Die Freiwillige Feuerwehr Poel, in vorschriftsmäßiger Zahl im Mannschaftsbus angerückt, bleibt diskret darin sitzen. Nichts kann die wackeren Recken dazu bewegen, ihre Zuständigkeit zu überschreiten – und die beziehe sich auf „Notfälle". Das Aufstellen von Sperrgittern etwa fällt selbstredend nicht darunter. Und überhaupt, früher sei hier alles viel ruhiger zugegangen. Fürchterlich, dieser wendebedingte Streß!

Na, dann eben nicht. Immerhin sind ja zwei Wikingerstämme zugegen, denen einige Handfestigkeit zugetraut werden darf. Die Leute vom Wikingerverein „Opinn Skjold", aus Schleswig angereist, und ihre Berliner Kollegen machen sich prächtig in dem originalgetreuen Habitus. Hauptsache, sie erheben die Streitäxte nicht gegeneinander – für die Allgemeinheit genügt vielleicht ihr respektheischender Anblick. In ihren kunstvollen Kettenhemden, den auf Hochglanz gewienerten Helmen, in Pelzmützen, Lederkappen, malerischen Gewändern und bewaffnet bis an die Zähne, sind sie an diesem Tag für Hunderte von Erinnerungsfotos gut.

Um 12.15 Uhr naht meine Zitterstunde: Die Limousine des Ministerpräsidenten rollt heran. Der hohe Gast entsteigt ihr im zweckdienlichen Freizeitlook und ist überhaupt so normal, wie einer nur sein kann, was mich unerhört erleichtert. So einem würde doch keiner was tun, oder? Es beruhigt mich, daß der Ehrengast von der Masse der Ausflügler überhaupt nicht zu unterscheiden ist, ausgenommen natürlich, als er mit mir das Podest vor der Werfthalle erklimmt, um seine Ansprache zu halten. Da oben, ausgesetzt Gott weiß was allem, tritt mir trotz des kalten Windes leichter Schweiß auf die Stirn.

Unnötig, denn rundherum branden nur freundliche Ovationen auf, und alles läuft fast wie am Schnürchen. Die Fernsehkameras sind in Position, und die Fahne Mecklenburgs wird entrollt, ein Geschenk des Landesvaters, das die Wikinger bis ins ferne Amerika begleiten soll. Von Traditionsbewußtsein und beispielhaftem Unternehmungsgeist spricht der Schirmherr und davon, daß dieser Geist nun von Poel aus über den Atlantik wehen soll. Jedenfalls klingt es so, denn alles kriege ich vor Aufregung nicht mit. Zu guter Letzt bricht aus unerfindlichen Gründen die Tonanlage zusammen, so daß die abschließenden Grußworte nur noch die Umstehenden hören; aber die meisten sind ohnehin schon mehr mit Met oder heißer Suppe aus der Gulaschkanone beschäftigt. Der Ehrengast verläßt nach getaner Pflicht die Tribüne, so daß er zu meiner Erleichterung keine Zielscheibe mehr bietet, und erklärt bedauernd, daß noch weitere Verpflichtungen seiner harrten. Nun brauche ich mich also nur noch um das Wohlergehen der restlichen Dreitausend zu kümmern.

Rasch schreiten wir zum zweiten Höhepunkt des Programms. Silke ist an der Reihe, denn bekanntlich muß es stets ein weiblicher Mund sein, aus dem Schiffe ihren Namen erfahren. Einer Überlieferung zufolge soll das europäische Ritual bei Stapelläufen auf niemand anderen zurückgehen als auf die Wikinger. Mit verspritztem Opferblut, welcher gruseligen Herkunft auch immer, hätten damals Schiffseigner ihre „Wogenrösser" gegen Ungemach gefeit. In diesem speziellen Punkt verzichten wir auf historische Genauigkeit, aber die heute übliche Schampusflasche kommt, weil stilbrüchig, auch nicht in Betracht. Ein Schiff wie dieses kann nur mit Met getauft werden.

Das Volksgemurmel verstummt, als die Patin, ein gefülltes Trinkhorn in der Hand und den ungewohnt langen Rock geschürzt, auf das eigens errichtete Gestell steigt, das sie dem langhalsigen Drachenhaupt des Täuflings auf Reichweite nahebringt. Die Mikrophone haben ihren Dienst noch nicht wieder aufgenommen. Silke spricht mit klarer Stimme, langsam und betont: „Ich taufe dich auf den Namen WIKING SAGA und wünsche dir und deiner Mannschaft allzeit gute Fahrt – und vor allem eine glückliche, gesunde Heimkehr."

Met rieselt über die kunstvoll geschnitzten Ohren und das bleckende Drachenmaul an der Bugspitze, Kameras surren, Fotoapparate klicken, Applaus plätschert in der Luft. Und einen seltsamen, schwindligen Augenblick lang würge ich plötzlich an einem heißen Kloß im Hals, vor dem Worte und Gedanken kapitulieren. Die Gefühle, die mich überfallen, sind verwirrend zwiespältig: Stolz und Glück, daß ich mein Traumschiff vollendet habe, aber auch eine immer stärker werdende Spannung angesichts der selbstgestellten Aufgabe. Ich weiß es, und Silke ahnt es, obwohl ich mich gehütet habe, es je mit einer Silbe zu erwähnen: Die Gefahren sind unwägbar. Wir werden Neuland betreten, und ich bin nicht frei von Angst. Man müßte ein Narr sein, das Unbekannte nicht zu fürchten.

Den Nordatlantik habe ich zwar kennengelernt, doch nur an Bord einer Yacht, die mit Radar und Satellitennavigator gesichert war, auf der man in eine Koje kriechen und sich im Salon auf dem Sofa räkeln konnte. WIKING SAGA bietet nichts von alledem, nur den spartanischen Urzustand eines Schiffes. Und jetzt, da ihr Rumpf vollendet ist, zeigt sich in unverhüllter Deutlichkeit, was drei Meter Breite und 14 Meter Länge wirklich sind: das Miniaturformat eines Ozeanschiffes. Wenn ich auch weiß – und mir immer wieder selber damit Mut mache –, daß die Wikinger Ozeanreisen mit solchen Booten schafften, so wird doch in den nächsten Wochen, den letzten vor dem Start, so manche düstere Warnung nicht wirkungslos an mir abprallen.

„Na, das sieht man ja auf den ersten Blick – wieder mal so'n Fall für den Seenot-Rettungskreuzer", orakelt einer von zahlreichen selbsternannten Sachverständigen. Solche Sätze bleiben im Ohr, ob man will oder nicht.

42

WIKING SAGA schwimmt!

Carlo Gloy reißt mich aus meiner Beklommenheit. „Also, Burghard, soll ich jetzt ...?"

Er löst Silke auf dem Podest ab und macht sich daran, WIKING SAGA mit ihrem Namenszug zu schmücken, den er mittels Hammer und Beitel ins Holz des Vorderstevens ritzt – auf richtig altnordisch, versteht sich, und das sieht dann so aus:

ᚠᛁᚲᛁᚾᚷ ᛋᚱᚷᛏ

Um 13.15 Uhr müssen alle auf der Werft befindlichen Besucher über Megaphon verscheucht und gebeten werden, auf den Marktplatz auszuweichen. Der Kran braucht Platz. Kurz darauf pendelt das Boot hoch am Haken, schwebt durch die Luft über den Hof und landet präzise auf dem Slipwagen. Wie die Tradition es verlangt, wird WIKING SAGA auf ihrem fahrbaren Untersatz an Seilen zum Wasser gezogen, vorneweg die Opinn-Skjold-Krieger, die die reinste Hollywoodszene daraus machen.

Dies sind Minuten, die mir noch im nachhinein die Haare zu Berge stehen lassen. Wenn die Sache aus dem Ruder hätte laufen können, dann jetzt. Die Leute drängeln sich, blind für jede Gefahr, um das schwere, rollende Gefährt, wollen am liebsten mal anfassen, Kinder und Erwachsene kriechen unter dem Wagen durch, der allein durch sein Gewicht Tempo entwickelt und kaum mehr zu bremsen ist. Ich mache drei Kreuze, als die paar hundert Meter unfallfrei zurückgelegt sind. An der Uferböschung klettern Peter, Jürgen und ich an Bord, und nie, ganz gewiß niemals werde ich diesen Augenblick vergessen: Mit einem leichten Rumpeln rutscht WIKING SAGA mit uns ins Hafenwasser. Das Getute und Sirenengeheul aller anwesenden Boote begrüßt sie in ihrem Element. Sie schwimmt! Und vom ersten Moment an liegt sie völlig stabil im Wasser. Mir purzeln wahre Felsbrocken vom Herzen.

„Juchhuuu!" brüllt Peter und reißt triumphierend die Arme hoch. Erleichterung und grenzenlose Freude – für nichts anderes ist in uns jetzt Platz. Wir vergessen das Gedränge auf der Pier und sehen nur noch glitzerndes Wasser um uns und das Schiff, das uns zum ersten Mal wiegt. Noch fehlen ihm der Mast und das Segel, doch der Drache lebt auch jetzt schon. Peter und Jürgen greifen zu den Riemen, ich weihe die Pinne ein – es kann „angerudert" werden!

Dieser denkwürdige 4. Mai, ein windiger, von blasser Sonne beschienener Samstag, klingt aus in der „Insel", dem herrlich altväterlichen Poeler Dorfgasthaus, das schon während der Bauzeit unser zweites Zuhause geworden ist. An diesem Abend sind wir alle reif für die Insel und lassen in der dunkelgeräucherten Schankstube mit dem riesigen Kachelofen nach Herzenslust Dampf ab. Die Porträts dahingegangener Fischergenerationen blicken von den vergilbten Wänden auf uns herab und bekunden zusammen mit den in Glaskästen ausgestellten Schiffsmodellen, daß hier von jeher die Gezeiten des Meeres den Lauf der Dinge bestimmten. Nun wird es doch noch eine Tauffeier, wie ich sie mir gewünscht habe. Der Alltagsfrust der Insulaner bleibt heute vor der Tür, die Klönschnacks drehen sich mal nicht um die hohe Arbeitslosenquote oder um die traurige Tatsache, daß so gut wie keiner der alteingesessenen Betriebe der Insel in einheimischer Hand verblieben ist. Nahezu die einzige Ausnahme ist die Kirchdorfer Werft. Da unser Projekt sofort den nächsten Auftrag nach sich gezogen hat – ein norddeutscher Freizeitpark will ein identisches Wikingerboot bauen lassen –, ist die Stimmung bei den Werftleuten von vorsichtiger Zuversicht geprägt. Für alle anderen hat der Umbruch nie gekannte Existenzsorgen aufgeworfen.

Für mich löst sich an diesem Abend alle Anspannung in der wunderbaren Gewißheit auf, daß doch noch alles so richtig schön geglückt ist. Welcher Clou mich aber zu guter Letzt noch erwartet, hätte ich in meinen kühnsten Träumen nicht ahnen können. Zu vorgerückter Stunde, als längst auch die Außenstehenden in unsere Runde eingemeindet sind und Peter bierselig schon an sämtlichen Nebentischen unsere Reiseroute auf die Serviette gemalt hat, da nähert sich mir durch den Dunst ein wildfremder Mensch, den ich als genausowenig nüchtern einstufe wie mich selber.

„Ich hab' Sie irgendwann mal im Fernsehen gesehen", beginnt er. „Kann das sein?" Und dabei habe er meinen Ausführungen entnommen, daß die Finanzierung des Unternehmens an Verknappung leide. Um so bewundernswerter fände er die Entschiedenheit, mit der das Ganze in die Tat umgesetzt wurde. „Sie brauchen noch Geld, sehe ich das richtig?"

Der muß mich wahrhaftig in einer dieser Talkshows belauscht haben, denke ich, denn ich bin nicht müde geworden, das Problem mit dem Geld vor jeder Kamera aufzutischen. So grinse ich jetzt nur ein wenig unangenehm berührt, denn mit unseren Finanzsorgen will ich mir die Stimmung heute nicht verderben.

„Tja, also", räuspert sich der unbekannte Freund, „ich dachte mir, ich könnte... Natürlich brauchen Sie etwas in anderer Größenordnung, aber Kleinvieh macht auch Mist... Also, nehmen Sie das mal von mir..."

Und zu meiner größten Verwirrung halte ich plötzlich ein Stück Papier in der Hand, das aussieht wie ein Scheck. Ein Scheck mit einer verschwimmenden Anzahl Nullen. Ich muß das Ding weiter weg halten, da ich nicht weiß, wo meine Lesebrille ist. Zwanzigtausend Mark in Worten? Haha! So was gibt's doch nicht im wirklichen Leben! Ich versuche, die Biere zu zählen, die ich getrunken habe. Nein, so viele können es nun auch nicht gewesen sein. Als ich ratlos um mich blicke, ist der Spender verschwunden. Ich kann es nicht glauben. Alle Vernunft spricht dagegen, daß sich derlei Wunder außerhalb von Schicksalsromanen oder Heimatfilmen zutragen.

Peter lacht mich aus. „Der Scheck ist doch nicht gedeckt, Burghard! Kann ja gar nicht sein, jede Wette. Oder glaubst du etwa an den Weihnachtsmann?"

Aber der Scheck ist völlig in Ordnung, wie sich einige Tage später herausstellt, als ich die Bank betrete in der sicheren Erwartung, nur Kopfschütteln und mißbilligende Blicke zu ernten. Die Sache, so unwahrscheinlich sie auch klingt, hat ihre Richtigkeit.

Der großmütige Gönner, dem ich dann doch noch auf die Spur gekommen bin, zieht es vor, anonym zu bleiben. Er wird hiermit zum Ehrenwikinger ernannt.

2 SCHNELLER RITT AUF DEM WOGENROSS

Nun ist dein Schiff eine Zierde auf den Wogen.
Tüchtige Recken werden kommen, es zu bemannen.
Sei kundig, dein Wogenroß zu reiten.
Nutze, wenn hoch die Sonne steht, den Sommerwind.
Sorge stets für gutes Tauwerk
und meide die Jahreszeiten der Stürme...

Diese unübertrefflich vernünftigen Segelanweisungen der Wikinger hat Carlo Gloy auf einem der Holzschilde verewigt. In Runenschrift natürlich, kein Mensch kann sie lesen außer ihm, aber er hat mir die Übersetzung mitgeliefert. Es wird ratsam sein, sie zu beherzigen.

Eigentlich könnte es jetzt losgehen mit dem Wogenritt. Die „tüchtigen Recken" werden allmählich zappelig vor Ungeduld. Wir warten nur darauf, daß endlich der heftige Nordweststurm abflaut, der seit Tagen über die Nordsee donnert und sie zu schaumiger Lauge aufrührt. WIKING SAGA schaukelt vereint mit SHANGRI-LA an der Pier von Thyborøn, einem dänischen Städtchen am Limfjord, hoch oben am Skagerrak. Und sie ist wirklich eine Zierde auf den Wogen.

Das finden auch die sensationslüsternen Strandurlauber aus den umliegenden Feriendörfern, die scharenweise anrücken. Die örtliche Presse, das dänische Fernsehen, lokale Honoratioren und sonstige Wichtigkeiten mischen fröhlich mit bei der Belagerung, und alle stehen uns unverdrossen auf den Füßen herum. Genauso war es in den Tagen zuvor schon zu Hause, wo die ganze Termin-

planung wegen unserer dauernden Herumhetzerei aus den Fugen geriet. Als könne sich eine Expedition nebenbei von alleine organisieren, waren die Wikinger zuletzt allgegenwärtig in Zeitungsredaktionen, beim Rundfunk, in Fernsehstudios, aber nur selten bei ihrem Schiff, mit dem wir, so fürchte ich insgeheim, vielleicht noch nicht ausreichend vertraut sind.

Sei kundig, dein Wogenroß zu reiten... Bei Thor, ich hoffe inständig, daß wir kundig genug sind. Die Zeit reichte nur für Probeschläge in den Gewässern vor Poel, und die Wismarer Bucht war in diesem Frühjahr so friedlich wie eine Badewanne. Dennoch wurde bei den Testfahrten sofort zweierlei klar: daß wir für dieses Schiff noch einmal ganz neu segeln lernen müssen – und daß wir mit drei Mann die Minimalbesatzung sind.

Das vierzig Quadratmeter große Rahsegel durch den Wind zu bekommen, war für uns Neuwikinger gar nicht so einfach. Beim Wenden, so fanden wir heraus, mußte auf der Leeseite mit den Ruderriemen nachgeholfen werden, sonst marschierte der Drache plötzlich rückwärts, übrigens ebenso schnell wie im Vorwärtsgang. Schon seit dem ersten Übungstörn pries ich mich glücklich, daß Jürgen mit seinen Freistilringerkräften quasi für zwei zählt. Um diesen Drachen zu bändigen, brauchen wir zähe Muskeln.

Doch unser Enthusiasmus für das Boot wuchs von Mal zu Mal. Hatten wir in der Bauphase noch das eine oder andere vorgegebene Detail für verbesserungswürdig oder gar überflüssig gehalten, so bewies die „karvi" im Wasser gleich, daß sie ein ausgereiftes Modell war. Nichts war zuviel, nichts zuwenig, alles war sinnvoll und zweckmäßig angeordnet. Sie lag gut auf dem Ruder und war so kursstabil, als liefe sie auf Schienen. Auf Am-Wind-Kursen konnte man sogar das Ruder verlassen.

Doch die eigentliche Bewährungsprobe, da machen wir uns keine Illusionen, steht noch bevor. Gewiß hätte die Vernunft einen Probetörn unter rauheren Bedingungen verlangt, aber das war einfach nicht mehr drin. Zuviel Zeit war draufgegangen mit Dingen, die nicht unmittelbar der Sache dienten. Mit wachsender Sorge denke ich daran, daß die Tage des arktischen Sommer gezählt sind: *Nutze, wenn hoch die Sonne steht, den Sommerwind...*

Ein Schiff macht Landmeilen

Die Sonne steht schon reichlich hoch. Es war Mitte Juli geworden, bis WIKING SAGA endlich auf den Sattelschlepper gehievt werden konnte. SHANGRI-LA war schon eine Woche vorher nach Thyborøn gestartet, um dort ihren Schützling zu erwarten, der zu guter Letzt noch einen Fernsehauftritt in Mainz zu absolvieren hatte. Die erste Etappe nach Dänemark mußte unser Star also etwas unheldenhaft auf der Landstraße zurücklegen, um die Vorausgeeilten möglichst schnell einzuholen.

Irgendwann schafften Peter und Jürgen es schließlich, mit dem Bootstransporter unter Gehupe und Gewinke vom Hof zu dröhnen. Mir oblag es noch, mit dem Pkw nach Flensburg zu fahren, wo der neue Wunderwahrsager für SHANGRI-LA abgeholt werden mußte, ein computergesteuerter Satellitennavigator. Wenn schon wir Wikinger ohne die vertrauten Hilfsmittel mit den Gestirnen kommunizieren mußten, so sollten zur Sicherheit wenigstens unsere Nothelfer mit dem Zuverlässigsten ausgerüstet sein.

48

Als die zwei mit dem Sattelschlepper schon über alle Berge waren, traf mich fast der Schlag: Sie rauschten ohne jegliche Papiere auf die dänische Grenze zu. Siedendheiß fiel mir ein, daß blödsinnigerweise Skipper Eugen die Tasche mit den Schiffs- und Wagenpapieren an sich genommen hatte. Und der war mittlerweise in Thyborøn.

Das fing ja gut an.

Ich näherte mich also dem Grenzübergang Harrislee in der Überzeugung, dort zwei klägliche, arretierte Wikinger vorzufinden. Dabei wußte ich zu diesem Zeitpunkt noch nicht mal von den 40 Flaschen hochprozentiger Spirituosen, mit denen sich diese beiden Engelsnaturen in Erwartung arktischer Temperaturen vorsichtshalber eingedeckt hatten. Erst im nachhinein erfuhr ich von dem gleichmäßig in Führerkabine und Boot verteilten alkoholischen Warenlager, das Peter und Jürgen in aller Seelenruhe nach Dänemark einführten. Nicht, daß sie ihr Schmuggelgut etwa absichtlich versteckt hätten, nein – meine Ossis, noch ein bißchen ungeübt in Grenzübertritten, waren gar nicht auf den Gedanken gekommen, daß man in ein anderes Land nicht einfach mitnehmen kann, was man will...

Zu meinem Erstaunen stand der Lkw nicht in Harrislee. Etwas verunsichert erkundigte ich mich bei den Zöllnern, ob ihnen ein ungewöhnlicher Bootstransport aufgefallen sei. Dem einen Dänen leuchteten die Ohren vor Begeisterung. „O jaaa! Sehr, sehr schönes Boot!" Der Kollege trat hinzu, und beide gerieten derart ins Schwärmen, daß mir schließlich klar wurde: Die mußten vor lauter Entzücken glatt vergessen haben, ihrer Pflicht nachzukommen. Peter und Jürgen waren ohne jegliche Kontrolle nach Thyborøn gelangt. Das Glück ist eben mit den Unwissenden.

Nun sind wir zwei Tage in unserem Ausgangshafen eingeweht. Beide Crews versuchen, trotz der freundlichen Behinderungen noch einige Arbeiten fertig zu kriegen. Alex und Werner aus Berlin drehen die ersten Filmmeter, während die Sprechfunkanlage installiert wird, die unterwegs eine ständige Verbindung zwischen den beiden Booten gewährleisten soll. Und da nach internationaler Vorschrift auch ein altertümliches Gefährt nicht ohne ordnungsgemäße Beleuchtung herumgeistern darf, müssen wir in Thyborøn noch einen Elektriker auftreiben, der uns eine stilwidrige Lampe am Mast anbringt.

Indessen erhalten wir einen eindrucksvollen Vorgeschmack auf die nördliche Nordsee. Das Wasser sprüht nur so über die Mole und verklebt mit den aufgewirbelten Sandmassen zu feuchten, körnigen Wolken, die alles einhüllen. Der salzige Sand knirscht zwischen den Zähnen, verfängt sich im Pullover und juckt auf dem Kopf und in den Ohren. Er weht bis in die letzten Ritzen der Schiffe. Wir mühen uns, per Staubsauger wenigstens die Kamerabehälter und wichtigen Geräte zu säubern, doch der Sand von Thyborøn ist unbesiegbar. Als Souvenir aus Dänemark werden uns seine Körner noch während der ganzen Reise erhalten bleiben.

Endlich beruhigen sich Nordsee und Luft. Um ganz sicherzugehen, setze ich mich telefonisch mit dem Mann in Verbindung, der für die gesamte Expedition mein wichtigster Gesprächspartner sein wird: Herr Erdmann vom Seewetteramt Hamburg. Er sitzt vor der Welt modernstem Wettercomputer, einem Wunderwerk der Technik, das die Daten tausender Observationen verwertet. Zum ersten Mal habe ich von der Möglichkeit Gebrauch gemacht, dort eine „Törnberatung" zu buchen. Gegen Gebühr wird jede Etappe unserer Reise vom Seewetteramt verfolgt und meteorologisch betreut. Die Prognose umfaßt jeweils fünf Tage, wobei der vierte und fünfte Tag natürlich schon mit einigen Unsicherheiten behaftet sind. Aber es soll sich herausstellen, daß die zwei- bis dreitätige Vorhersage von verblüffender Genauigkeit ist.

Wie sieht es nun also aus? Können wir den Absprung wagen?

„Morgen nachmittag frischt es nochmals auf", werde ich unterrichtet. „Aber nicht mehr als Windstärke sieben. Das Skagerrak ist nun mal rauh. Immerhin haben Sie dann bei Ihrem Nordwestkurs aber achterlichen Wind."

Na also! Das muß doch zu packen sein. Etwa 130 Seemeilen sind es bis Egersund in Südnorwegen, eine gute Strecke zum Angewöhnen. Gehen wir es an! Abends steigt noch ein Abschiedsessen beim Hafenkapitän – und dann ab die Post.

Aus Peters Tagebuch:

Hafen Thyborøn, 24. Juli 1991. Die Expedition beginnt!
05.30 Uhr aufgestanden. Schlecht geschlafen, ca. zwei Stunden.
(Zum erstenmal an Bord von WIKI.) Im Hafen unterm Wasserhahn
geduscht. Hektische Betriebsamkeit, Filmaufnahmen, Verabschie-
dung im Hafen.
 Um 10.15 Uhr legen wir ab, rammen dabei eine deutsche Yacht,
aber weiter kein Schaden.
 Kurs Norwegen. Wind ist gut, Ostsüdost 5. WIKI läuft hervorra-
gend!
 Wind frischt auf, Stärke 7. Es baut sich eine grobe See auf. Ich
fühle mich sehr gut, aber es gibt auf beiden Schiffen Seekrankheit:
Eugen, Silke, Werner, Alex und Jürgen. Wir nehmen viel Wasser
über, gut, daß wir das Zelt aufgebaut haben. Alles außerhalb der
Kisten ist klatschnaß. Eine Welle reißt die Scheuerleiste mit zwei
Schilden ab. Können kein Manöver fahren. Die See wird sehr steil,
wir binden zwei Reffs ein. Die Jeantex-Anzüge sind schön warm.
 Habe nur große Bedenken, ob der Steuertampen hält.

Thor fordert Tribut

„WIKI ist ein Renner!" brüllt Jürgen dem Horizont entgegen, dorthin, wo nichts ist als glitzernde Weite und sommerblaue Nordsee
unter sommerblauem Himmel. Peter strahlt mit dem Freund um
die Wette. Noch geht es beiden gut, erst im Lauf des Tages wird
Jürgen etwas einsilbiger werden und leicht grün um die Nase.
 Wir sind auf See. Dänemark ist nur noch ein unscheinbarer,
dünner Strich achteraus, und bald wird es ganz verschwunden
sein. Wir sind wirklich und wahrhaftig endlich auf See, und alle
unsere Sensoren sind auf Empfang geschaltet.
 „WIKI" – die beiden Schweriner haben unser Schiff noch nie anders als mit diesem Kosenamen tituliert – ist in der Tat ein Renner. Sie haut ab, als gehöre das Skagerrak schon lange ihr. Am
Bug trägt sie einen weißen Schnurrbart, der auf beiden Seiten

spitz zuläuft, und bei mir am Seitenruder sprudelt munter eine Fontäne hoch. Mit der Zeit wird mir klar, daß die Höhe dieser Fontäne in direktem Bezug zu unserer Geschwindigkeit steht. Fürs erste jedoch absorbiere ich nur, sauge auf, was meine fünf Sinne wahrnehmen: das gleißende Blinken auf dem Wasser, den unverwechselbaren Atem der See, den vertrauten Salzgeschmack auf den Lippen und die eigentümliche Sprache des Bootes: ein typisches Knarren, begleitet von stetem Sprudeln, Zischen und Rauschen. Und sofort spüre ich, welche Harmonie besteht zwischen diesen Planken und den Wellen, die sie tragen.

WIKING SAGA segelt nordwärts, dem Land ihrer Ahnen entgegen. Dem Donnergott Thor, den wir uns als Schutzmacht verpflichtet haben, scheint dieser Kurs zu gefallen. Sein stilisiertes Konterfei, das großflächig unser Segel schmückt, verzieht sich auf dem bauchig geblähten Tuch zu einem freudigen Grinsen mit Lachfältchen an den Seiten. Später werde ich darin eine Art Stimmungsbarometer erkennen: Erschlafft nämlich das Segel, so zieht Thor einen Flunsch. Davon kann im Moment zum Glück keine Rede sein, der Herr über Wind und Wetter zeigt sich wohlgelaunt, obwohl wir uns die üblichen Opfergaben ersparten, ohne die unsere Vorläufer niemals eine Seereise anzutreten gewagt hätten. Anscheinend hat es in unserem Fall genügt, daß ein kundiger Däne auf der Pier von Thyborøn in einer echt klingenden Anrufung das Wohlwollen Thors auf unser Schiff herabbeschwor. Noch wissen wir nicht, daß die alten Götter habgierige Naturen sind, die sich mit Gewalt holen, was die Tributpflichtigen nicht freiwillig herausrücken.

Jedenfalls zerbrechen wir uns momentan nicht den Kopf über mystische Rituale. Unsere erste Euphorie ist allmählich gewichen und auch die Spannung, mit der ich mich fragte, wie das Boot sich wohl auf der Nordsee verhalten würde. Es verhält sich großartig. Perfekt den Wellen angepaßt, gleitet es wie ein Surfbrett dahin. In mir stellt sich dieser besondere Seelenfrieden ein, wie ich ihn schon früher auf See immer wieder empfunden habe. Alle Sinne sind hellwach, schwimmen aber gleichsam auf einem Meer der Ausgeglichenheit. Vorbei ist die Hektik der letzten Tage, Schnee von gestern sind alle Termine, Interviews, Telefonate. Dunkelblaues Skagerrakwasser gluckst unter den Planken. Ich fühle mich glücklich. Allerdings auch ein wenig geschlaucht. Und ich weiß, daß meine beiden Mitwikinger, ungeachtet ihrer strahlenden Gesichter, ebenso erholungsreif sind. Ein paar Tage sollten wir einfach noch irgendwo im grünen Gras liegen und in die Wolken blinzeln, bevor es dann ernst wird mit dem rauhen Ritt über den Atlantik. Vielleicht läßt sich das machen.

Was, frage ich mich, geht wohl vor in den beiden, die heute als Fahrtensegler debütieren? Es ist ihr erster Segeltörn ohne Landsicht, ein Abenteuer, das noch vor gar nicht langer Zeit für sie außerhalb aller realistischen Erwägungen lag. Scheinbar lässig lehnen sie an den Planken, fast so, als sei das hier die alltäglichste Angelegenheit der Welt. Aber ihr Ausdruck spricht Bände. Peter hat die letzte Nacht fast nicht geschlafen, doch seine Mundwinkel sind wie bei Jürgen permanent nach oben gebraßt.

Nachmittags wird der Wind auffrischen, hat Herr Erdmann gesagt, und so gerate ich ab Mittag wieder in leichte Spannung. Keine Frage, daß das Skagerrak uns noch nicht sein wahres Gesicht gezeigt hat, ist es doch berüchtigt für seinen mächtigen Seegang, der von Westen her auf langer Strecke Zeit hat, sich hoch aufzubauen, um schließlich die aufgewühlten Wassermassen in die Enge hineinzudrücken, die den Übergang zwischen Nord- und Ostsee bildet. Selbst wenn es hier noch nicht zur Sache geht – spätestens am Ausgang des Skagerraks erwartet uns jene Grenze, an der jegliche Freizeitschipperei sozusagen ihr natürliches Ende findet. Von dort westwärts läßt sich die Weiterfahrt nicht mehr in handliche Tagesetappen einteilen. Die Welt des Blauwassersegelns beginnt.

Am frühen Nachmittag heult der Wind auf wie eine Sirene, die das Ende der Schonzeit verkündet. Er dreht von Südwest auf West, und WIKING SAGA legt noch einen Zahn zu. Unser Wogenroß verfällt in eine unbequemere Gangart. Dies ist der Zeitpunkt, an dem ich bei Jürgen eine etwas starre Miene und einen grünlichen Farbton entdecke. Das fehlte gerade noch, denn jetzt sind seine Bizeps gefragt.

„Komm, Alter", ermuntere ich ihn, „du wirst doch nicht kneifen?" „Nein, alles bestens", beeilt sich Jürgen zu versichern.

Wir holen die Schoten dichter, was der Drachenkopf mit leichter Schräghaltung quittiert. Von jetzt an wird es feucht. Vorn wummern die Seen nur so gegen die Schilde, waschen ihre Ornamente sauber und spritzen dahinter zischend an der Bordwand hoch. Es spuckt über den Bug wie verrückt. Gischt weht von den Kämmen, ich nehme an, in Böen ist es mehr als sieben. Bis in das Zelt hinein schwabbelt die Nordsee, denn seine Persenning hat Öffnungen, durch welche die Wanten laufen, und hier kann sie munter hineinlecken. Wenig später gibt es keinen trockenen Quadratzentimeter mehr an Bord. Die Luftmatratzen im Zelt fangen an zu schwimmen.

Es wird Zeit, das erste Reff einzubinden. Also Schoten los und die Gordings durchgeholt, jene zwei Taue, die, an der Rah befestigt, über die Frontseite des Segels laufen und hinter ihm über Blöcke zum Mast geleitet werden. Mit Hilfe der Gordings läßt sich unser Segel wie eine Raffgardine nach oben zusammenziehen.

Kein Mensch weiß genau, ob die Wikinger das auch so machten. Die detaillierten Geheimnisse ihrer Segeltechnik nahmen die alten Seefahrer leider mit ins Grab – wo zwar wunderbarerweise einige Schiffe der Fäulnis trotzten, nicht aber deren Takelage. Von Masten, Segeln und Tauwerk blieben allenfalls wenig aussagekräftige Fragmente, und die Sagas lassen sich so erschöpfend zu dem Thema nicht aus. Bloß steckt der Teufel gerade im Detail – wie bei der ersten Probefahrt vor Poel, als unser Segel plötzlich waagrecht im Wind knatterte wie ein Bettuch an der Leine, nur daß Bettücher nicht vierzig Quadratmeter groß sind. Vielleicht hatten auch die Wikinger ihre liebe Not damit, die Segel zu bändigen. Oder sie griffen zu dem gleichen Trick wie wir, den Gordings, um die ganze Masse Tuch ruckzuck auf staufreundliches Format zu reduzieren.

Das Großfall zu bedienen – den Tampen, der die Rah in die Höhe hievt – ist Jürgen auserkoren, wer sonst. Denn was da von der Mastspitze ins Boot herunter schwebt, hat schon im Trockenzustand gut 70 Kilogramm Gewicht und naß wie jetzt mit Sicherheit mehr: Für Jürgens durchgestylte Muskeln eine Übung, die er auch noch mit rebellierendem Magen bewältigt.

Als das Segel mit eingebundenem Reff wieder steht, geht die aus dem Takt geratene Schaukelei sofort wieder in ein harmonischeres Schwingen über, was alle erleichtert. Verwundert registrieren wir jedoch, daß vom Reffen keine Bremswirkung ausgeht. WIKING SAGA läßt sich nicht aufhalten und die Dauerdusche nicht abstellen.

Immer häufiger wandern unsere Blicke rückwärts, in die Richtung, aus der wir gekommen sind. Wo, zum Teufel, steckt bloß SHANGRI-LA? Eugen, der uns zunächst aus Thyborøn herausschleppte, weil der Tidenstrom im Limfjord unser Auslaufen behinderte, mußte noch einmal umkehren, um die Fotografen und Reporter wieder im Hafen abzuliefern, die unseren Aufbruch hautnah miterleben wollten. Aber das kann doch unmöglich so lange gedauert haben? Es ist jetzt Stunden her, und von dem Katamaran ist nichts zu sehen. Allmählich kommt so ein Hauch von Hilflosigkeit in mir hoch. Auf Wikingerschiffen kennt man keine Seekarten, wir können also nur hoffen, noch auf dem richtigen Kurs zu sein. Ganz weit achteraus zeigen sich schließlich zwei winzige Segel, ob jedoch eines davon die SHANGRI-LA ist, vermag keiner zu sagen.

Endlich erreiche ich Eugen über Funk. „Sag mal, wo bleibt ihr eigentlich?"

„Tut mir leid, Burghard..." Aus dem atmosphärischen Rauschen glaube ich, so etwas wie Zerknirschtheit herauszuhören. „Wir haben euch jetzt im Radar. Es hat sich etwas hingezogen mit den Presseheinis, und dann... Also, wir hatten verschiedene Punkte auf dem Schirm. Ich glaube, wir sind zuerst hinter dem falschen hergefahren..."

Auf WIKI quittiert ein dreistimmiges Gekicher diesen furiosen Einstand unserer Beschützer. „So macht man weiter!" spotte ich über Funk. „Dann müssen wir nur noch irgendwen finden, der auf *euch* aufpaßt!"

Peter wirft ein: „Sag' ihnen, wir werden in Grönland schon auf sie warten!"

Wie gut, daß zu dieser Jahreszeit die Tage so lang sind. Im letzten Büchsenlicht haben wir SHANGRI-LA endlich im Visier. Als sie uns unter deutlichem Dieselgebrumm auf Rufweite passiert, ist es bereits dunkel.

„Mensch, ihr seid ja vielleicht abgehauen!" schreit Eugen herüber. Nur kraft ihrer 100 PS starken „eisernen Genuas" hat SHANGRI-LA es geschafft, unser tausend Jahre altes Modell noch vor Mitternacht einzuholen.

Der schmale, winkende Schatten neben Eugen ist Silke, und auf einmal wird mir viel wohler. „Was ist mit den anderen beiden?"

„Na jaaa...", antwortet Eugen in seiner gemütvollen Art, „die leben sich noch ein." Alex und Werner machen also ähnliches durch wie Jürgen, der inzwischen längst sein Frühstück dem Skagerrak geopfert und auf weitere Mahlzeiten dankend verzichtet hat.

Von nun an leuchtet vor uns die Hecklaterne der SHANGRI-LA, mal näher, mal weiter weg: ein kleines, schwankendes Licht in der Dunkelheit, das uns ein Gefühl von Geborgenheit vermittelt und den Leitstern ersetzt, an dem sich die Wikinger orientierten.

Für uns bedeutet dieser tröstliche Schein noch viel mehr – einen Luxus, von dem Erik der Rote nicht einmal träumen konnte. Da vorn brennt nämlich die Hauslaterne unserer mobilen Seemannsklause, unseres Wohnheims, durch dessen Tür wir im nächsten Hafen mit einem Schritt aus dem Mittelalter in die Neuzeit zurückkehren können. In den kommenden Wochen werden wir noch auf Knien dafür dankbar sein, daß wir in Silkes Küche unsere klammen Knochen auftauen und mit einer warmen Mahlzeit Leib und Seele wieder zusammenflicken können. Es wird uns drastisch klargemacht werden, daß wir ohne diese Kompromisse eine derartige Reise wohl kaum durchstehen würden.

Gleich die erste Nacht demonstriert uns allerdings, daß der Beistand, den ein Begleitschiff uns auf See leisten kann, doch eher psychologischer als praktischer Natur ist. Der Seegang wird enorm. Oder kommt es uns nur so vor, weil die Finsternis alles gefährlicher erscheinen läßt? Nein, wirklich, unser Leitstern ist mittlerweile zum Blinklicht geworden, das nur dann aufblitzt, wenn wir gerade aus der Versenkung auftauchen. In den Abgründen der Wellentäler blicken wir nur gegen dunkles, glasiges Wasser. Es weht nach wie vor mindestens mit Windstärke sieben, und damit, denke ich beklommen, dürfte für WIKING SAGA bereits die Schallmauer erreicht sein. Sehr viel mehr darf es niemals werden.

Alles an Bord ist so naß, daß wir uns den Zustand von Trockenheit gar nicht mehr vorstellen können. Die Decksplanken sind schlüpfrig wie mit Schmierseife überzogen. Wir haben das zweite Reff eingebunden. Im Zwei-Stunden-Takt muß der gerade abgelöste Rudergänger auf die Knie fallen, die Bodenklappe öffnen und die Handpumpe betätigen. Auf den feuchten Luftmatratzen im Zelt zu schlafen probiert erst gar keiner. Daß man auf diesem Schiff nur die Hand hinauszuhängen braucht, um gleich mit den Fingern im Wasser zu sein, daran muß ich mich erst gewöhnen. Mein halbes Leben lang bin ich übers Meer gefahren, aber nie in Tuchfühlung mit den Wellen.

Laut dröhnen die Seen gegen die an der Bordwand aufgehängten Schilde, die angeblich dazu dienen, unterwegs den Freibord zu erhöhen. Nichts gegen Experten im allgemeinen, aber sie hätten das vielleicht erst selber ausprobieren sollen.

Irgendwann in der Nacht knallt in das Rauschen hinein plötzlich ein fremdartiges Geräusch; ihm folgt das Knacken und Knirschen von zerbrechendem Holz. „O Mann, die Schilde! Nein!" gellt ein Schrei an mein Ohr, und Peter hechtet als erster an die Bordwand.

Das Dollbord – die Außenleiste, in der die Schilde stecken – hat unter der Wucht der überkommenden Brecher nachgegeben. Zwei von Carlos herrlich bemalten Schmuckstücken fliegen nacheinander ins Wasser, wo sie auf Nimmerwiedersehen davontreiben. Entsetzt sehen wir ihnen noch nach auf dem hellen Schaum, aber es ist uns unmöglich zu wenden, um sie zu bergen. Wir holen bestürzt und in fliegender Hast die übrigen Schilde herein und legen sie auf den Boden. Ich merke, daß mir die Hände zittern.

Auf SHANGRI-LA haben sie nichts mitbekommen. Eiskalt wird mir bewußt, welch gnadenlose Tatsache uns dieser Vorfall vor Augen geführt hat. Wäre statt der Schilde ein Mann über Bord gegangen, die Chance, ihn zu retten, wäre fast null gewesen. Von diesem Augenblick an mache ich mir nichts mehr vor: Die Beruhigung, die uns die Anwesenheit der SHANGRI-LA vermittelt, gründet sich bloß auf eine Art Placebo-Effekt. In welchem Abstand der Kat uns auch folgt oder vorausfährt, jede Etappe der Reise wird WIKING SAGA sich selbst erkämpfen müssen, aus eigener Kraft, allein auf sich gestellt.

Und um uns auf unsere Plätze zu verweisen, hat Thor gleich mal seinen Tribut eingefordert. Zu meiner Verwunderung höre ich mich murmeln: „Mehr kriegst du aber nicht... In Zukunft laß uns gefälligst in Frieden!"

Unter ziemlicher Anspannung geht die Nacht vorbei. Der neue Tag zeigt sich freundlicher. Wieder erstrahlen Himmel und Wasser in ungetrübtem Blau, das die Schrecken der Dunkelheit vergessen läßt. Die permanente Nässe jedoch bleibt uns erhalten, und ich ahne schon, daß wir sie nie mehr loswerden. Selbst die Isolieranzüge halten nicht, was sie versprachen. Sie sind inzwischen auch von innen zum Auswringen, zwar nur vom Schweiß, der nicht verdunsten kann, aber naß ist naß.

Nach 140 Seemeilen biegt SHANGRI-LA scharf nach Steuerbord ab, und wir folgen ihr. Peter kritzelt mit feuchten Fingern in sein feuchtes Tagebuch: „Donnerstag, 25. Juli, 16.10 Uhr, Ankunft in Egersund."

In der Herzbucht: Die Crew wächst zusammen

„Engelchen, wie fühlst du dich?"

„Frag' mich was Leichteres." Silke probiert ein Lächeln, das ihre Erschöpfung aber nicht verheimlichen kann. Deutlicher braucht sie nicht zu werden, ich weiß, daß sie ihre erste Erfahrung im Fahrtensegeln erst mal verdauen muß. So ganz intakt fühlt sich im Moment keiner von uns. Als wir an der SHANGRI-LA festgemacht haben, blicke ich in eine Reihe matter Gesichter. Alex und Werner, viel lieber Kamera- als Seeleute, wollen nur eins: an Land. Das ist nichts Ehrenrühriges, bekennt sich doch sogar Eugen, der sattelfeste Wogenreiter, zu leichten Anpassungsproblemen. „Aber keine Sorge, Burghard", beschwichtigt er, „du weißt ja, das gibt sich alles."

Auf der WIKING SAGA hat sich Peter wirklich wacker gehalten, ihm muß seine Fliegerei zugute gekommen sein, zumindest was das Training von Gleichgewicht und Magennerven betrifft. Von mir reden wir nicht, ich darf mir sowieso nichts anmerken lassen. Unterwegs habe ich schnell begriffen, daß für die beiden Neulinge an Bord meine Mimik der Gradmesser ist, an dem sie die Gefährlichkeit der jeweiligen Situation ablesen. Und ich hüte mich, daran zu erinnern, daß das Skagerrak bestenfalls der harmlosere kleine Bruder des Nordatlantiks ist. Bei aller Begeisterung über WIKIS erstaunliche Segeleigenschaften – ein ausgewachsener Sturm, soviel ist sonnenklar, darf uns nicht erwischen.

Wenige Minuten nach unserem Auftauchen steht halb Egersund am Yachthafen und guckt. Das Belegen der letzten Leine scheint ein Klingelzeichen zu sein, das die Besuchszeit einläutet. Praktisch mitten im Herzen des Städtchens liegt das Hafenbecken, weshalb jedermann im Auge hat, was hier so ein- und ausgeht. Nicht zuletzt wegen dieser geschützten Lage ist der Ort eine beliebte Anlaufstation für Segler, die an der norwegischen Küste nach Norden wollen. Man ist also auf seefahrendes Volk eingestellt in Egersund, mehr noch, das Wasser gehört zum natürlichen Lebensraum der Leute – wen wundert's im Land der Wikinger?

Wer die Skandinavier im allgemeinen und die Norweger im besonderen für die großen Schweiger des Nordens hält, der sollte sie mal vor einem Wikingerschiff erleben. Alt und jung, Schüler, Opas, Hausfrauen – alles quatscht auf der Pier durcheinander. Egersund ist aus dem Häuschen, als wären die berühmten Ahnen leibhaftig erschienen. Die Wikinger und ihre Schiffe – das ist Geschichte und Heimatkunde in einem und offenbar das ureigenste Spezialgebiet aller Norweger. Eine spürbare Welle des Wohlwollens schwappt uns entgegen, was sich auch bei der Berechnung der Liegegebühren angenehm auswirkt. Als der Hafenmeister naht, frotzelt Eugen noch leise: „Hoffentlich müssen wir jetzt nicht in Hacksilber bezahlen!" So weit geht unsere originalgetreue Ausstattung denn doch nicht. Für die Wikinger besaßen Münzen keinen Nennwert, Wertmaßstab des Geldes war sein Gewicht, weshalb eine Bronzewaage zur Grundausstattung eines Reisenden gehörte. Und damit man auch aufs Gramm genau bezahlen konnte oder Wechselgeld passend parat hatte, wurden Münzen einfach zerhackt oder auch Bruchstücke von Silberschmuck als Zahlungsmittel verwendet.

Aber der Hafenmeister verlangt von uns kein Hacksilber, sondern fast gar nichts. Da die Höhe der Gebühr meist nach Schiffslänge berechnet wird, fürchte ich schon, daß WIKI unterwegs geschrumpft ist. Doch die Gebühr wird mit einem Augenzwinkern für rechtens erklärt: „Stimmt schon so." Und man soll Amtspersonen ja nicht widersprechen.

Im Gegenzug stellen wir uns bereitwillig als Museumswärter zur Verfügung. Müde, aber geduldig erteilen wir alle gewünschten Auskünfte über die Expedition, bis – ja, bis man uns unsere Verfassung offenbar ansieht. Zumindest in den Augen eines sehr netten Ehepaars, das mit Kind und Kegel auf der Pier steht, sehen wir Erbarmen. Sie wissen ein wunderbar stilles Plätzchen, wo man ganz allein ist, nur zwölf Kilometer entfernt, ganz versteckt in den Schären, falls wir Wert darauf legen, unsere Ruhe zu haben.

„Die Leute müssen Gedanken lesen können", murmelt Peter.

Wir lassen uns den Weg genau erklären, und gleich, nachdem der Lokalreporter sein Notizbuch zugeklappt hat und Eugen und Silke mit Frischmilch und Brot vom Einkaufen zurückkommen, machen wir schon wieder die Leinen los.

Die empfohlene Schärenbucht erweist sich als richtiger Glücksfall. Eine schmale Einkerbung im Felsen, ein kantiger Spalt, der wie ins Gestein gesägt wirkt, bildet die einzige Zufahrt. Von außen würde uns kein Mensch hier vermuten. Kein Uneingeweihter käme auf den Gedanken, diese unscheinbare Lücke als

Einfahrt zu einer verborgenen Bucht zu betrachten: ein perfektes Versteck.

Eigentlich ist der Schwojkreis für zwei ankernde Boote viel zu klein, aber unsere Vorgänger haben kundige Vorsorge getroffen: In die Felsen ringsum sind Stahlringe einbetoniert, so daß man Leinen quer über die Bucht spannen und die Boote wie in einem Spinnennetz einweben kann. Wir verknoten uns also nach allen Seiten, und jetzt kann kommen, was will. Damit das Schlauchboot jederzeit als Fähre zur Verfügung steht, riggen wir noch eine Endlosleine mit zwei Blöcken auf, einen an Bord der SHANGRI-LA, den anderen an einem Ring im Felsen. Somit verfügen wir über ein Verkehrssystem ähnlich einer Seilbahn, das sich bei mir schon vor Jahren in den Kanälen Feuerlands bewährte.

Wir klettern den Berg hinauf und stellen fest, daß unsere Bucht aus der Luft betrachtet fast vollendete Herzform hat – ein Herz, an

61

dessen Einkerbung sich als einzige Ader die schmale Zufahrt befindet. Man schaut von oben weit über die Bucht hinaus, der Blick schweift über eine Landschaft, die unendliche Ruhe ausstrahlt: eigentlich nicht mehr ganz Land und noch nicht ganz Meer. Kleine Felsinseln sind hingepustet wie Krümel auf einem Streuselkuchen, und dazwischen blinken glatte Wasserspiegel, in denen sich der wolkenlos blaue Himmel verdoppelt.

Vier herrlich warme Sonnentage lang erholen wir sieben uns in dieser einsamen Grenzwelt, wo das Festland sich bröckchenweise der See ergibt. Genau das brauchen wir vor dem kommenden Törn, nicht nur zur körperlichen und seelischen Entspannung. In der Herzbucht wächst unser loser Haufen zu einer Gemeinschaft zusammen. Im Nachhinein denke ich, daß dies sehr entscheidende Tage für das Gelingen unserer Reise waren. Noch in Thyborøn waren wir einfach sieben unterschiedliche Typen, von denen einige einander kaum kannten. Beide Crews mußten sich erst einspielen; hier, in Klausur, wird dafür eine gute Grundlage geschaffen. Jeder findet im Gespräch zum anderen – und seinen eigenen Platz innerhalb der Gruppe. Wir raufen uns zusammen, teilweise in heißen Diskussionen. Gegensätzliche Standpunkte werden dabei auf den Tisch geknallt, manchmal auch Nichtigkeiten breit ausgewalzt, jedoch nie in verletzender Form. In aller Offenheit auch unbequeme Dinge sagen zu können, das schafft Vertrauen, und so ist erste Harmonie die Frucht gerade der hitzigsten Debatten. Auch dem Oberwikinger wird freimütig die Meinung gesagt, was sehr dazu beiträgt, unsere Positionen zu klären. „Wir erwarten absolut eindeutige Anweisungen von dir", kriege ich zu hören, „also kein Wischiwaschi, sondern Klartext bitte! Du bist hier derjenige, der weiß, wo's langgeht, deshalb laß uns nicht im Regen stehen. Jeder von uns will genau wissen, was er zu tun hat und was nicht."

Daß Demokratie auf Schiffen nicht funktioniert, diese Erkenntnis ist so alt wie die Seefahrt. Doch ich habe nicht die Absicht, in dieser Riege den Vorturner zu spielen. Bei so vielen Leuten geht es nicht an, daß ein einziger für jede Kleinigkeit erst Verordnungen erlassen muß. Ich versuche ihnen klarzumachen, daß oft Flexibilität gefragt sein wird – von uns allen. Gewiß kann unser Bordleben nur klappen, wenn jeder seine deutlich umrissenen Aufgaben erfüllt, doch ich wünsche mir von allen auch Phantasie und Initiative, um das Unternehmen zu bereichern.

Meist sind es Fragen technischer Art, die unsere Versammlung beherrschen. Zum Beispiel die Ruderaufhängung, die uns hier zum ersten, aber keineswegs zum letzten Mal Kopfzerbrechen bereitet. In diesem Punkt sind wir den alten Wikingern zweifellos nicht so ganz auf die Schliche gekommen. Halber Wind von Steuerbord bedeutet, daß Schiff und Ruder auseinandergezogen werden, dann dehnt sich der Steuertampen wie ein Gummiband. Gut 20 Zentimeter kommt er aus der hölzernen Ruderwarze hervor, dünn gezerrt zu einer besseren Paketschnur, wodurch das Ruder instabil wird und zu flattern beginnt. „Da rührt man ja wie mit 'm Löffel in der Grütze", stellte Jürgen auf Ruderwache entsetzt fest. Keine Frage, damit können wir nicht weiter. Der 28-mm-Tampen, der auf Poel so vertrauenswürdig aussah, taugt schon jetzt nur noch zum Wegschmeißen. Was also tun? Wieder ist der Bootsbauer unter uns gefragt.

„Ganz klar", sagt Peter, „wir müssen die Führung nachbohren, um einen stärkeren Tampen einfädeln zu können. 32 Millimeter, denke ich."

Denkt er. Und alle anderen denken das natürlich auch. Keiner ist so pessimistisch anzunehmen, daß auch dies schon nach kurzer Zeit nicht reichen wird.

Was mich in diesen Tagen zutiefst bewegt und freut, ist die hohe Motivation bei allen. Ich bin nicht der alleinige Motor des Unternehmens, das ganze Team macht Dampf. Und dabei ist es ziemlich egal, daß jeder eine andere höchst individuelle Triebfeder hat.

Da ist Silke, die vor allem etwas über sich selbst erfahren will, nämlich ob das Leben auf Schiffplanken auch ihr Leben werden kann. Daß sie in erster Linie als Köchin und Hausfrau fungiert, hat nichts mit überkommenem Rollenmuster zu tun, sondern ist in diesem Fall einfach logisch. Denn diese Art des Segelns erfordert Körperkräfte, und Silke würde sich bedanken, wollte ich ihr die abverlangen. Übrigens werden alle männlichen Beteiligten später bekennen, die Anwesenheit einer Frau habe sich zweifellos kultivierend ausgewirkt.

Auch Alex und Werner, das Duo aus Berlin, beide Anfang dreißig und eigentlich Landratten, sehen sich noch nicht als Segler. Sie sind an Bord mit dem Auftrag, das Geschehen in Bild und Ton einzufangen und erstklassiges Material mitzubringen. Was sie hier machen, ist der Job, für den sie bezahlt werden, allerdings an einem ungewöhnlichen Arbeitsplatz. Peter und Jürgen gehören in die Abteilung Abenteurer und kosten die Würze der großen Freiheit. Für diesen Herzenswunsch haben sie daheim alles stehen und liegen gelassen.

Bleiben noch Eugen und ich, die altgedienten Seebären und lebenslang der Faszination verfallen, die von knarrenden Planken und geblähten Segeln ausgeht. Vorwärtsgetrieben vom Wind, war uns noch kein Ozean zu breit, keine Insel zu weit entfernt. Dennoch ist auf dieser Reise auch für mich alles neu und anders als sonst. WIKING SAGA verlangt Seemannschaft in einer bisher unbekannten Variante, und außerdem stehe ich unter ungeheurem Erfolgszwang. Das Fehlen von Sponsoren verpflichtet mich, dieses kleine Holzboot nicht nur unversehrt, sondern auch pünktlich wieder heimzubringen, um es termingerecht auf bereits fest gebuchten Veranstaltungen präsentieren zu können. Nur so kann WIKI den Schuldenberg abtragen, der mir bis zur Halskrause reicht. Im Hinblick darauf darf ich eigentlich gar nicht erwähnen, daß der teure Drache ohne Versicherungsschutz seine Nase in den Wind steckt.

Nicht, daß ich es nicht versucht hätte. Einige Gesellschaften winkten sofort höflich ab mit dem Hinweis, der Schadensfall sei ja offenbar schon vorprogrammiert. Die übrigen dachten an Prämien, mit denen ich eine Schiffsladung Gold hätte versichern können. Ich redete mit Engelszungen, trat wortreich den Beweis an, daß nicht mal die modernste Yacht mehr an Sicherheitsvorsorge zu bieten hätte, was sogar stimmte. Für den Seenotfall hatten wir den Drachen gleich doppelt ausgerüstet, einmal am Kopf- und einmal am Schwanzende. (Vorn wie achtern identisch, könnte er

1 „Ich taufe dich auf den Namen WIKING SAGA ...“

2 Nur noch Minuten bis zum großen Augenblick, dem Stapellauf!

3 Die mecklenburgische Insel Poel steht für einen Tag im Rampenlicht des öffentlichen Interesses.

2

4

4 4500 Seemeilen haben wir von
  Hand gesteuert.

5 Ein Drachenboot segelt in
  seine tausendjährige
  Vergangenheit.

6 Atlantikwasser unter dem Kiel.

7 Peter, Burghard und Jürgen:
  erleichtert über die glückliche
  Ankunft.

8 Lerwick auf den Shetlands, die
  graue Stadt am Meer.

7

8

9 Angekommen in den Färöer-Inseln, den „Regentonnen" des Atlantiks.

10 Vestmanna, mit 1300 Einwohnern die zweitgrößte Siedlung der Färöer.

11 Die Schafsinseln: gewaltig, wuchtig und eindringlich.

12 Die Linien der kleinen Fischerboote verraten, woher sie stammen: von den Wikingern.

ja womöglich nach jeder Richtung wegtauchen.) Alles ist vorhanden: Funkboje, Signalmunition, batteriebetriebene Positionslampen und aufblasbare Rettungsinseln. Der Erlebensfall, erkläre ich, sei somit durchaus im Bereich des Möglichen, aber man ließ sich nicht erweichen. Folglich trägt jetzt nur einer das Risiko: ich. Und ich weiß, daß dieses Risiko, allen Vorkehrungen zum Trotz, noch immer ausreicht, uns – sagen wir mal – einen Strich durch die Rechnung zu machen.

Tja, und dann habe ich auch noch die Nerven, in so einer Zusammensetzung loszufahren: gerade mal zwei Leute, die man als Segler bezeichnen kann, und der Rest eine Handvoll Greenhorns. Das war es, was im Vorfeld die ärgste Kritik hervorrief. Wo doch jede Menge technisch versierter Segler in der Schlange der Bewerber standen, Mitglieder renommierter Klubs, die ihre Qualifikation am Bande vor der Brust spazierentrugen. Wer hatte sich nicht alles zum Wikinger berufen gefühlt! Aber als dann klar wurde, was es dafür auf sich zu nehmen galt, nämlich einige tausend Seemeilen naßkalten Atlantiks und monatelange Trennung von jeder Bequemlichkeit, da häuften sich schließlich doch die Absagen. Solche Opfer bringen? Nee, da sind die Wikingerträume am Biertisch doch gemütlicher.

Ich aber habe Leute gefunden, denen das Opfer nicht zu groß war. Die zwar noch Segeltechnik erlernen mußten (was relativ schnell ging), dafür aber genau die Voraussetzungen mitbrachten, die ich neben handwerklichem Geschick für die brauchbarsten halte. Eigenschaften, die leider bei keiner Segelprüfung gefragt sind: Toleranz und Rücksichtnahme, Humor und Hilfsbereitschaft. Denn das sind die Grundpfeiler eines Zusammenlebens auf engstem Raum.

Das Grüppchen, das sich nach vier traumhaften Tagen in den norwegischen Schären zum Aufbruch rüstet, ist nicht mehr der lockere Zweckverband wie zuvor. Es ist eine Mannschaft, die Profil zeigt, in der das Ich zurückgetreten ist und das Wir dominiert. Hielt uns zu Anfang mehr das Aufeinander-angewiesen-sein zusammen, so ist jetzt ein Band der Sympathie von Bord zu Bord geknüpft, der Boden für dauerhafte Freundschaften bereitet. Und der Mörtel, der diesen Haufen zu einer Einheit verfugt, heißt Grönland.

Am letzten Nachmittag unternehmen wir noch einen Spaziergang, vorbei an der Felsnische, die einem hölzernen Fischerboot irgendwann zum steinernen Grab geworden ist. Ein trauriges, verrottetes Plankengerippe erzählt vom jähen Ende hochfliegender Träume.

„Da war einer wohl nicht kundig, sein Wogenroß zu reiten", sagt Alex ganz im Wikingerjargon.

Peter nickt und bemerkt trocken: „Da kannst du mal sehen, was man unter Landfall versteht."

Unser Lachen klingt ein wenig hysterisch und bleibt schließlich allen im Halse stecken. Eugen wirft mir einen raschen Blick zu. Dann sagt er, und niemand kann so beruhigend wirken wie Eugen Appelhans: „Wir machen das natürlich ganz anders."

Schafsnavigation auf den Shetlands

Ich überlege gerade in einem Moment der Desorientierung, ob wir eigentlich Vormittag oder Nachmittag haben, denn in dieser grauen Suppe kann man auf See leicht das Zeitgefühl verlieren. Da schnarrt Eugen aus dem Funkgerät: „Hallo, ihr! Freut euch des Lebens, denn laut unserem Fernseher sind wir so gut wie da! Wir haben die erste Küstenlinie auf dem Schirm!"

Peter drückt den Knopf und flachst zurück: „Behaupten kann das jeder."

Und Jürgen kommentiert: „Der will uns nur bei Laune halten."

Zu sehen, jedenfalls mit bloßem Auge, ist von den Shetlands absolut nichts. Wie denn auch? Dicker Nebel liegt auf dem Wasser. Das schöne Juliwetter des Festlands haben wir hinter uns zurückgelassen. Jetzt brechen andere Zeiten an.

Es ist später Nachmittag, sagt mir der Blick auf die Uhr, der dritte Tag seit Verlassen der Herzbucht in den Schären Südnorwegens. Diese zweite, schon etwas längere Etappe war auch nicht leichter als die vorige. Unser Universum scheint nur noch aus

Wasser zu bestehen. Diese permanente Nässe ist eine Qual, vor allem das Schlafen auf den glitschigen Luftmatratzen oder besser der zermürbende, meist vergebliche Versuch zu schlafen. Sich einzuhüllen in klitschnasse Decken hat keinen Sinn, also haut man sich nur so hin: in den Jeantex-Anzügen, die jetzt auch von innen dauernd feucht sind.

Der erste Tag war noch recht angenehm, aber in der Nacht wurde der Wind vorübergehend so stark, daß wir morgens um vier zwei Reffs einbinden mußten. Eine nicht ungefährliche Arbeit auf den nassen Decksplanken, die so schlüpfrig waren wie mit Schmierseife überzogen. Tagsüber flaute es dann wieder ab, doch die Sonne begann sich mehr und mehr zurückzuziehen. Und jetzt – nichts als undurchdringliches Gewaber. Wenn wir nicht unseren Blindenhund hätten … Die Vorstellung, jetzt völlig allein zu sein, ist unerträglich. Was haben die Wikinger bloß gemacht, wenn am Tag die Sonne hinter Nebel verschwand und in der Nacht der Polarstern hinter Wolken? Uns jedenfalls ist damit jede Orientierungsmöglichkeit genommen.

Ich starre ins Trübe und erkenne zu meiner Beruhigung einen verschwommenen rötlichen Fleck: SHANGRI-LA. Wie es bei denen wohl aussieht nach diesen drei Tagen? Ich drücke die Taste und rufe Eugen.

„Wie geht es Silke?“

„Die macht Kartoffelsalat.“

„Wie bitte?“

„Kartoffelsalat für heute abend. Es gibt Würstchen dazu.“

Demnach weilt sie noch unter den Lebenden. „Hört sich wunderbar an.“

„Hmhm… Wenn die See ruhig genug ist, könnt ihr ja die Futterage unterwegs übernehmen. Wir geben den Pott mit der Schmeißleine rüber.“

„Nein, lieber nicht. Ich denke, wir sind so gut wie da?“

„Na klar … Gegen acht, halb neun, sagen wir mal.“

Typisch Eugen. Also müssen wir mindestens noch zwei Stunden durchhalten, aufgeweicht und strapaziert bis in die Knochen. „Essen wir lieber an Land“, schlage ich vor.

Der Nebel wird noch dichter. Wir könnten Gott weiß wo sein, an die Shetland-Inseln glaube ich erst, wenn ich sie sehe. Doch dann, nach einer schier endlosen Geduldsprobe, scheint auf einmal ein Geräusch aus der Watte zu dringen, ein fernes, gleichmäßiges Rauschen und Brausen. „Kann das sein", stutzt Peter, „daß man die Brandung hört?"

Absolut sicher sind wir erst, als sich noch andere, seltsame Töne dazugesellen, erst leise, vereinzelt und kaum wahrnehmbar, dann hören wir es ganz deutlich: „Bäääh ... Böööh ... Bäääh ..."

Schafe! Irgendwo hinter dem Nebel blöken Schafe und verkünden uns, daß dort Land ist.

„Wie praktisch!" Peter hält sich das Zwerchfell. „Die brauchen hier keine Nebelhörner. Sie scheuchen bei Nebel einfach die Viecher zum Strand."

Mir plumpst ein Gewicht von der Seele, und dann schießt mir die kuriose Frage durch den Sinn, ob sich die Wikinger wohl dieses zeitlosen Leitsystems bedient haben, der, wie soll man sagen – Schafsnavigation?

Es ist 21 Uhr, als Silke im Logbuch unser Anlegen im Innenhafen von Lerwick vermerkt, und in Klammern schreibt sie dahinter „Gott sei Dank", womit allen aus der Seele gesprochen ist. Jetzt kann ich mir den Luxus erlauben, auf Lerwick gespannt zu sein, das ich als malerisches Städtchen mit granitgrauen Altstadthäusern in Erinnerung habe, eine Kulisse wie aus Nelsons Zeiten. Vor vier Jahren lag es schon einmal an meinem Weg.

Bevor die übliche Besucherinvasion uns davon abhalten kann, genehmigen wir uns rasch, abgekämpft wie wir sind, das Abendbrot. Dann tauchen auch schon die ersten Neugierigen auf, aber heute abend steht uns nicht der Sinn danach, Vorträge zu halten. Wir wollen nur noch duschen, entspannen und gemütlich im Trockenen sitzen.

Insofern kommt ein Besucher allerdings wie gerufen: Steve. Der stämmige, rosige Mann, der sich, einen stattlichen Bauch vorweg geschoben, unter diesem Namen vorstellt, kommt mir entfernt bekannt vor. Zwar weiß ich nicht, daß er der Schlachter am Ort ist, aber ich entsinne mich vage, dieses Gesicht damals hinterm Tresen im Yachtklub gesehen zu haben. Hat er im Klub mal das Bier gezapft? Und ob! Steve strahlt vor Freude, daß ich das weiß. Wie sich herausstellt, erinnert er sich nicht an mich, wohl aber an diesen roten Katamaran. So was sei bisher nur einmal dagewesen. Eben, pflichte ich ihm bei, im Herbst '87. Damit ist alles geklärt, und ohne weitere Umstände überreicht uns Steve den Schlüssel für die Dusch- und Waschräume des Yacht- und Bootsklubs von Lerwick. So sieht man kurz nach dem Aufklarieren einen nach dem anderen mit Handtuchrolle und Shampoo unterm Arm über die Pier eilen und zielstrebig um die Ecke verschwinden.

Nachdem alle Salzkrusten abgeschrubbt sind, schlägt Steves große Stunde. Er hat geduldig gewartet und sich die Zeit damit vertrieben, den überraschenden Ankömmling aus dem Mittelalter zu bewundern. Dann sammelt er unsere kleine Schar um sich, und im Geleitzug geht's in den Klub. Wir haben unseren Auftritt – Steve voran, stolz wie ein Hahn mit seinem Gefolge.

Da sitzen sie alle schon bei dünnem Bier und starkem Whisky, die Haudegen der Seefahrt, die Sailors von Lerwick. Schwaden von blauem Dunst füllen den Raum, bunte Wimpel hängen in den Ecken, Seekarten prangen an den Wänden oder liegen unter Glas auf den Tischplatten. Uns empfängt lebhaftes Stimmengewirr. Hinter dem Zigarettengewölk leuchten rote Nasen, gegerbte Gesichter und wasserblaue Seemannsaugen mit der typischen Bindehautentzündung. Steve präsentiert sein aufgesammeltes Strandgut: Wikinger sind in der Stadt! Das Händeschütteln und Schulterklopfen will kein Ende nehmen.

Eilfertig holt einer nach dem Begrüßungsschluck das Gästebuch aus der Ecke. Mal sehen, da müßte SHANGRI-LA ja schon drinstehen. Wir finden meine Eintragung von damals nur eineinhalb Seiten zurück. Demnach scheint es hier ziemlich ruhig gewesen zu sein seit September 1987, nur ein paar Norweger aus Bergen und Stavanger haben sich noch verewigt. „Die treibt manchmal der Durst über die Nordsee", behauptet einer. „Wenn wir auch sonst nicht viel zu bieten haben, unser zollfreier Whisky lockt die Skandinavier doch." Steve schlägt uns vor, die Gelegenheit zu nutzen und uns ebenfalls mit Hochprozentigem einzudecken. „Unsere flüssige Währung erfreut sich in Island und Grönland eines absolut stabilen Kurses."

Das ist mir allerdings bekannt. Normalerweise lassen Fahrtensegler gewiß keine günstige Einkaufsmöglichkeit aus, doch in diesem Fall würden wir uns und anderen damit nur einen Bärendienst erweisen. Schon Peters und Jürgens Schmuggelware werden wir sorgsam verstecken müssen. Wenn mir von Grönland etwas negativ in Erinnerung geblieben ist, dann sind es die traurigen Auswirkungen des Feuerwassers. Sie sind in der Arktis allenthalben zu einem sozialen Problem geworden.

„Wenn die da drüben spitzkriegen", erkläre ich, „daß wir Stoff an Bord haben, dann sind wir in jedem Hafen umlagert wie eine läufige Hündin von hechelnden Dorfkötern." Damit erziele ich einen Heiterkeitserfolg, und niemand ist beleidigt, daß wir von einem Großeinkauf an Whisky Abstand nehmen. Um so munterer sprudelt die Quelle an diesem Abend.

Steve ordert Nachschub. „Jetzt erzählt mal, wie war die Überfahrt?" Sie wollen natürlich alles ganz genau wissen, schließlich sind diese Männer, junge und alte, samt und sonders mit der Seefahrt vertraut. Also, wie fährt es sich mit so einem Wikingerschiff?

Da gibt es allerdings viel zu erzählen, obwohl erst die zweite Etappe hinter uns liegt. Diesen Sprung von Egersund bis zu den Shetlands müssen auch wir erst verarbeiten. Es gab einiges an Seemannschaft zu vervollständigen, jede Menge Segelmanöver waren zu fahren, und wir haben uns durchaus verbessert. Mußten wir auf der Ostsee beim Wenden noch mit einem Ruderriemen nachhelfen, um WIKI auf den anderen Bug zu bekommen, so schafft sie es jetzt brav auch ohne den Mann auf der Ruderbank. Aber die schottischen Sailors interessiert noch mehr als der technische Aspekt, vor allem: Wie lebt man auf hoher See in so einer winzigen, flachen Holzschüssel? Die Antwort: unbequem. Hochgradig unbequem. Eine Belastung, die sich besonders in den Nächten bis an den Rand des Erträglichen steigert.

Umfaßt die Differenz zwischen Außen- und Innentemperatur auf der SHANGRI-LA ganze Jahreszeiten, so herrscht bei uns unter der Persenning der gleiche Quecksilbertiefpunkt wie draußen vor dem Zelt. Und von solchen Extravaganzen wie einem Pumpklosett können Wikinger nur träumen. Bei einem menschlichen Bedürfnis heißt es, das Gleichgewicht zu halten, denn der Allerwerteste gehört zu diesem Zweck nach außenbords. Für Spülung ist allerdings gesorgt, manchmal gleich bis Hüfthöhe. Ist die See zu rauh, muß der Eimer herhalten. Und dazu nur Kaltes zum Kauen, nasse Klamotten, kaum Schlaf, kurz: der Stoff, aus dem Meutereien sind.

Verstohlen mustere ich die Mienen meiner Mannschaft und frage mich, ob die Belastung auf längeren Törns nicht doch zu groß werden könnte. Noch scheint die Motivation der beiden ungebrochen. Jürgen versichert, er habe seine anfängliche Seekrankheit überwunden, und Peter erweckt den Eindruck, als könne ihn überhaupt nichts umwerfen. Allerdings weiß ich nicht, was er seinem Tagebuch anvertraut. Ich selber schwanke zwischen wachsender Bewunderung für das Boot und Zweifeln an uns. Keine Frage, WIKI verfügt über unglaubliche Segeleigenschaften. Sie beweist in der Praxis, was wir in der Planungsphase kaum glauben wollten: daß nicht mal der Computer die hydrodynamische Form, die ihr die Wikinger gaben, verbessern konnte. Wie eine Pflugschar durchschneidet der Bug das Wasser, die Seen wie Erdschollen zur Seite werfend. Befürchteten wir anfangs eine übermäßige Krängung wegen der geringen Breite, so wissen wir inzwischen, daß der füllige Hauptspannt dem Schiff enorme Formstabilität verleiht. Genial einfach ist die Verankerung des Mastes, der sich von drei Mann leicht aufrichten läßt. Durch Kielschwein und Mastfisch wird er so gehalten, daß der Zug auf Stag und Wanten sehr gering ist. Zeitlos perfekt ist auch das balancierte Ruder mit Profil. Nebenbei: Welches Boot verfügt heutzutage noch über eine Ruderanlage, die sich auf See innerhalb von Minuten komplett auswechseln läßt? Die einzige Schwachstelle, die sich bislang gezeigt hat – der Rudertampen –, geht wohl eher auf unsere eigene Unvollkommenheit zurück.

Und genau die ist für mich der neuralgische Punkt. Wir sind keine Wikinger. Wir verfügen nicht über die Fähigkeiten und Instinkte, die sie besessen haben müssen. Die Achillesferse unserer Expedition ist nicht das Schiff, sondern die Mannschaft. Deshalb lautet die wichtigste Frage: Werden wir durchhalten können? Nun ja, wir haben doch unsere guten Geister auf dem Tender, rede ich mir zu meiner eigenen Beruhigung ein.

Als habe er meine Gedanken erraten, meldet sich einer aus der Tischrunde zu Wort: „Entschuldige, aber wenn man ganz ehrlich ist, sieht es doch so aus: Ihr segelt zwar nach Wikingerart, und bestimmt so echt, wie es noch niemand probiert hat, aber im Grunde habt ihr doch die ganze gewohnte Technik nur ausgelagert auf das zweite Boot. Der Katamaran ist euer Navigator, euer Hilfsmotor, euer Draht zur Welt und was sonst noch."

„Stimmt", räume ich unumwunden ein. Daß wir uns ohne SHANGRI-LA total verloren fühlen würden, läßt sich nicht leugnen, schon gar nicht heute. Ohne Eugens Pfadfinderdienste hätten die Shetlandschafe vielleicht nichts zu blöken, sondern etwas zu lachen bekommen über drei Wikinger, die womöglich tropfnaß und zu Fuß die Uferklippen erklommen hätten. Aber andererseits, gebe ich zu bedenken, ist die segensreiche Hilfestellung der SHANGRI-LA für uns keineswegs jederzeit verfügbar. Oft genug bedeutet der Kat nur eine psychologische Krücke, an die wir uns klammern können. Aber auch deren Wert ist nicht zu unterschätzen. Zu wissen, irgendwo in der Nähe ist Eugen, nervös wie eine Henne, die ein Küken aus den Augen verloren hat, und nur von dem Bestreben beseelt, uns wieder in Sichtweite zu bekommen – das wirkt besser als Baldrian.

Das anstößige Schaumbad

Als wir in die frische Nachtluft von Lerwick treten und tief durchatmen, ist es halb zwölf, und der Schädel dröhnt – vom Reden, vom Bier, vom Qualm. Wir finden alle, daß die Koje ruft, und schlagen unverzüglich die Richtung zum Liegeplatz ein, nicht ahnend, daß uns noch keine Nachtruhe vergönnt ist. Denn die örtliche Presse demonstriert Einsatzbereitschaft selbst um Mitternacht. Sie erwartet uns auf der Pier in Gestalt eines offenbar nimmermüden Reporters mit gezücktem Kugelschreiber. Also meinetwegen, ich kann das Gedicht ja sowieso schon fast im Schlaf aufsagen. Ich lasse eine geraffte Fassung vom Stapel, die für die „letzte Meldung" wohl reichen dürfte. „Für mehr", sage ich, „kommen Sie lieber morgen vorbei, aber nicht vor dem Frühstück."

„Selbstverständlich!" Der gute Mann ist ganz Mitgefühl und macht Anstalten, sich unverzüglich zu trollen. Leider ist er im Turnen nicht der gelenkigste. Jedenfalls, wie er da so etwas unglücklich von der Reling auf die Kaimauer robbt, macht es auf einmal platsch, ganz hell und leise, aber deutlich. Der Pressemann betastet entsetzt seine Sakkotasche. „Oh, no ... My wallet!"

Seine Brieftasche hat sich in Richtung Hafengrund verabschiedet, und einige Dutzend Augenpaare blicken in tiefem Schweigen hinterher. Mir fällt blitzartig Papeete auf Tahiti ein, wo vor Jahren ein ähnliches Mißgeschick den halben Hafen in Atem hielt. Nur ging damals eine Zahnprothese verloren, die ich durch ein vielbeachtetes Tauchmanöver wieder ihrer Bestimmung zuführte. Jenes Schauspiel trug sich aber am hellichten Tage zu – über Lerwick dagegen schimmert ein fahler Mond, unterstützt von ein paar Straßenlampen, und das Hafenwasser besteht aus einem schwarzbraunen Öl-Abfall-Gemisch. In solche Brühe steigt man nicht freiwillig, man fällt ihr höchstens aus Versehen zum Opfer, und bevor man darin ertrinken kann, hat man sich bereits zu Tode geekelt.

„Mal sehen", sage ich ratlos und steige mit Jürgen und einer starken Lampe bewaffnet in die Katakomben der SHANGRI-LA, wo sich ein gelegentlich nützliches Unterwasserbullauge befindet. Wir spähen in den gruseligen Schlamm hinunter und können dem Geschädigten bald mitteilen, daß seine Brieftasche aufgegangen ist und Scheck-, Telefon- und Visakarte daneben liegen. Was tun? Ein Mensch ohne Ausweise ist seiner Identität beraubt.

„Also gut", stöhnt Jürgen, „Freiwillige vor – der Taucher hier bin ich."

73

„Jürgen", protestiere ich, „laß das! Du holst dir Gott weiß was."
„Unkraut vergeht nicht", behauptet Jürgen. „Was sollen wir auch sonst machen? Angeln wird da nichts nützen, oder?"

Spricht's, pellt sich aus den Klamotten und kramt in seinen Tauchrequisiten, die noch vor kurzem wegen ihres Umfangs Anlaß zu Unmut gegeben haben; seit Lerwick wird das anders. Als Jürgen nur mit Badehose, Brille und Schnorchel an Deck erscheint, kriegen alle Umstehenden eine bewundernde Gänsehaut. Mir wäre lieber, er würde es lassen, aber Jürgen ist kein Typ, den man von irgendwas zurückhält. Ohne zu zögern hechtet er über die Kante, und augenblicklich schließt sich die dreckige Fischölsuppe über ihm wie eine Gummifolie. Alex neben mir schluckt hörbar, und alle halten solidarisch die Luft an. Auf der Pier tritt eine schier endlose Schweigeminute ein. Doch wir haben es mit einem Profi zu tun, und so einer braucht keinen zweiten Anlauf. Nur Augenblicke später zieht sich Jürgen triefend auf die Pier und hält dem fassungslosen Schotten die tropfnasse Brieftasche vors Gesicht. „Ich hoffe, es fehlt nichts."

Der Mann ist zu überwältigt, um es nachzuprüfen. Jürgen wird mit Standing Ovations bedacht – doch schon im nächsten Moment geht das Publikum diskret, aber deutlich auf Distanz. Nur Peter, Jürgens ältester Kumpel, spricht unverblümt aus, was allen den Atem verschlägt: „Mein Gott, stinkst du!"

Das ist milde ausgedrückt. Jürgen scheint einem Fäkalienrohr entstiegen zu sein Er verbreitet einen Pesthauch um sich, der mit Rücksicht auf seine Mitbewohner sofort entfernt werden muß. Was tun in der Not? Der Klub ist ihm in diesem Zustand zu weit. „Da hinten", schlägt der Reporter vor, der ihm etwas schuldig ist, „steht ein Hydrant, den kann man aufdrehen."

Silke hat schon Seife und Handtuch geholt, und wie ein Aussätziger wird der Held zum Hydranten gejagt, mit der Anweisung, sich erst zurückzuwagen, wenn er nach nichts anderem mehr riecht als nach parfümierter Deoseife. Hier könnte nun unser erster Tag im schottischen Lerwick sein glückliches Ende finden, gäbe es nicht auch zu mitternächtlicher Stunde die pflichteifrigen Ordnungsorgane der Stadt.

Jürgen hat sich eben der Badehose entledigt und von Kopf bis Fuß in Schaum gehüllt – nicht ohne sich zu vergewissern, daß die Gegend bis auf zwei ferne Taxis menschenleer ist –, da biegt der Streifenwagen um die Ecke. Wir kriegen das Ganze erst richtig mit, als eine Trillerpfeife schrill den nächtlichen Frieden zerreißt. „Stop it!" brüllt eine aufgebrachte Stimme, und eilige Schritte klappern übers Pflaster. Die Scheinwerfer des Polizeiwagens beleuchten eine denkwürdige Szene: ein eingeseifter Bär und drei kläffende kleine Bobbies, die ihn umkreisen, aber in Anbetracht ihrer offensichtlichen Unterlegenheit nicht zuzuschnappen wagen „Aufhören! Sofort!" bellt einer, worauf der Bär nur ein unwilliges Brummen hören läßt und unbeirrt damit fortfährt, die Seife bis hinter seine Ohrmuscheln zu verteilen.

„In einer der Taxen muß ein Verräter sitzen", mutmaßt Peter. „Oder meinst du, die sind zufällig vorbeigekommen?"

Nicht auszuschließen, daß irgendein Tugendwächter die Staatsgewalt gegen unseren mutigen Taucher entfesselt hat. Der überführte „Sittenstrolch", keiner Silbe Englisch mächtig (wo er herkommt, war Russisch Bürgerpflicht), ruft in seiner Bedrängnis zu uns herüber: „Was soll ich denn tun? Mich etwa anziehen mit dem ganzen Schiet? Die spinnen wohl!"

Offen gesagt, ich finde diese Szene noch spannender als den Tauchgang von vorhin. Einer der amtlichen Moralapostel rafft noch einmal seine ganze Autorität zusammen: „Stop it now!"

„Er will, daß du aufhörst", übersetzt Peter unnötigerweise.

„Das hab' ich ja auch vor", gibt Jürgen zurück. „Sobald ich kann." Aber erst mal muß er natürlich den Schaum loswerden. Er dreht den Hydranten so weit auf, daß die drei mit einem Satz ihre Uniformen in Sicherheit bringen, während die abfließende Schmiere zu ihrem Entsetzen das Corpus delicti der Sittenlosigkeit endgültig allen Blicken freigibt. Wir Zuschauer warten gespannt, ob einer in Ohnmacht fällt, doch so weit kommt es nicht. Jürgen betrachtet sich als gereinigt, dreht den Hydranten ab, drapiert sich gekonnt das Handtuch um die Hüften und stakst bedächtig zum Schiff zurück. Das pflichtbesessene Trio eskortiert den Täter, als gelte es, einen Fluchtversuch zu verhindern.

An der Leiter der Kaimauer dreht Jürgen sich hoheitsvoll um und spricht: „Kümmert euch lieber um euren Dreck, den ich mir gerade abgewaschen habe." Dann begibt er sich ohne Eile an Bord, und an der Reling und an unserem feixenden Grüppchen scheitert jede weitere Verfolgung.

Trotz dieses Vorfalls werden wir nicht des Landes verwiesen. Die steingrauen Häuser von Lerwick sind bewohnt von gut 6000 Bürgern, die sich im großen und ganzen liebenswürdig und aufgeschlossen zeigen, vorausgesetzt, man erspart ihnen Darbietungen von Nacktkultur in der Öffentlichkeit, und darauf verzichten wir für den Rest unseres Aufenthalts.

Der unter denkwürdigen Umständen zustandegekommene Zeitungsartikel hat zur Folge, daß WIKING SAGA am nächsten Vormittag einem Bienenkorb gleicht. Wie es aussieht, hat unser Reporter die halbe Einwohnerschaft der Hauptinsel auf die Beine gebracht. Die überraschende Ankunft von Wikingern will sich anscheinend niemand entgehen lassen, und wir können uns unschwer ausrechnen, daß es in keinem Hafen viel anders sein wird – ein Umstand, der wie alles im Leben mindestens zwei Seiten hat. Wenn es auch richtig lästig werden kann, bis zum Erbrechen die immer gleichen Antworten auf die immer gleichen Fragen abspulen zu müssen, so ergeben sich doch persönliche Kontakte, die oft interessante Gespräche und Einladungen nach sich ziehen.

Erstaunt stellen wir fest, daß auch hier, nicht anders als in Norwegen, ein ausgeprägtes Geschichtsbewußtsein verbreitet ist. Die Leute kennen sich aus mit ihren Urahnen. Wie ganz Großbritannien nahmen die Skandinavier einst auch diese nördlichste Inselgruppe des Landes in Besitz. Und wenn sie sich auch wie überall ziemlich rasch mit der ortsansässigen Bevölkerung vermischten, so taten sie es doch nicht, ohne dieser für alle Zeiten ihren Stempel aufzudrücken. Die deutlichste Hinterlassenschaft der Wikinger ist vielleicht ihre Sprache, das Altnordische, das sich noch in großem Umfang im Englischen wiederfindet. So hat auch der Name Shetland einen norwegischen Ursprung – er ging hervor aus dem Wort „Hjaetland", das nichts anderes bedeutet als „Hochland".

76

Die Shetländer gedenken ihrer ungestümen Vorväter alljährlich mit einem rauschenden Wikingerfest. Eigentlich, meint Steve der Schlachter, müßten wir bei diesem Ereignis ja unbedingt dabeisein, aber leider findet der Zauber immer Ende Januar statt, und so lange können wir nicht bleiben. Außerdem geht nach altem Brauch bei diesem Fest jedesmal ein Schiff in Flammen auf. „Weißt du", sage ich zu Steve, „da bringen wir unsere WIKING SAGA lieber in Sicherheit."

Ehrensache, daß wir nicht auslaufen können, ohne den Jarlshof besichtigt zu haben, die berühmteste prähistorische Ausgrabungsstätte weit und breit, einen mystischen Ort, an dem zur Freude der Archäologen gleich alle Kulturen von der Jungsteinzeit bis ins späte Mittelalter ihr Erbe hinterließen. Es ist unser letzter Tag auf den Shetlands, an dem wir durch die freigelegten Gänge und Ruinen pilgern, und ich muß zugeben, nicht mehr ganz bei der Sache zu sein. Schon kreisen meine Gedanken erneut um die Wetterprognose, um mögliche Nebelbänke und die komplizierten Tidenströme, die es auszutricksen gilt, um heil zwischen den hundert Inseln herauszukommen, die den Archipel der Shetlands bilden. (Und von denen nicht einmal zwanzig besiedelt sind.) Ungeheure Mengen Salzwasser pulsieren mit gewaltigem Druck im Sechs-Stunden-Takt durch das zerrissene Inselreich, für den Unkundigen ein unübersichtliches und verzwicktes Gebiet. „Ich glaube", meint Eugen, „da werden wir wohl ein Horoskop für den günstigsten Zeitpunkt brauchen." Und etwas in der Art wird uns dann auch tatsächlich erstellt, berechnet nach dem Tidenkalender, der Durchsage des Herrn Erdmann, den Wetterweisheiten der Fischer und dem Blutdruck des Hafenmeisters. Die Quersumme dieser Faktoren lautet: drei Uhr morgens.

Na, da kann man nichts machen. Und siehe da, das Orakel wird voll bestätigt. Ein leichter Nordost hilft der Tide nach und schiebt uns leise aus dem schlafenden Lerwick, das zu dieser Stunde grauer denn je ist. Im Yell Sound erfaßt uns ein starker Strom, der uns mit aller Macht hinausjagt, so daß wir noch in der Nacht frei von Land sind.

Bordalltag: Kälte, Nässe, Hunger ...

Aus Peters Tagebuch:

31. Juli: Auslaufen von Lerwick. Es ist kalt und stark neblig. Viel ist nicht zu sehen. Um 11 Uhr wird die Sicht besser, um 13 Uhr haben wir die Nordspitze erreicht. Die Sonne kommt durch, Wind aus Ost. WIKI läuft wunderbar! Sind manchmal schneller als die SHANGRI-LA.

Jetzt ist es 21.30 Uhr, und gleich beginnt meine Wache. Mein rechter Zeigefinger schmerzt im Nagelbett, wahrscheinlich eine Entzündung. Um 23.25 Uhr sehe ich den ersten Delphin. Mehrere kommen dazu, schwimmen direkt neben dem Schiff und um uns herum. Ich wecke Jürgen. Nach zehn Minuten sind sie wieder verschwunden.

In der Nacht friere ich im Zelt, es weht überall durch. Ich schlafe kaum, Jürgen dagegen schnarcht wie ein Bär. Während meiner Wache von 04.00 bis 06.00 Uhr werde ich auch nicht warm. Ich mache Kniebeugen, danach geht es etwas besser. Die Müdigkeit kommt öfter durch, ich nicke ab und zu ein. Der Wind ist gleichmäßig und gut. Ich habe den Wunsch, zu Hause zu sein.

Nach der Wache werde ich noch nicht warm. Ich schreibe jetzt auf meiner Kiste. Es ist 09.00 Uhr. Hunger macht sich bemerkbar. Der Wind flaut ab, es regnet stark, hört aber nach einer Stunde auf. Ca. 90 Seemeilen haben wir hinter uns, 90 noch vor uns. Eine hohe Dünung steht, es wird zu allem Unglück wieder stark neblig. Uns allen ist sehr kalt. Auch im Zelt kann ich vor Kälte nicht schlafen. Die Hände werden nicht trocken und kühlen vom Wind aus. Es ist eklig. Hunger macht mir zu schaffen, wir wollen aber bei der hohen Dünung alle nicht essen. Ich breche nur eine Tafel Schokolade an, der kleine Kalorienschub stimmt uns zufriedener.

Endlich – wir hören die Nebelhörner von Thorshavn! Gott sei Dank. Die Stadtlichter tauchen auf, im Wasser schwimmt plötzlich sehr viel Diesel. Um 04.00 Uhr in der Frühe laufen wir in Thorshavn ein.

„Es sieht gut aus, Jungs!" Mit diesem Befund pflegt Eugen seine nautischen Statements einzuleiten, die er zweimal täglich über UKW zu uns herüberquäkt. Es sieht gut aus – prinzipiell. Ganz egal, ob uns dicker Nebel einhüllt oder kalte Regenschauer uns ins Gesicht klatschen. Selbst wenn ihm der Sturm die Wörter aus dem Mund bläst, trällert Eugen: „Es sieht gut aus, Jungs!"

Allmählich wissen wir, daß damit ziemlich alles gemeint sein kann: der ansteigende Barometerstand, der abnehmende Seegang oder, wenn nichts dergleichen zu erhoffen ist, die Zukunft im allgemeinen. Wäre der SHANGRI-LA-Skipper Arzt, er könnte die Leute vermutlich gesund reden. In der Nacht, als wir Lerwick verlassen, findet Eugens unverwüstlicher Optimismus zumindest in einem konkreten Punkt Bestätigung: Die östlichen Winde stehen durch, und ich muß zugeben, daß allein schon die passende Windrichtung einen Segler happy stimmen kann.

Erstmals hat WIKI Atlantikwasser unterm Bauch. Man spürt es ganz deutlich an der veränderten Dünung. Dies ist der lange Atem, der behäbige Rhythmus eines großen Ozeans. In seinen weiträumigen Wellentälern entschwindet SHANGRI-LA unseren Blicken bis zur halben Masthöhe. Dann wieder sehen wir ihre Rümpfe hoch über einen breiten Wellenkamm gleiten, ganz plastisch in ihrem knalligen Orangerot – und doch Welten von uns entfernt. Im Laufe der Zeit werden unsere Blicke in ihre Richtung zunehmend neidischer, bis sich der deprimierende Vergleich in einem Stoßseufzer Luft macht: „Mann, haben die es gut in ihrem Vier-Sterne-Hotel ... "

Während Eugens Crew sich der Annehmlichkeit ihrer Wohnküche und der weichen Kojen kaum bewußt ist, richten wir uns darbend wieder für einige Tage unter der Persenning ein, die hinter dem Mast das Deck überspannt. In unserem schwimmenden Unterschlupf sind außer den Luftmatratzen auch noch sperrige persönliche Dinge verstaut, Ölzeug und sonstige Klamotten, die in den Seekisten keinen Platz fanden. Wollten alle drei Besatzungsmitglieder gleichzeitig schlafen, müßte der ganze Krempel nach draußen verbannt werden. Da aber sowieso stets einer Wache geht, passen die übrigen zwei knapp in die Lücken zwischen den Habseligkeiten. In früheren Zeiten, denke ich, haben sich die Ruderer wohl mit weniger Reisegepäck begnügen müssen. Was die Männer besaßen, befand sich in der Kiste, die ihnen gleichzeitig als Ruderbank diente.

Die minimalen Abmessungen des Bootes haben allerdings auch ihre Vorteile. Kommt die Zeit der Ablösung, oder werden die Schläfer unter der Plane für Segelmanöver gebraucht, so kann der Rudergänger sie aufscheuchen, ohne besonders laut zu werden. Wenn er die Beine lang macht, kann er seiner Aufforderung, die Segel zu trimmen, sogar mit einem ultimativen Fußtritt Nachdruck verleihen, ohne deswegen seinen Posten verlassen zu müssen. Aber natürlich verkneifen wir uns derart rückständige Manieren im zwanzigsten Jahrhundert. Mir fällt auf, daß wir eher ungemein rücksichtsvoll miteinander umgehen. Zuweilen grenzt unser Austausch von Artigkeiten beinahe ans Groteske angesichts der drastischen Lebensumstände, denen wir ausgesetzt sind. Es ist, als seien wir stillschweigend übereingekommen, auf diese Weise die ganze Schonungslosigkeit der äußeren Gegebenheiten zu kompensieren. Jeder ist offensichtlich bestrebt, die nicht vorhandenen Merkmale der Zivilisation wenigstens durch zivilisiertes Verhalten auszugleichen.

Dieser Törn, nicht mehr vergoldet durch die gespannte Hochstimmung und die Aufregung von Thyborøn, rückt die Dinge ins wahre Licht. Allmählich dringt uns ins Bewußtsein, was wir uns angetan haben – und uns noch antun werden. Zunehmend nagt die Primitivität unseres Wikingerdaseins an uns. Keiner gibt es offen zu, aber jeder leidet mit unterschiedlicher Intensität unter dem völligen Fehlen auch des bescheidensten Komforts. Nässe und Kälte sind so vorherrschend, daß wir sie nicht eine Minute ignorieren können. Nach einem Tag unter diesen Bedingungen hat sich das Gefühl von der Sicherheit unseres technisierten Zeitalters in Nichts aufgelöst. Wir geraten in einen erschreckenden Strudel, in dem die Zeit rückwärts wirbelt, bis wir hilflos den beängstigenden, unbekannten Lebensbedingungen einer Epoche ausgesetzt sind, für deren Erbarmungslosigkeit wir nicht geschaffen sind. Es ist, als ob uns das Mittelalter unaufhaltsam unter die Haut kröche und mit seiner fremdartigen Rohheit von uns Besitz ergriffe. Das schützende Netz unseres gewohnten Lebensstandards zerreißt, wir fallen in einen Abgrund bodenloser Mühsal und Kümmerlichkeit.

Rasch wird uns klar, wieso Reinlichkeit in jener Zeit nicht besonders groß geschrieben wurde. Körperpflege gerät einfach zur Plage. Unsere Waschrituale verkommen im Eiltempo zu etwas, das sich letztlich kaum mehr als Katzenwäsche bezeichnen läßt. Wir verlottern. Wir fühlen uns gebeutelt, heruntergekommen, verwahrlost. Wenn wir einen Aspekt wikingischer Seefahrerei schon jetzt erfaßt haben, so ist es dieser: Unterwegs findet nichts statt, was das menschliche Leben ausmacht – an Bord geht es nur ums Überleben.

Selbst das Essen ist nicht dazu angetan, Leib und Seele zusammenzuhalten. „Scheiß Müsli", entfährt es Peter, während er lustlos die Körner zwischen den Zähnen verteilt und mit kaltem Wasser nachspült.

„Irgendwelche Klagen?"

„Keineswegs, Burghard. Ich dachte nur gerade an ein krosses Honigbrötchen und 'ne schöne Tasse Kaffee dazu …"

‚Keineswegs, Burghard'. So gestelzt würde er sonst nicht reden.

„Wie kann man nur so anspruchsvoll sein", sagt Jürgen sarka-
stisch. Noch werden solche Sätze mit einem Grinsen entgiftet, das
allerdings immer häufiger zur sauren Grimasse gerät, die keine
Gelassenheit mehr vortäuschen kann.

Wir reden viel zuviel vom Essen, finde ich. Bestimmt sind auf
einem Wikingerschiff noch nie so viele Kochrezepte ausgetauscht
worden wie auf unserer Route zwischen den Shetland- und den
Färöerinseln. Was zwangsläufig zur Folge hat, daß eine bestimmte Holzkiste an Deck immer öfter mit schmachtenden Blicken ge-
streift wird. Darin befindet sich eine Art Zeitmaschine, mit deren
Hilfe wir Jahrhunderte überspringen könnten: ein Gaskocher
samt Reservepatronen und Streichhölzern, Utensilien, die uns
wärmen, die Erfahrung dieser Reise aber verfälschen würden.
Sinn und Zweck des Unternehmens besteht darin, sich den Bedingungen der Wikingerzeit so weit wie möglich anzunähern,
weshab der Inhalt der Kochkiste nur absoluten Notfällen vorbehalten ist. Aber was wäre ein Notfall? Wir haben versäumt, uns da
auf eine klare Definition zu einigen. Das gegenseitige Belauern
jedenfalls hat schon angefangen, das Hoffen, daß einer der anderen sich die Blöße gibt und als erster über die verdammte Kiste
herfällt.

Aber keiner wird schwach. Markige Sprüche helfen dann und
wann der Selbstüberlistung nach. „Dem Magen ist es ganz egal,
welche Temperatur die zugeführten Kalorien haben", doziert Jürgen; er habe das irgendwo gelesen. „Völlig richtig", pflichte ich
ihm rasch bei und behaupte tapfer: „Mir schmeckt Dosenfleisch
ohnehin kalt am besten." Währenddessen kämpfe ich gegen meinen Ekel vor dem weißlichgelben Talg aus der Rindfleischbüchse,
der mir unauflöslich am Gaumen klebt. Wie weise von Eugen,
denke ich, daß er bei seiner täglichen Berichterstattung den Spei-
seplan auf SHANGRI-LA unerwähnt läßt. Zum Glück sind sie auch
weit genug weg, daß uns der Duft ihrer Erbsensuppe nicht den
Verstand rauben kann.

„Leute", sage ich, krampfhaft um ein tröstliches Thema
bemüht, „mal ehrlich: Segelt sie nicht phantastisch, unsere WIKI?"

„Einfach enorm!" stimmt Peter zu, und da schwingt schon wieder echte Begeisterung mit. „Toll! Ihr werdet sehen, wir sind schneller drüben als wir uns je hätten träumen lassen."

Allen Widrigkeiten zum Trotz scheint von diesem Boot ein magischer Zauber auszugehen, die Energie eines lebenden Wesens, die uns verpflichtet, auch unsererseits durchzuhalten. Daran läßt sich die Motivation stets aufs neue wieder aufrichten.

Dennoch sind wir am Rand der Erschöpfung, als Eugen uns die vorläufige Erlösung ankündigt. Auch diesmal bleibt das Ziel unseren Blicken lange verborgen. Düstere Wolkenbänke stapeln sich am Horizont, aus denen sich erst zu nachtschlafender Stunde die ersehnten Inseln herausfiltern. Es sieht ganz so aus, als wollten die „Regentonnen des Atlantiks" gleich zur Begrüßung ihrem Namen alle Ehre machen. Aber meinetwegen könnte es dort Kieselsteine hageln, Hauptsache wir erreichen Land. Daß man allerdings nicht mal nachts ungeschoren in Thorshavn einlaufen kann, davor hätte uns Thor, der vor undenklichen Zeiten diesem Ort seinen Namen gab, eigentlich warnen sollen.

3 NORDATLANTISCHE INSELSPRÜNGE

„Gehen die hier nicht zu Bett?" wundert sich Jürgen darüber, daß auf ein paar stürmischen, nassen Felsen dicht unterm nördlichen Polarkreis die Nacht zum Tag gemacht wird. Mit soviel Leben zu dieser Stunde haben wir hier nicht gerechnet. Es ist weit nach Mitternacht, als wir unsere Vorleinen durch das ölige Hafenwasser von Thorshavn ziehen, aber von irgendwoher scheppert Hardrock. Eine Viertelstunde später steht, putzmunter und ausgeschlafen, die Polizei an Bord der SHANGRI-LA, wo wir gerade alle zur hart erkämpften Nachtruhe versammelt sind.

„Guten Abend – Paßkontrolle!"

Eugen wirft einen ungläubigen Blick auf seine Armbanduhr. „Guten Morgen, die Herren."

Der Zoll (Schlaflosigkeit scheint hier eine Epidemie zu sein) gesellt sich in doppelter Besetzung gleich dazu, und damit würde kein Hering mehr in unseren Salon passen. Wir hatten uns seelisch darauf eingestellt, im Lauf des Vormittags behördlich abgefertigt zu werden, aber nicht vermutet, daß Beamte auch nachts auf der Lauer liegen. Zwar gibt es weiter keine Schwierigkeiten – rums, rums, sind die Papiere gestempelt, unser Wikinger-Sonderstatuts erspart uns mal wieder bürokratische Hürdenläufe –, aber die Verzweiflung, mit der ich mich nach meinem Schlafsack sehne, findet vorerst keine Berücksichtigung. Das übliche Interesse an WIKI, „rein privat und persönlich, versteht sich", muß sofort befriedigt werden. Also quälen wir uns im Morgengrauen durch das geläufige Frage-und-Antwort-Spiel, bis die Plagegeister selber merken, daß wir vor Müdigkeit schielen. Die Herren von Bord komplimentieren und uns aufs Ohr hauen ist eins.

Aber dann geht der Zauber erst richtig los. Daß man sich in der nördlichen Hemisphäre bereits Donnerstagnacht ins Wochenende bechert, ist auch mir neu. Gleich unser erster Versuch zu schlafen wird zunichte gemacht, und auch weitere sollen uns nicht gelingen. In Thorshavn schließen offenbar gerade jetzt die Kneipen, und bei den letzten Zechern, die da auf die Straße gespült werden, muß die Kunde von der Sehenswürdigkeit im Hafen bereits die Runde gemacht haben. Da es zum Nachhausegehen sowieso zu früh ist, wird die sensationelle Meldung gleich mal nachgeprüft.

So reserviert die Insulaner des Nordens sonst auch sein mögen, vor Booten und Schiffen kennen sie selbst in nüchternem Zustand keine Zurückhaltung. Schiffsplanken, für viele von ihnen der gewohnte Arbeitsplatz, werden prinzipiell nicht als privates Refugium respektiert, sondern gelten als öffentliche Einrichtung. Für die Färinger beginnt die Privatsphäre frühestens an der Türschwelle eines Hauses, jedoch keinesfalls an der Reling eines Schiffes...

Als das Gepolter über unseren Köpfen losbricht, als alkoholbeschwerte Schritte, begleitet von bierseligem Gegröle, das Deck erschüttern, weiß ich, es würde jetzt nur zur allgemeinen Belustigung beitragen, wenn ich unter Gezeter nach oben stürzen und den schäumenden Wüterich spielen würde. Höchstens ein mit Schrotflinte bewaffneter Wachposten könnte für Ruhe sorgen, aber so unbeliebt wollen wir uns nicht machen. Also liegen wir mit geballter Faust im Schlafsack und finden uns damit ab, den ohnehin kläglichen Rest der Nacht unter einer stark frequentierten Fußgängerbrücke zu verbringen.

Am folgenden trüben Vormittag versuchen wir, uns im Schwimmbad von Thorshavn zu regenerieren, was nur mangelhaft gelingt. Ein lustloser Stadtbummel schließt sich an, den Peter dazu nutzt, halb Schwerin mit Ansichtskarten zu versorgen. Zurück auf der Pier, kämpfen wir uns durch einen Belagerungsring zu unserem Abendbrottisch vor, wo Bratkartoffeln mit Hering auf uns warten. Die zweite Nacht wird wie die vorige, und dann bricht der Samstag über uns herein – der Zustrom schwillt bereits gegen neun Uhr bis zum Fassungsvermögen des Kais an. Uns dagegen schwillt der Kamm, und der Geduldsfaden reißt. Daß unser Privatleben sich auf dieser Reise überall öffentlich abspielen wird, halte ich inzwischen für unabwendbar, doch was zuviel ist, ist zuviel. Ich sehe die strapazierten Mienen meiner Crew und weiß, wir müssen uns aus dem Verkehr ziehen. Nach dem Frühstück steige ich auf die Sitzbank in der Plicht und halte folgende Kurzansprache: „Freunde! Leider müssen wir Thorshavn bereits wieder verlassen. War nett, euch kennenzulernen, aber wir legen jetzt ab. Bitte, die letzten von Bord!"

Ich kenne da ein Kaff, das heißt Vestmanna. Bis zum Abend könnten wir dort sein. Es ist nicht allzu weit, nur um die Südspitze der Insel, dann nordwärts durch den schmalen Sund, der die Inseln Streymoy und Vågar trennt, und rechts ab in einen verschwiegenen Einschnitt zwischen hohen Bergabstürzen. Ich gebe mich zwar nicht der Illusion hin, dort oder irgendwoanders paradiesische Ungestörtheit vorzufinden, aber in Vestmanna wohnen wenigstens keine 13 000 Leute wie in Thorshavn, sondern höchstens ein Zehntel davon.

Warten in der Regentonne

Auf dem Weg dorthin, WIKI darf sich im Schlepp erholen, beginnt es zu regnen. Das war auch schon überfällig. Wir sind auf den Färöern, und deshalb kann das Wetter gar nicht anders, als in den nächsten zwölf Tagen weiterzuregnen. Jedenfalls sind im nachhinein alle felsenfest dieser Meinung, obwohl das Logbuch seltsamerweise drei regenfreie Tage verzeichnet.

Schwindelnd hohe, lotrechte Felswände bilden das Tor, durch das wir aus dem diesigen Sund in die noch diesigere Düsternis

des Vestmanna-Fjords einbiegen. Die erdrückende, von Regen-
schwaden umflorte Kulisse gibt unseren gepeinigten Nerven den
Rest. Zum erstenmal sinkt der Stimmungspegel auf absolut Null.
Zu allem Überfluß werden voraus lauter kleine, zweibeinige
Wesen sichtbar, die wie Ameisen aus ihren Löchern kommen und
auf die Pier strömen. „O nein", entfährt es Peter. Gesichter sind
auf die Entfernung nicht zu erkennen, aber ich kann mir die enttäuschten Mienen vorstellen, als unser Konvoi plötzlich scharf
nach Steuerbord schwenkt, wo sich die Ringnetze einer Lachsfarm ausbreiten. In ihrer unmittelbaren Nachbarschaft, auf gut 30
Meter Wassertiefe, beschließen wir zu ankern. Maschine aus,
raus aus den Klamotten, rein in die Schlafsäcke – und für volle
zwölf Stunden senkt sich Grabesstille über die beiden Boote.

Am nächsten Tag sind die Biobatterien fürs erste wieder auf-
geladen, ein Zustand, in dem wir den grauen, schroffen
Basaltwänden dieser melancholischen Urlandschaft direkt etwas
Romantisches abgewinnen. Unsere Begeisterung soll zwar bald

überstrapaziert werden, aber heute ist noch alles wunderbar, und die Leute sind eigentlich ganz nett. Wenn sie nur nicht soviel fragen würden!

Wir haben uns neben einen Saugbagger verholt. Vielleicht hätten wir uns nach einem anderen Platz umgesehen, wenn wir geahnt hätten, für wie lange wir hier festsitzen würden. Vestmanna, die zweitgrößte Ortschaft der Färöer und doch nur ein gottverlassenes, karges Nest, wird für uns zu einem Wartezimmer, das uns eine harte Geduldsprobe abverlangt. Es ist ein feuchtes Wartezimmer, in dem das Wasser gewissermaßen an den Wänden runterläuft. Es nieselt, nebelt und regnet in allen denkbaren Variationen, was Peter davon überzeugt, daß die Leute hier gleich imprägniert auf die Welt kommen.

Der Wind weht hartnäckig aus der falschen Richtung. Dabei sind wir gar nicht wählerisch, von Nord über Ost bis Süd wäre uns jede willkommen. Doch die Tiefdruckpakete, die Thor wie am Fließband von Island herüberschickt, bringen nur Westwinde. Das aber ist unsere Zielrichtung. Unsere geplante Route streift Island im Süden, mit Zwischenstopp bei der Vulkaninsel Heimaey, und zielt von dort auf die Ostküste Grönlands.

Ich glaube, der geduldige Herr Erdmann aus Hamburg träumt in diesen Tagen schon von mir. „Tut mir wirklich leid, Herr Pieske, aber ich kann Ihnen beim besten Willen nichts anderes sagen..." Er spricht schon in dem nachsichtigen Ton, mit dem man hoffnungslos Begriffsstutzige zu beschwichtigen pflegt. Und ich kehre jedesmal mit demselben Bescheid vom Telefon an Bord zurück, wo mir erwartungsvolle Mienen entgegenblicken: „Na, was hat er gesagt?"

„Abwarten."

Die Klappen fallen runter, und ein Aufstöhnen geht durch die Runde. Er kenne langsam alle Bücher an Bord auswendig, behauptet Peter. Und Kameramann Werner stützt das Gesicht in die Hände, starrt in das verwaschene Grau hinaus, in dem als einziger Farbtupfer ein vernebeltes Grün oben auf den Berghöhen zu erkennen ist, und stößt hervor: „Mein Gott, ist das lang-wei-lig..." Ein Stoßseufzer, der bei uns zum geflügelten Wort werden soll.

Aus Peters Tagebuch:

Mittwoch, 7. August, 08.15 Uhr aufgestanden. Lange gefrühstückt. Das Wetter ist wie jeden Tag beschissen. Regen und Wind aus West, Temperatur 10 bis 12 Grad. Die Einheimischen sagen, es ist seit Jahren der wärmste Sommer. Ich finde, es ist ein milder Winter. Um 21.30 Uhr von der Tankstelle zu Hause angerufen. Sehr schlechte Verbindung. Viele Kronen bezahlt. Gespräch mit Ütchen. Sie hatte kaum ein liebes Wort für mich. Sagte, daß es ihr nicht gutgeht und daß sie noch immer keine Arbeit hat. Es stimmte mich sehr traurig. Das Gespräch wurde unterbrochen, weil der Fernsprecher nicht funktioniert. – Heute abend ist der Dorflehrer zu Besuch an Bord. – Mein entzündeter Finger macht mir Sorgen. Wollte zum Arzt, aber der war nicht da.

Donnerstag, 8. August. Wieder lange gefrühstückt, bis 11.30 Uhr. Was soll man auch anderes tun? Es hat die ganze Nacht durch geregnet. Wir sind alle stark frustriert. Was sollen wir machen in diesem Nest? Ich dichte das Zelt noch ein wenig ab.

Jürgen ist mit Gerät ins Wasser gegangen und hat zwölf Schollen mitgebracht. Ich mache die Fische sauber, Burghard brät sie. Wir essen uns an Fisch satt. Silke liegt in der Koje, ihr geht es nicht besonders. Am Nachmittag beginne ich nach Hause zu schreiben. Vor dem Abendbrot bin ich damit fertig (sechs Seiten). Wir trinken Grog und essen Schmalzbrote dazu. Um 24.00 Uhr ist Nachtruhe.

Samstag, 10. August. Immer wache ich morgens durch Jürgens Schnarchen auf, obwohl er an Steuerbord in der Achterkabine schläft. Sagenhaft laut. Der ganze Bootskörper wird zum Resonanzboden. Mich nervt der Regen. Bis zum Mittag habe ich auf der SHANGRI-LA *einen Ofen eingebaut. Eugen ist mir gut zur Hand gegangen. Apropos Hand: Inzwischen hat Burghard mit dem Skalpell meinen Finger aufgeschnitten. Dicker Eiter ist herausgequollen. Der tuckernde Schmerz läßt jetzt nach.*

Eigentlich sollten wir in dieser Situation froh sein über den Zulauf von Publikum, weil er uns immerhin Zerstreuung beschert. Natürlich haben sie uns aufgespürt hinter dem Saugbagger. *Das*

Versteck gibt es nicht, in dem wir uns unsichtbar machen könnten. Irgendwelche Schaulustige recken immer die Hälse über die Kante, und am Feierabend macht sich das Dorf im Pilgerzug zum Hafen auf, um die Wikinger zu besuchen.

„Nimm doch von jedem eine Mark, dann können wir uns als Tourneetheater durchschlagen", regt Jürgen an. Der hat seinen Kapitalismus schnell gelernt. Aber natürlich ist bei uns alles gratis: angucken, anfassen, ausfragen und dazu noch Geschichte live. Gern würden wir unsererseits auf Besichtigungstour gehen, um die Färöer nach den Resten der Wikingerzeit zu durchforsten. Vielerorts in den dramatischen Fjorden der Inseln sind die Ruinen ihrer Häuser erhalten geblieben. Aber das Wetter vereitelt jede Spurensuche.

Genaugenommen braucht man allerdings nur Augen im Kopf zu haben, um das Vermächtnis der Wikinger allenthalben zu entdecken. Der Faden, der aus der Vergangenheit in die Gegenwart reicht, ist überall sichtbar. Beispiele, die uns sofort ins Auge springen, sind die Boote, mit denen die Hobbyfischer auf Dorschfang gehen. Es gibt sie in enormer Zahl, bis in die letzten Felsnischen verteilt sieht man sie liegen: kleine, geklinkerte Boote mit auffallend hoch aufragenden Steven. Es sind Wikingerschiffe im Miniaturformat, ihre Verwandtschaft mit WIKI ist nicht zu leugnen. Die Färinger kennen diesen Typ seit Menschengedenken und halten daran fest, auch im Zeitalter der Motorschiffahrt. Etwas Brauchbareres als ein geklinkertes Boot gibt es nicht, sagen sie, so war es immer, und daran hat sich nichts geändert. Natürlich sind diese Boote, von nur ein oder zwei Mann gerudert, nicht für die Hochsee gedacht, aber als schnelles, privates Verkehrsmittel in Küstennähe sind sie nicht wegzudenken.

Seit tausend Jahren siedeln die Nachfahren der Wikinger auf den abgelegenen „Schafsinseln", die wie ein kleiner Schiffskonvoi ungeschützt im Nordatlantik liegen, der mit seiner Urgewalt seit undenklichen Zeiten gegen die Basaltmauern dieser Festung anrennt. Als zugeknöpft und schwer zugänglich gelten sie, die „Nordmänner" unserer Tage – ein Gerücht, das sich bereits in der Nacht unserer Ankunft als zweifelhaft erwies und sich spätestens

beim Tanzabend im Haus des Dorflehrers in Nichts auflöst. Wenn sie feiern, die Färinger, dann richtig und mit einer Lebensfreude, die in Anbetracht der permanenten Novemberstimmung ihrer Umgebung an ein Wunder grenzt. Bis in den frühen Morgen verstummt die Musik nicht, zu der allerdings auf eine Art getanzt wird, die wir erst lernen müssen: immer schön im Kreis herum, unter dem Absingen uralter Volkslieder. Das ist kein individuelles Schüttelerlebnis wie heute üblich, sondern echter Gemeinschaftssinn.

Bei uns an Bord geht es ruhiger zu. Mit dem inzwischen geflügelten Wort: „Gott, ist das langweilig", zieht sich jeder in seine Leseecke zurück, wobei diese Ecken alle spannungsfördernd dicht beieinander liegen. WIKING SAGA vereinsamt einstweilen neben der SHANGRI-LA. Nur ab und zu patscht einer über ihr glitschiges Deck, um das Regenwasser außenbords zu befördern.

Indessen habe ich für meinen Teil einen willkommenen Zeitvertreib ausfindig gemacht. Der ganze Verein wundert sich bald, wieso ich immer gleich zwei Stunden ausbleibe, nur um Herrn

Erdmann mit Anrufen zu traktieren. Die Ursache hierfür ist nicht nur die Zentralheizung, die das Büro des Hafenmeisters von Vestmanna zu einer wohltemperierten Oase macht, sondern vor allem der unbestreitbare Unterhaltungswert des Mannes, der hier den Dienst versieht.

Dieses Original heißt tatsächlich Åsgeir mit Vornamen. Das finde ich ziemlich unpassend, denn wie ein Geier sieht er überhaupt nicht aus. Mit seiner massigen Leibesfülle erinnert Åsgeir Thorvaldsson eher an einen gemütlichen Bacchus. Er ist 75 und somit in einem Alter, in dem man genügend hinter sich hat, um Grünschnäbeln etwas beibringen zu können. Die Würde des Hafenmeisters hat man ihm vertretungsweise angetragen, solange der eigentliche Amtsinhaber in Dänemark auf Urlaub weilt: für den alten Mann eine angenehme Unterbrechung seines Pensionärdaseins, obwohl momentan alles andere als Hochbetrieb herrscht. Die Fischfabrik hat Betriebsferien, und deshalb sind auch nur vereinzelt Fischer draußen, die es zu betreuen gilt. Die Hauptaufgabe des reaktivierten Veterans besteht darin, für alle Fälle das Telefon besetzt zu halten, was ein eher geruhsamer Job ist. Mein inzwischen täglicher Besuch kommt ihm daher nicht ungelegen.

Das erste, was von Åsgeirs derzeitiger Herrschaft kündet, sind seine Stiefel, die stets parallel ausgerichtet draußen vor der Tür stehen. Die füllige Gestalt hinter dem Schreibtisch steckt in Filzpantoffeln, vor sich die Thermoskanne mit Kaffee und die von liebevoller Hand eingepackten Butterbrote. Wie eine Riesenqualle füllt er den Bürosessel. Ich, ihm gegenüber, hänge an seinen Lippen, was er sichtlich genießt. Während er den reichen Erfahrungsschatz seines langen Seefahrerlebens vor mir ausbreitet, kommt er mir in dem nüchternen, modernen Raum wie ein deplaziertes Museumsstück vor. Ich betrachte seine Hände auf der polierten Tischplatte: knorrige Werkzeuge, ein wenig gichtig, die von harter Arbeit im Nordmeer und von eisigen Sturmfahrten erzählen. Wenn einer die Gewässer zwischen den Färöern, Island und Grönland kennt, so ist es Åsgeir Thorvaldsson. Keiner seiner Zeitgenossen, meint er, sei häufiger um das Kap Farvel gefahren als er.

Wie er so erzählt, wird die Zeit um 1930 vor meinen Augen lebendig. Ich sehe alles vor mir wie in einem Schwarzweißfilm: Männer in hartem, geteertem Ölzeug, das nur unzureichend vor der beißenden, salzigen Gischt schützt, in die das Schiff eintaucht. Ich sehe sie, den Südwester unterm Kinn zusammengebändselt, mit steifgefrorenen Händen die Netze über die Kante zerren, sehe sie ausgelaugt unter Deck wanken, ein paar Brocken Hartbrot in die Backentaschen schieben und erschöpft auf ihre Strohsackkojen sinken. Die meisten sind längst im Seemannshimmel, nur Åsgeir ist übriggeblieben, ein Monument der Nordmeerfahrt, und sein Lebenselixier ist die Erinnerung.

„Damals", fabuliert Åsgeir in seinem Piratenenglisch, „war es noch ein ehrlicher Kampf, verstehst du. Eine Sache auf Gegenseitigkeit. Nicht immer war der Fischer der Gewinner, manchmal gewann auch die See. Das waren Bedingungen, die sich die jungen Leute mit ihren modernen, hochtechnisierten Fangschiffen gar nicht mehr vorstellen können. Was ist denn die Fischerei heute...?" Seine harten, lederüberzogenen Finger fegen verächtlich über den Tisch. „Da ist doch kein Leben mehr drin. Nichts als Technik, nur Industrie. Aber manchmal... Täuscht euch da nicht, manchmal gewinnt auch heute noch der Atlantik und holt sich seinen Tribut." Wie er das so sagt, höre ich fast eine unterschwellige Genugtuung in seinem Ton.

Uns jedenfalls wird der Atlantik holen, das ist für Åsgeir so gewiß wie das Amen im Gebet. Jeden Morgen auf dem Weg ins Büro stiefelt er über die Pier, bleibt ein bißchen stehen und läßt seine Blicke kopfschüttelnd über die WIKING SAGA gleiten. Blicke, die sich durch Schönheit nicht bestechen lassen. „Grönland? Das schafft ihr nie!" Da ist er ganz sicher. Nicht mit diesem Boot. Mut, na ja, den attestiert er uns schon, aber das ändere nichts daran, daß wir im Begriff seien, Selbstmord zu begehen. Das Schiff sei zu klein, der Freibord zu niedrig, die Mannschaft zu ungeschützt.

„Deine Vorfahren", wende ich ein, „haben es auch geschafft, unter den gleichen Bedingungen."

„Die Wikinger!" begehrt Åsgeir auf. „Das waren ganz andere Kerle." Im übrigen habe niemand ihre Verluste gezählt. Ob ich etwa wüßte, wie viele ihrer Boote mit Mann und Maus untergegangen seien? Natürlich weiß das niemand genau, Fehlschläge und Niederlagen werden in den alten Heldengeschichten nur in dürren Worten abgehandelt. Dennoch, beharre ich, daß ihre Schiffe hochseetüchtig waren, steht außer Frage, und unser originalgetreuer Nachbau hat doch bereits den Beweis dafür angetreten.

Åsgeir schüttelt sein weises Haupt, und was mich ärgert, ist dieses wissende, überlegene Grienen, das er dabei aufsetzt. „Mein Junge, daß ihr überhaupt bis hierher gekommen seid, war mehr oder weniger Glück. Du wirst dich noch wundern."

Ich komme gegen den Kerl nicht an. Zum Schluß sage ich dann immer: „Und wir machen es trotzdem, ob du's nun glaubst oder nicht."

Letztlich ist es wohl diese Entschlossenheit, die ihm mehr imponiert, als unser Wahnsinn ihm lächerlich erscheint. Wenn er auch keine Handbreit von seinem Standpunkt abrückt, so wandelt sich Åsgeir Thorvaldsson schließlich doch zu einem wohlwollenden Mentor, der mir mit breitem Zeigefinger auf der Seekarte die günstigste Route weist. „Wenn du schon so verrückt bist, dann nimm wenigstens den nördlichen Weg, das ist der schnellere. Dir läuft nämlich die Zeit davon. Je weiter der Sommer fortschreitet, um so mehr dreht der Wind auf West. Ab September kannst du die ganze Sache überhaupt vergessen, dann ist nichts mehr zu machen."

So schlau war ich schon selber. Die Südroute über die Westmännerinseln zu streichen, war allerdings bisher nur ein vager Gedanke in den letzten Tagen. Wenn ich den Südwest im Rigg jaulen höre und die Fallböen die Berghänge herunterjagen, sagt etwas in meinem Kopf: Nord. Uns bleibt nur noch diese Möglichkeit. Mir leuchtet ein, was Åsgeir sagt: Die einzige Route, die uns der Wind erlauben wird, ist die nördliche. Also werden wir nicht nach Heimaey segeln.

Leider gibt es in ganz Vestmanna kein Kartenmaterial über Island. So besteige ich an einem dieser zähen Tage den Bus nach Thorshavn, wo die Ausbeute zu meiner Enttäuschung jedoch auch mager ausfällt. Gerade mal zwei Karten von Ost-Island trei-

94

be ich auf, über den Norden ist nichts zu haben. Die Verkäuferin guckt mich an und fragt: „Wer fährt da schon hin?"

Auch wieder wahr. Ich muß mich also darauf verlassen, daß wir später an Ort und Stelle die nötigen Unterlagen ergattern werden.

Nach insgesamt zwei Wochen auf den vermaledeiten Inseln – die Muffigkeit an Bord ist kaum noch auszuhalten – überrascht mich unser Wetterfrosch mit einem Wunder. Ein schmaler Hochdruckkeil, sagt Erdmann, schiebt sich bis ins Gebiet der Färöer vor, nichts Großartiges, aber das beste, was er auf absehbare Zeit zu bieten habe. „Wenn Sie können, segeln Sie morgen."

„Windrichtung?" frage ich atemlos.

„Südlich, aber nur kurze Zeit." – „Sturm?"

„Sieht nicht danach aus. Rechnen Sie mit Stärke sieben."

Sieben Windstärken hat WIKI schon im Skagerrak bewältigt, wieso also nicht auch hier? Als ich mit dieser Nachricht zur Pier stürze, bricht ein allgemeines Gejohle aus. „Endlich raus aus der Waschanlage!" jubelt Peter. So schnell und begeistert sind wohl noch selten Auslaufvorbereitungen getroffen worden. Eugen und ich stecken auf dem Kartentisch die neue Route ab. Da Erdmanns Hochdruckkeil uns nicht viel Zeit lassen wird, wählen wir die kürzeste Distanz – schnurstracks hinüber nach einem Ort namens Seydisfjördur, dem östlichsten Punkt Islands. Dorthin, das räumt sogar Åsgeir ein, sei es unter den zu erwartenden Bedingungen vielleicht zu schaffen. „Aber du wirst noch an mich denken", versetzt er mir den letzten Dämpfer. „Spätestens in der Dänemarkstraße ist für euch Schluß. Die wird euch zum Verhängnis."

Niemand von uns kann wissen, daß er damit beinahe recht behalten wird. Ich jedenfalls will diese Unkenrufe nicht hören und konzentriere mich einfach nur auf den nächsten Schritt. Nach Seydisfjördur müssen wir noch weiter von der klassischen Route Leif Erikssons abweichen, der auf seinen Handelsfahrten zwischen Grönland und Norwegen stets genau dem 60. Breitengrad folgte – ein Weg, auf dem es nicht eine einzige Zwischenstation gab. Nichts als Tausende von Meilen Wasser ohne Landsicht, eine Leistung, die uns nach den bisherigen Erfahrungen bereits gigantisch vorkommt.

Leif der Glückliche

Manchmal versuche ich, mir den Mann leibhaftig vorzustellen, dessen Gebeine schon seit so vielen Jahrhunderten in einem unbekannten Grab in der kalten Erde Grönlands verschollen sind. Für die, die ihn von Angesicht zu Angesicht kannten, muß er ein toller Kerl gewesen sein, den sie bewunderten, die Verkörperung ihres Ideals: „Ein großer, stämmiger Bursche, der hübsch anzusehen ist", so lebendig beschreibt ihn die Grönländersaga, eines der von Generation zu Generation überlieferten Heldenepen der nordischen Völker. Leif Eriksson war ein Mann, wie die Wikinger ihn liebten.

Als isländische Schriftkundige gegen Ende der Wikingerzeit die jahrhundertelang nur mündlich übermittelte Geschichte ihres Volkes zu Pergament brachten, war Leif allerdings schon lange tot und die Großtat seines Lebens – die „Landnahme" westlich von Grönland – ein Kapitel, das keine Fortsetzung gefunden hatte. Auch konnten die isländischen Schreiber – so wenig wie Leif selber – eine Vorstellung von dem für sie noch nicht existierenden Amerika und somit von der historischen Dimension seiner Leistung besitzen. Doch war ihnen Leifs Name auch so bedeutsam genug, um dem Gedächtnis künftiger Geschlechter bewahrt zu bleiben.

Leif, als des Roten Erik erstgeborener Sohn so etwas wie der Kronprinz von Grönland, war ein Held. Auch dann noch, wenn man das Quantum Ruhm abrechnet, das zweifellos von seinem legendären Erzeuger auf ihn abfiel. Anders hätte er auch kaum in so bildhafter Sprache Eingang in die Annalen seines Volkes gefunden. Um im rauhen Reich der Nordmänner etwas zu gelten, mußte ein Kerl schon selbst besondere Eigenschaften besitzen: als Seemann geschickt und mutig, als Händler gewieft und als Kämpfer todesverachtend. Der eigene Vorteil war das Maß aller Dinge, und wer den Mumm hatte, dafür jeder Gefahr zu trotzen, der, so fand man bei den frühen Skandinaviern, war ein „vikingr mikill", ein wirklich ganz toller Wikinger.

Leif Eriksson, soviel darf man glauben, verdiente sich schon im

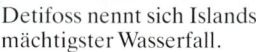

Detifoss nennt sich Islands
mächtigster Wasserfall.

Islands Wirtschaft basiert auf
Fisch.

14 Jakobsmuscheln roh, mariniert
oder gebraten sind eine Köstlichkeit für sich.

16 Zum Einschlafen monoton
können die Schotterwege
manchmal sein.

17

18

20

21

17 Gefährlich ist es, über den Eisbalkon zu segeln.

18 Ein Eisberg macht die Eskimorolle.

19 Hundefutter im Kühlschrank.

20 Halbstarke Fischfresser zum Liebhaben.

21 Aus Speckstein werden Eisbären.

22 Angmagssalik im Hochsommer.

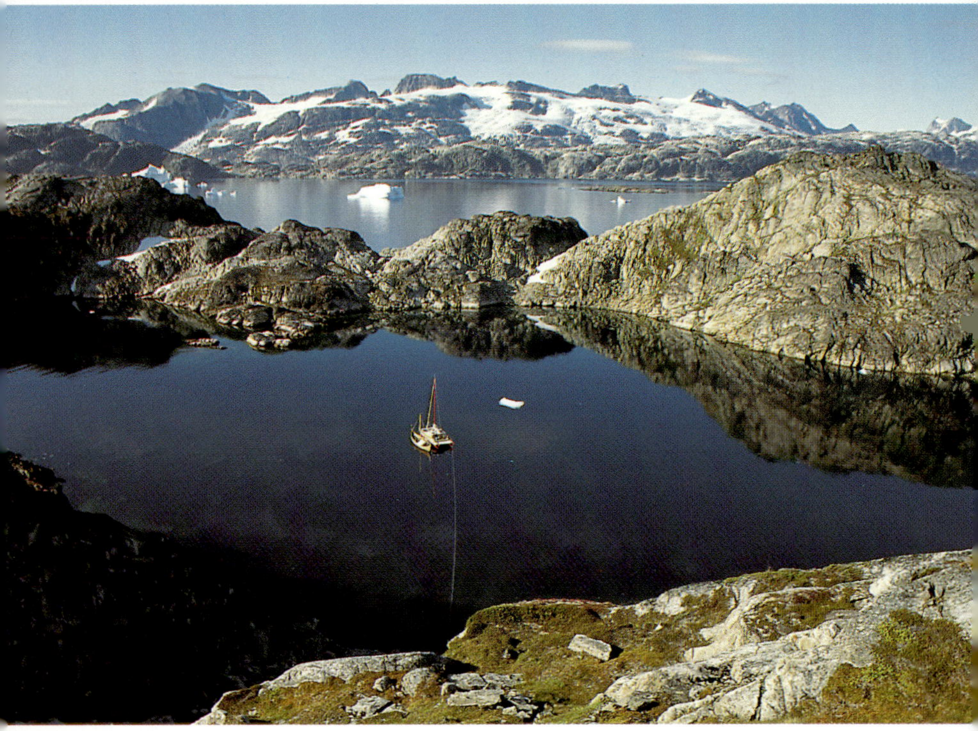

23

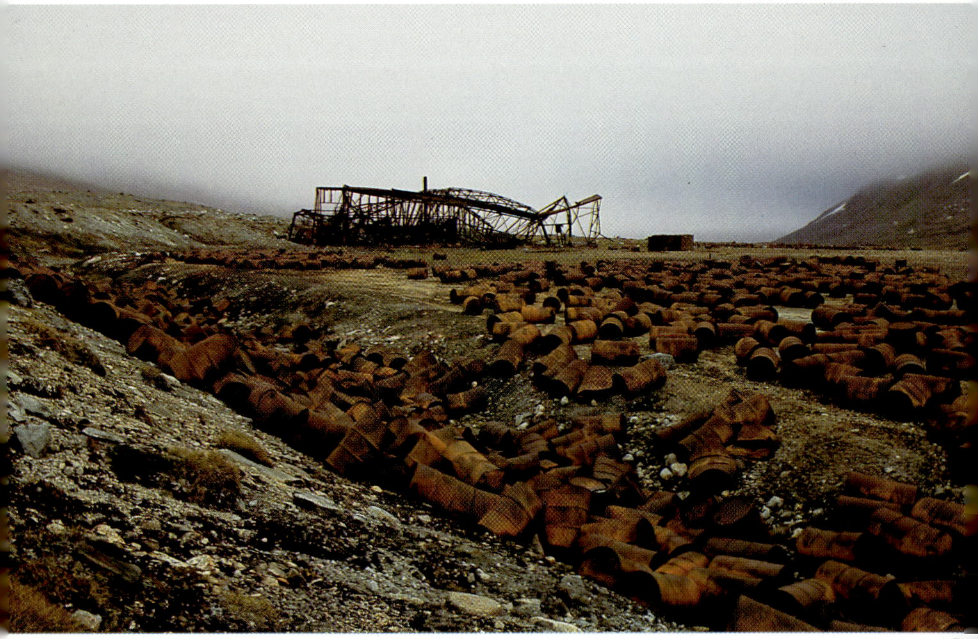

2

23 Westgrönland: Einsamkeit und eisklare Luft, eine Landschaft, die polarsüchtig machen kann.

24 Ikatek, ein Monument des Wahns.

Halbstarkenalter als Schiffsführer und Kaufmann seine Sporen. Seine heimatliche Grönlandsiedlung Österbygd war zwingend auf regelmäßigen Warenaustausch mit den Handelszentren des nordeuropäischen Festlands angewiesen. In der Regel war Bergen das Ziel dieser Fahrten. Dort mußten die begehrten grönländischen Wollstoffe, Pelze und elfenbeinernen Walroßzähne vermarktet werden. Zurück brachten die Händler, was in der Arktis Mangelware, beziehungsweise überhaupt nicht vorhanden war: Eisen und Getreide, aber auch modische Kleidung, Bernsteinschmuck und was sonst die Pioniere in der Abgeschiedenheit ihres Insellebens an Luxus des Mittelalters begehrten. Funde aus dem Boden Grönlands weisen die Wikinger als ziemlich anspruchsvolle Leute aus.

Leif, von der Seefahrt besessen, fand vermutlich als erster den Schneid, mit seinem kleinen, offenen Handelsboot, einer soliden, gedrungenen Knorr, die fast dreitausend Kilometer lange Distanz zwischen Grönland und Norwegen zeitsparend nonstop zurückzulegen. Verwachsen mit den Planken seines Schiffes, seiner erprobten Mannschaft und der eigenen Erfahrung gewiß, folgte er mit nautischer Präzision dem 60. Breitengrad. Die mörderische Gewaltroute schien sich bezahlt zu machen, vielleicht nicht zuletzt, weil hier seltener mit Piraten zu rechnen war.

Neben seiner Beherztheit, die ihn eines Tages bis an die Ufer einer noch unbekannten Welt tragen sollte, verfügte Eriks wohlgeratener Sohn noch über eine Seite seines Wesens, die bei dem notorischen Draufgängertum der altnordischen Völker nicht so typisch anmutet. Als „in allen Dingen maßvoll und besonnen" beschreibt ihn die Chronik, ein wahrhaft erwähnenswerter Charakterzug, denn das Vorstrafenregister der väterlichen Linie verrät jenen elementaren Hang zu erbarmungsloser Blutrünstigkeit, der damals im hohen Norden Tradition war und vor dem bereits ganz Europa zitterte.

Beleuchten wir kurz den etwas zweifelhaften Stall, aus dem der kernige Leif, den sie später den Glücklichen nennen sollten, hervorging.

Auf der prallen literarischen Bühne der Sagas tritt uns zunächst

Thorvald entgegen, der Großvater, der auf einem Bauerngehöft im Südwesten Norwegens ein anscheinend rigoroses Regiment führte, streitsüchtig und fortwährend verwickelt in Reibereien mit der Nachbarschaft. Hier erblickte um 950 Sohn Erik das Licht der Welt – einer unruhigen, noch von finsterstem Heidentum verdunkelten Welt, in der sich, ungeachtet der schlichtenden Funktion der Thinggerichte, das Recht des Stärkeren Geltung verschaffte. Es war eine brutale, mitleidlose Welt, die letzte Dämmerung des alten Germanentums, dessen schauerliche Gottheiten noch das Feld beherrschten. Ein Gott, der sich ans Kreuz nageln ließ, machte hier nicht viel Eindruck. Der demütige Christus, dem anderswo in Europa Kathedralen gebaut wurden, blieb ein unverstandener Fremder im unwegsamen Reich Odins, dessen Ideale Gewalt und Eigennutz hießen und dem nach wie vor barbarische Opfer dargebracht wurden. Zwar nahmen nicht wenige Wikinger hier und da fröhlich am Sakrament der Taufe teil, sofern es sich als zweckmäßig erwies. In religiösen Fragen tolerant, kam es ihnen auf einen Gott mehr oder weniger nicht an, Hauptsache, sie konnten sich irgendwelche Vorteile davon versprechen. Und das konnten sie: Die heilige Mutter Kirche scheute sich nicht, mittels massiver Bestechung neue Schäfchen auf den Pfad der Tugend zu locken. Aber wirklicher Überzeugungsarbeit konnten sich die Missionare selten rühmen. Meist blieben die apostolischen Abgesandten einsame Rufer in der Wüste des Unglaubens, auf verlorenem Posten gegenüber heidnischer Sittenlosigkeit. Erst der Trick mit dem für das Jahr 1000 angekündigten Weltuntergang half der Christianisierung auf die Sprünge.

Erik Thorvaldsson war ein echtes Kind seiner Zeit, wie sein Vater Heide bis ins Mark, und bei ihm sollte während seines ganzen Lebens kein Bekehrungsversuch fruchten. Der Beiname, der ihm anhaftete – „Raudi", der Rote – mochte sich in seiner Kindheit noch auf das feuerrote Haar beziehen, gewann jedoch bald einen Doppelsinn. Erblich belastet mit cholerischem Temperament, waren Eriks Hände früh blutbefleckt.

Mit jener bedingungslosen Solidarität, wie sie innerhalb der Wikingersippen obligatorisch war, stürzten sich Vater und Sohn in immer wieder aufflammende Fehden, die aus dem Leben der Nordmänner so wenig wegzudenken sind wie das rauhe Wetter. In Vorwegnahme sizilianischer Gepflogenheiten sollen sich in chronisch verfeindeten Familien die Reihen derart gelichtet haben, daß zuweilen kein männlicher Nachkomme mehr übrigblieb, der Vergeltung hätte üben können. Es sei denn, eine Partei gab sich, der gegenseitigen Ausrottung müde, mit einer materiellen Wiedergutmachung zufrieden.

Vater Thorvald und sein wilder Sohn Erik trieben das landläufige Spiel offenbar bis zum äußersten. Selbst für den Geschmack ihrer alles andere als zimperlichen Umwelt uferte die Selbstjustiz der beiden Kampfhähne zu sehr aus. Als zwei Nachbarn ihrer Mordlust zum Opfer fielen, ohne daß sich hierfür ein hinreichendes Motiv erkennen ließ, spitzte sich die Lage zu. Die Angelegenheit kam vor das Thing, die Vollversammlung der freien Männer, und die verhängte über beide die Ächtung. Noch ärger konnte nur der Tod sein. Verstoßen aus der Gemeinschaft, sahen sich die Geächteten verbannt von Haus und Hof, verjagt wie Wölfe aus dem Bereich menschlichen Lebens, nicht einmal die eigene Sippe durfte auch nur eine Hand für sie rühren. Den Delinquenten blieb nichts, als Rettung in der Flucht zu suchen; der Urteilsspruch beraubte sie, ausgeschlossen von Fischfang und Handel, nicht nur jeder Lebensgrundlage, sondern stellte sie auch außerhalb des Gesetzes, erklärte sie zu Freiwild, das jedermann straflos zur Strecke bringen durfte.

Wohin in der Not? In der kurzen Frist, die das ungeschriebene Gesetz ihnen noch gewährte, machten die beiden Verfemten eilig ein Schiff seeklar, um an einen Ort zu entkommen, wo sich im Lauf einiger Generationen schon halb Norwegen versammelt hatte: nach Island. Für den jungen Erik zeichnete der Weg ins Exil gleichsam das Programm seiner anfangs nicht besonders tugendhaften, aber ungewöhnlichen Laufbahn vor. Der alte Haudegen Thorvald dagegen trat an dem Tag, als Wind und Strömung sie in ihrem Holzboot von der Küste Norwegens forttrugen, die letzte Reise seines Lebens an.

Die urzeitliche Insel der geisterhaften Wasserfontänen und

feuerspeienden Berge, die am fünften oder sechsten Tag vor ihrem geschwungenen Bug aus der Atlantikdünung auftauchte, war zu diesem Zeitpunkt schon rund hundert Jahre lang Ziel auswanderungswilliger oder -genötigter Norweger. Seit seiner Entdeckung lockte Island die Skandinavier mit dem saftigen Acker- und Weideland seiner Küstentäler, das nur darauf zu warten schien, in Besitz genommen zu werden. Die paar Grüppchen irischer Mönche, die schon vor den Nordmännern hier gelandet waren, verschwanden rasch wieder angesichts der übermächtigen Einwanderungswelle.

Als Thorvald und Erik landeten, bevölkerten vermutlich schon mehr als sechzigtausend Menschen die Insel. Das Landesinnere, gepanzert von mächtigen Gletschern und Vulkanen, hatte zwar jedem Siedlungsversuch widerstanden, doch die fruchtbaren Küstenlandstriche ließen manche Familien zu Großgrundbesitzern werden. Doch zu Eriks Zeit, in der zweiten Hälfte des zehnten Jahrhunderts, war auch in Island der beste Boden bereits weitgehend verteilt und wurde eifersüchtig verteidigt. Weitere Neuankömmlinge mußten sich mit der felsigen, unwirtlichen Nordwestecke begnügen, wo die Lebensbedingungen eher abschreckend waren – eine Herausforderung, der Thorvald nicht mehr gewachsen war. Nach kurzer Zeit im beschwerlichen Exil mußte Erik den Vater begraben und sich in der fremden Gegend allein durchschlagen – was in seinem Fall wohl wörtlich genommen werden darf. Eine Kämpfernatur wie Thorvalds Sohn, im Saft seiner besten Jahre, war nicht der Mann, der sich mit einem Stück steinigen Bodens abspeisen ließ. In der Zuversicht, daß sich bestimmt noch etwas Besseres auftreiben ließ, suchte Erik die südlicheren Gefilde Islands heim.

Der Wahrheit zuliebe sei es gleich gesagt: Es gelang dem schon einmal Davongejagten auch in der neuen Umgebung nicht, sich beliebt zu machen – ausgenommen bei einem weiblichen Wesen namens Thjodhild, das sich entschloß, dem Berserker den Schneid abzukaufen, mit ihm einen lebenslangen Ehekrieg aufzunehmen und ihm eines Tages sogar bis ans Ende der Welt zu folgen, nach Grönland. Was konnte ihm Besseres passieren? Thjodhild war nämlich eine gute Partie, verfügte über eine wohlhabende Sippe, was dem Bräutigam das Anlegen der Ehefesseln wohl wesentlich versüßte. Ohnehin war es beste Wiking-Tradition, unbekümmert der Polygamie zu pflegen. Man mußte nur über die nötigen Mittel verfügen, dann brauchte das eheliche Joch keineswegs eintönig zu sein. Den heidnischen Brauch, so viele Sklavinnen als Nebenfrauen zu halten, wie man eben durchfüttern konnte, ließen sich selbst zum Christentum bekehrte Nordmänner noch lange nicht vermiesen. Denn aus dieser Gepflogenheit ergab sich häufig eine Nachkommenschaft von der Stärke einer Privatarmee, was von großem Nutzen war.

Nur *eine* Frau allerdings bekleidete in der häuslichen Hierarchie die Stellung der legitimen Gemahlin, die als sichtbares Zeichen ihrer Würde den Schlüsselbund am Gürtel trug. Mit der resoluten Thjodhild schien unser Erik keinen schlechten Griff getan zu haben. Jedenfalls ging es bergauf mit dem Neueinwanderer. In Haukadal, an einem der zahlreichen Nebenarme des

Breidafjords, nannte der Jungvermählte bald ein Stück Land sein eigen, und der Ort war überlegt gewählt. Gutes Gras wuchs hier, und Birkenwälder lieferten Bauholz, das so nicht erst von weit herangeschafft werden mußte. Dazu ein Weib für Heim und Herd – alles in allem keine schlechten Voraussetzungen, um künftig friedlich und bodenständig zu leben. Nur hätte er eben nicht Erik der Rote heißen dürfen.

Mochte Odin wissen, um was es eigentlich ging, jedenfalls gab's bald schon wieder böses Blut, und das im wörtlichen Sinne. Thorvalds unbezähmbarer Sproß brach einen Streit vom Zaun, in dessen Verlauf wieder zwei Männer einer benachbarten Sippe auf der Strecke blieben. Längst gab es auch in Island Thinggerichte. Der Rote Erik wurde zum zweitenmal in seinem Leben für nicht gesellschaftsfähig befunden und verbannt aus der Verbannung, gewissermaßen. Für Erik war das nichts Neues, für seine Frau aber die erste Gelegenheit, sich auf künftige Unbequemlichkeiten einzustellen. Kaum seßhaft geworden, sah sich Thjodhild, möglicherweise bereits schwanger, auf der Flucht.

Diesmal fand sich ein Schlupfwinkel in vergleichsweise kurzer Entfernung. Oxney, etwa achtzig Kilometer in westlicher Richtung auf einer Landzunge des Breidafjords gelegen, war die nächste Station des Paars und offenbar einsam genug, um potentielle Verfolger fernzuhalten. Da Bauholz im waldarmen Island eine Kostbarkeit war, viel zu wertvoll, um der Verrottung oder gar einem Widersacher überlassen zu werden, hatte Erik zuvor noch eilig sein Haus abgerissen und die Balken zur Wiederverwendung mitgenommen.

Doch wir ahnen es schon, auch das neuerliche Exil wurde keine Heimstätte für ihn. Wo der ungehobelte Knabe auftauchte, geriet die Welt aus den Fugen – selbst wenn er sich auf Oxney zur Abwechslung von ungewohnt sozialer Seite zeigte. Er ließ sich nämlich gnädig (oder auch nur um gut Wetter bemüht) dazu herab, einem Mann namens Thorgest mit einigen seiner Bauhölzer auszuhelfen, die dieser angeblich nur vorübergehend benutzen wollte. Dumm nur, daß Thorgest die Leihgabe als Geschenk betrachtete und überhaupt nicht daran dachte, die Hölzer wieder herauszurücken. Der Streit expandierte, wie unter Wikingern kaum anders zu erwarten, zu einem mittleren Bürgerkrieg, in dem sich letztlich halb Oxney die Köpfe einschlug. Wieder einmal riefen die Alten das Thing zusammen.

Obwohl ausnahmsweise nicht im Unrecht, hatte Erik der Rote auch diesmal schlechte Karten. Er war neu und fremd, Thorgest dagegen und sein Klüngel hatten ein Heimspiel. Auf drei Jahre Friedlosigkeit lautete der Beschluß, mit dem man Erik von Oxney fort in die Wüste schickte. Seine Verbannungen summierten sich somit auf drei. Immerhin bekam er kein Lebenslänglich, aber vorläufig durfte sich der Rote am Breidafjord nicht mehr blicken lassen.

Nichtsahnend hatte das Thing diesmal eine Entscheidung von wahrhaft historischer Dimension getroffen. Die christliche Welt befand sich damals im Jahr 982, Erik wahrscheinlich in seinem zweiunddreißigsten. Mit einiger Sicherheit war zu diesem Zeitpunkt Sohn Leif bereits vorhanden oder wenigstens unterwegs. Denn Thjodhild blieb zurück, dazu verdonnert, drei lange Jahre auf die höchst ungewisse Rückkehr ihres Mannes zu hoffen. Der war es möglicherweise allmählich selber leid, sich dauernd herumzuschlagen und überall zum Stein des Anstoßes zu werden. Seinen dritten (und letzten) Verbannungsort suchte sich Erik nicht auf Island, wo Fuß zu fassen und sich einzugliedern ihm nicht hatte gelingen wollen. Er suchte seine Zuflucht außerhalb der bekannten Welt, in einem wilden, einsamen Land, das er in den Jahren seines Exils erkunden und das für den Rest seines Lebens sein Land werden sollte. Und er sollte seinem Volk den Weg bereiten in dieses Land.

Im Blut der Wikinger lag mehr als nur dumpfe Gewalttätigkeit. Sie waren abenteuersüchtig auf gleichsam schöpferische Weise. Unstillbarer Entdeckerdrang trieb jahrhundertelang diese Menschen an, genährt auch von der Notwendigkeit, sich für ihre rasch wachsende Bevölkerungszahl immer neue Gebiete landwirtschaftlich nutzbar zu machen, um ihr Überleben zu sichern.

Westwärts war ihre Welt noch nicht zu Ende, das hatte sich unter den Isländern seit mindestens fünfzig Jahren herumgespro-

103

chen. Da war noch mehr als nur der endlose Weltozean, der nach der herrschenden Vorstellung die Festlandscheibe mit den Kontinenten Europa, Afrika und Asien umgab. Gunnbjörn hatte es erzählt, Gunnbjörn Ulf-Krakesson, einer der ihren. Der war zwar schon lange tot, seine denkwürdige Geschichte aber hatte überlebt: von einer Irrfahrt im wüsten Atlantiksturm, bei der einige Tage westlich von Island eine fremde Küste zu sehen gewesen war. Mochten im Lauf der Jahrzehnte die eine oder andere Ausschmückung hinzugefügt worden oder einige Details verlorengegangen sein, im Kern stimmte die Sache. Das große Meer barg noch ungelöste Rätsel, es gab noch namenloses, unerforschtes Territorium westlich von Island.

Gunnbjörn hatte es beschworen: Von Norwegen kommend, war sein Boot in schwerem Wetter weit vom Kurs abgeraten, so daß er Island verfehlte. Und dann, zwischen haushohen Wellen und bedrohlichen Eisbergen um ihr Leben ringend, wagten die Männer ihren Augen kaum zu trauen. Wie ein Wunder lag die Rettung vor ihnen. Kleine, Schutz bietende Felseninseln tauchten auf – und dahinter, gespenstisch und schattenhaft im Dunst, erhob sich steingrau und eisgekrönt eine gewaltige Masse Land, ein mächtiges, steiles Gebirge von nicht zu erfassender Ausdehnung.

Gunnbjörn und seinen Leuten schien diese finstere Küste in ihrer Schroffheit derart unheilvoll, daß sie keinen Ehrgeiz hatten, durch weitere Annäherung sich und ihr Schiff in noch größere Gefahr zu bringen. Was für ein Land konnte das sein? Womöglich das schreckliche Reich der Riesen, das der Sage nach am jenseitigen Ufer des Weltozeans lag? Die verzagten Seefahrer suchten Deckung hinter den Schären und warteten auf Wetterbesserung, um dann schleunigst umzukehren. Schließlich landeten sie wohlbehalten im westisländischen Breidafjord.

Mindestens einmal war seitdem Gunnbjörns Schilderung auf ihren Wahrheitsgehalt überprüft worden. Snaebjörn hieß der Mann, der mit einigen mutigen Begleitern auf Gunnbjörns unfreiwilligem Kurs westwärts segelte. Es gelang ihnen, am Saum der unwegsamen Felswände eine Unterkunft zu errichten, doch das Wagnis, dort zu überwintern, endete tödlich.

Seitdem hüteten die düsteren, sturmumtosten Berge jenseits des Wassers noch immer ihre Geheimnisse. Dem Roten Erik erst soll es vorbehalten bleiben, die größte Insel der Welt zu besiedeln. Vermutlich war es Thjodhilds begüterte Sippe, die ihm die Mittel verschaffte, eine hochseetüchtige Knorr auszurüsten, mit der er nach seiner Verurteilung eilig aus Oxney floh. Und sicherlich fand er unschwer die für das Schiff erforderliche Mannschaft, eine Handvoll Männer, die nichts zurückließen als ihre gescheiterte Existenz. Einige Jahre zuvor hatte eine Hungersnot Island heimgesucht und manche Familien restlos ruiniert. So gab es immer noch verzweifelte Habenichtse, die bereit waren, jede Chance zu ergreifen.

Drei Sommer und drei Winter fehlte von Eriks Boot jede Spur, und niemand wagte zu mutmaßen, ob es je zurückkommen würde oder längst in der Weite des Meeres gesunken war. Doch das Unglaubliche geschah. Eines Tages, pünktlich mit Ablauf der Verbannungszeit, tauchte das rechteckige rote Segel wieder über der Kimm auf. Erik der Unverwüstliche lebte und hatte seinen Platz in dieser Welt gefunden. Er wollte nicht nur seine Familie abholen und in eine neue Heimat führen, sondern sollte auch das Leben vieler seiner Zeitgenossen für immer verändern und ein neues Kapitel skandinavischer Geschichte aufschlagen.

Im Sommer des Jahres 986 verfrachteten viele Bauernfamilien aus der Gegend des Breidafjords ihr gesamtes Hab und Gut, Hausrat, Sklaven und Vieh, auf eine kleine Armada und vertrauten ihr Schicksal dem Mann an, den sie Jahre zuvor mit Schimpf und Schande aus ihrer Mitte vertrieben hatten. Sie folgten seinem Ruf wie andere nach ihnen dem Flötenspiel des Rattenfängers, und für einige war es wirklich der Weg ins Verderben. Denn elf Schiffe gingen verloren in jenem Gebiet, das heute Dänemarkstraße heißt. Ob alle elf sanken oder einige noch die Umkehr schafften – niemand wird es je erfahren. Vierzehn von fünfundzwanzig Booten aber gelangten unter Eriks Führung ans Ziel.

Die fremde, gebirgige Küste vor Augen, segelten sie südwärts im Strom der Eisberge, bis sich ihnen – entweder um das Südkap herum oder durch den heutigen Prins-Christians-Sund – der Weg zur Westseite Grönlands öffnete. Und hier zeigte ihnen das gewaltige Land, dessen Mitte von einer ungeheuren Eiskappe bedeckt ist, ein freundlicheres Gesicht. Eine Welt unzähliger Schären, verzweigter Buchten und weit ins Land greifender Fjorde tat sich auf. Durch stille Wasserarme glitt die kleine Flotte, in denen es von nahrhaften Lachsen nur so wimmelte und an deren Ufern kostbares Treibholz zuhauf herumlag. Und dann die Innenfjorde: abgeschirmt von hohen Bergen, träumten da grasbewachsene Täler, wogte ein Meer vielfarbiger Blüten in der Sommerluft, und sogar spärlicher Birkenbewuchs war zu entdecken. Und das Beste: Dieses Paradies schien menschenleer. Zwar fanden sich Spuren einer früheren Besiedlung, Reste primitiver Fellboote und Steinwerkzeug, doch keine lebende Seele war zu sehen. Die Nordleute dünkten sich allein, das Land gehörte ihnen. Daß dies nicht immer so bleiben würde, konnte zu diesem Zeitpunkt niemand wissen.

Die Wikinger waren am Ziel, Mensch und Tier konnten in der Weite dieses neuen Landes eine Heimstatt finden. Etwa vierhundert Leute machten sich daran, großzügig verstreut ihre Gehöfte zu bauen, den Boden zu bestellen, ihre Rinder und Schafe zu weiden und das Land zu besiedeln, das Erik ihnen verheißen hatte und das er im Überschwang „Grönland" – Grünland – taufte.

Gewiß kamen sie bald dahinter, daß diese Benennung reinem Zweckoptimismus entsprungen und eine ziemliche Übertreibung war. Die Farbe Grün war in diesem Land in der Minderheit, bedrängt vom Graubraun der Berge und dem gleißenden Weiß des Eises. Und schon bald sollte sich herausstellen, daß die Winter lang waren und entbehrungsreich. Dennoch blieben sie, gefolgt von weiteren Zuwanderern aus Island. Die erste Generation im Lande geborener Grönländer wuchs heran, um das Erbe der Pioniere zu erhalten und zu mehren. Im Lauf der Jahre entstanden zwei größere Siedlungsgebiete, die Österbygd im Süden und nordwestlich davon die Vesterbygd, als deren anerkanntes Oberhaupt (wenn auch als Gleicher unter Gleichen) Erik der Rote für den Rest seines Lebens auf dem stattlichen Hof Brattahlid residierte, an jenem breiten, idyllischen Wasserarm, der von nun an „Eiriksfjord" hieß. Auf Brattahlid aber sollte ein weiterer Entdecker aus der Familie hervorgehen. „Ein großer, stämmiger Bursche, der hübsch anzusehen ist" – Leif Eriksson, den sie später den Glücklichen nannten.

Ein Schlüssel für den Weg nach Westen

Es ist kurz nach vier Uhr früh (günstige Tidenströme stellen sich prinzipiell zu den seltsamsten Zeiten ein), als wir uns aus Vestmanna davonstehlen wie Diebe in der Nacht. Sang- und klanglos zieht der Wanderzirkus weiter, bevor das Dorf erwacht. SHANGRILA schleppt uns vorsichtig aus der Bucht. Gleich um die Ecke trennen wir uns dann von der Nabelschnur, und knallend wie ein letzter Salut steigt das Rahsegel in die Höhe. Wir peilen prüfend zu Thors Gesicht hinauf; es zeigt Runzeln, die ihm nicht stehen. „Facelifting ist angesagt!" befinde ich. Also, das Fall belegt, die Schoten dicht, und schon grinst der alte Knabe prall und freundlich in die Düsternis. Der hölzerne Drache unter ihm kommt in Fahrt und beginnt, kleine weiße Walzen vor sich herzurollen. Peter, der stets seinem überschäumenden Herzen Luft zu machen pflegt, schmettert ein Indianergeheul in den Fjord, das als schauriges Echo zurückkommt.

Am Ausgang, wo wir in den Sund abzweigen, steht unruhiges Kabbelwasser. Eine alte Dünung fängt den Strom ab und wird in kleine, kurze Seen zerhackt, durch die WIKI sich tapfer hindurchschraubt. Sie kämpft wie ein Ackergaul, mutig Boxhiebe mit dem Steven austeilend, bis wir endlich die behäbige Dünung der freien See erreichen. Um fünf liegt der offene Atlantik vor uns, morgengrau, mit verschwommener Kimm. Von Osten dämmert der neue Tag.

Ich weiß nicht recht, ist es der fette Lachs von gestern (den uns Ásgeir Thorvaldsson als „Henkersmahlzeit" von der Lachsfarm mitbrachte), oder beschert mir die hohe Dünung nach längerem Landaufenthalt einen Anfall von Seekrankheit? In diesen ersten Stunden bin ich nicht ganz auf dem Damm. Und offen gesagt wirkt auch Ásgeirs Beerdigungsmiene in mir nach. Als er am Vorabend von der Höhe der Pier in die WIKING SAGA herunteräugte, tat er es mit dem Ausdruck eines Menschen, der schaudernd in eine Gruft blickt.

Nein, ich bin nicht seekrank. Kaum sind die „Regentonnen" hinter uns im Atlantik versunken und die letzten trauerumflorten

108

Bergzacken dem Horizont angeglichen, da schwindet mein Magendrücken rapide. Also war's psychosomatisch. Das trübsinnige Wetter und Åsgeirs Pessimismus waren einfach zuviel für mich. Einige Stunden später sieht die Welt völlig anders aus. Wir machen Rauschefahrt, und die ist immer noch Seefahrers Opium! Wer das mal erlebt hat, so vor dem Wind übers Wasser gefegt zu werden, der weiß, welche elementare Lebensfreude da freigesetzt wird. Mit der rasch wachsenden Distanz von den Färöern beginnen sich die vergangenen zwei Wochen auch schon zu verklären. War eigentlich doch ein eindrucksvolles Land, stellen wir etwas verspätet fest, mit seinen langfingrigen Fjorden und den steilen, blauen Bergen. Bißchen feucht und dunkel zwar, aber so furchtbar auch wieder nicht, oder?

Der versprochene Südwind hat seine Energie erwartungsgemäß bald ausgehaucht, und fast übergangslos setzt ein kräftiger Blasebalg aus Nordost ein: Idealbedingungen! Der Drache reckt seinen langen Hals verwegen westwärts, die läppischen 300 Seemeilen will er wohl auf einen Satz wegputzen. Wir brassen die Rah zur Backbordseite, wodurch Thor seine Grimasse gen Südwesten schneidet, was hoffentlich die Winde abschreckt, die von dort kommen könnten.

Wir laufen mindestens acht Knoten, inzwischen können wir unsere Geschwindigkeit gut einschätzen. SHANGRI-LA hinkt jedenfalls schon wieder hinterher, bummelt weit achteraus am Horizont. Ganz klein sind ihre weißen Segel noch zu erkennen. Ihr Pech. Uns ihrem langsameren Tempo anzupassen geht nun mal nicht, denn wer wollte dieses Urtier bremsen? Wenn unser kleiner Dinosaurier spurtet, daß ihm die Schaumfetzen vom Maul fliegen, dann läßt er sich in keinen Leerlauf oder Rückwärtsgang schalten, dann kann man ihm nur die Zügel freigeben. Denn von einer bestimmten Windstärke an verwandelt sich WIKI in ein Surfbrett. Geht die Gleitfahrt talwärts, steht die Ruderpinne so fest, als sei sie in einen Schraubstock geklemmt. Kurskorrekturen sind nur möglich, wenn das Boot im Wellental verharrt oder gerade wieder angehoben wird. Schießt es vorwärts, geht nichts mehr, man muß es einfach laufen lassen.

Der Wind nimmt stetig zu, Reffen wäre fällig, eigentlich schon seit einer halben Stunde, aber wir drücken uns darum, so lange es geht. Das ist nicht ganz ungefährlich. Läßt man versehentlich das Fall los, das den Querbalken in die Höhe zieht, saust das Ding herunter wie eine hölzerne Guillotine. Darum lautet die Grundregel: Immer schön mit der Ruhe. Wir haben alle Handgriffe bis zur Routine geübt, gleichwohl ist das Exerzieren im Hafen etwas anderes als das gleiche Manöver auf schwankendem Schiff bei hohem Seegang.

„Na, da bin ich wohl wieder dran", seufzt Jürgen schließlich ergeben. Seine Oberarme sind nun mal am besten geeignet, das enorme Gewicht des Segels zu bändigen. In unserer Reffpause kommt SHANGRI-LA ein Stück auf, doch kaum steht das verkürzte Segel im Wind, schüttelt WIKING SAGA den Verfolger erneut ab. Gute, brave SHANGRI-LA, denke ich, mein altgedientes Kutschpferd, das mich um den Globus zog, mit einem Wikingerschiff auf raumem Kurs kannst du nicht mithalten. Von einer Regatta war ja eigentlich nie die Rede gewesen, im Gegenteil, es war abgemacht, schön aufeinander abgestimmt und in Sichtweite zu segeln. Alles graue Theorie! Wer konnte denn wissen, daß ein eher primitiv zu nennendes Holzboot, im tiefsten Mittelalter erdacht und entwickelt, imstande ist, einen modernen Kreuzerkatamaran, der wahrhaftig nicht zu den langsamsten Yachten zählt, einfach stehen zu lassen? Läuft der Drache optimal, dann zeigt er dem Kat nur noch verächtlich das Schwanzende, als wollte er sagen: He, weiter seid ihr nicht gekommen in der Entwicklung des Segelns? Hat sich wohl nicht viel getan in den letzten tausend Jahren ...

Eugen beschäftigen anscheinend ähnliche Gedankengänge. Irgendwann tönt es demoralisiert aus dem Walkie-talkie: „Menschenskinder, ihr laßt uns ja verdammt alt aussehen!" Trotz der harten Lebensbedingungen macht uns WIKI alle drei süchtig. Wir sind ihrem Zauber erlegen. Wie sie davonprescht, eine seifige Blasenspur hinterlassend, weich einsetzt, beschleunigt, weich abfedert, das ist ein Bewegungsablauf von vollendeter Harmonie. Wie viele Yachten habe ich in meinem Leben schon gesegelt – von robusten, ruppigen Böcken bis hin zu launischen, eleganten

Leichtgewichten, die zwar schnell waren, aber auch nur das. WIKING SAGA ist der gelungene Kompromiß, und unter Bedingungen wie diesen hat sie Gelegenheit, ihr ganzes Können zu zeigen. Auch Peter und Jürgen haben wieder diesen fiebrig beseelten Blick wie ganz am Anfang. Besonders Peter als Bootsbauer spürt, welche Begabung, welche Kompetenz, welche Erfahrung in dieser Konstruktion stecken. Für uns alle drei ist WIKI weit mehr als nur ein mechanisches Gerät, ein Gebilde aus toter Materie. Wir würden jede Wette eingehen: Sie lebt. Dieses Meereswesen besitzt Merkmale einer sensiblen Kreatur mit unverwechselbaren Eigenschaften. Und schlau ist es. WIKI weiß genau, wann es ratsam ist nachzugeben. Wenn die Seen sie mit knallharten Schlägen traktieren, spüre ich, wie das Heck sich verformt, wie der ganze Bootskörper sich geschmeidig und elastisch verbiegt. Das wird sogar sichtbar, man erkennt deutlich, wie die Außenplanken den Druck über die Spanten weiterleiten. WIKI ähnelt in ihrer Struktur einem Fisch, dem das Grätenskelett Stabilität verleiht, dessen Leib und Schuppenhaut aber flexibel abfedern können.

Mich wundert überhaupt nicht mehr, daß die Wikinger ihren Schiffen mit Vorliebe Tiernamen gaben, Namen, die sich geradezu aufdrängen: „Schlange" zum Beispiel, und auch der gern angeführte Vergleich mit Wasservögeln, die über einen Teich stieben, ist absolut lebensnah und anschaulich. Fast mit Zärtlichkeit rühmen die rauhen Seefahrer in den Sagas ihre anmutigen, wendigen Wogenrösser, die sie übers Meer trugen, und wir setzen auch diese Tradition fort. Jeder von uns hat auf seine Art ein Liebesverhältnis zu diesem Boot entwickelt. Und so bedarf es auch keinerlei Anweisungen, wenn es um seine Pflege geht. Peter und Jürgen nehmen unbewußt das Gehabe von Eltern an, die ihr einziges Kind verhätscheln und mit fast lächerlichem Stolz die Vorzüge ihres Sprößlings preisen.

Ich selber ertappe mich dabei, WIKIS Eigenarten bis ins kleinste zu ergründen. Beim Rudergehen nehme ich immer wieder erstaunt ihre vertrauenswürdige Kursstabilität wahr. Dank des langen, durchlaufenden Kiels marschiert sie schnurgerade wie eine Straßenbahn, reagiert aber dennoch auf die kleinste Korrektur so präzise wie ein hochentwickeltes Automobil. Irgendwie sind bei dieser Tätigkeit meine Gedanken weitgehend ausgeschaltet, meine Arme und die Pinne werden zu einer Einheit, die so automatisch funktioniert, als bedürfe es dabei meines Gehirns überhaupt nicht. Und so ist es wohl auch. WIKI, der Wind und das Wasser, sie bilden ein perfektes Fortbewegungssystem – und ich, ich halte mich bloß fest. Und bin high.

Vergessen ist Åsgeirs böses Orakel. Alles in mir jubiliert, als wir über den perlenden Schaum dahinjagen, und ich begreife es mit allen Sinnen und jeder Faser meines Körpers: Ja, mit solchen Schiffen, zeitlos in ihrer Perfektion, konnten die Wikinger schon vor Menschengedenken den Ozean überqueren. Was hätte sie hindern sollen? Ein Narr, wer daran zweifelt. Jene Wissenschaftler, die noch bis in die sechziger Jahre hinein nicht recht wahrhaben wollten, daß jemals Menschen des ersten Jahrtausends ihre ziegenlederbekleideten Füße auf den neuen Kontinent setzten, der erst Jahrhunderte später den Namen Amerika erhalten sollte, diese Ungläubigen hätten einmal eine Atlantikfahrt mit so einem Schiff wagen sollen. Alle Zweifel wären verstummt. Statt dessen mußte Helge Ingstad erst die Ruinen von L'Anse aux Meadows in Neufundland ausgraben, und das genügte manchen immer noch nicht.

Doch ich bin nicht angetreten, mich in Expertengezänk zu mischen oder wissenschaftliche Thesen zu untermauern, die keines Beweises mehr bedürfen. Für mich zählt nur eins: die Erfahrung des Segelns in dieser archaischen, unverfälschten Form. Nichts sonst ist mir im Moment wichtig, auch nicht, ob sich aus dieser Expedition jemals Erträge ziehen lassen. Den eigentlichen Gewinn schöpfe ich aus diesen Stunden und Tagen unter dem braungelohten Segel, in denen WIKING SAGA mir wundersame Geschichten erzählt, Geheimnisse aus einer Welt vor unserer Zeit.

Schon jetzt weiß ich, es hat sich gelohnt, dafür alles auf eine Karte zu setzen. Dies zu erleben, habe ich mich zwei Jahre lang durch ein Dornengestrüpp gequält, habe SHANGRI-LA verpfändet und meine Idee einem Heer von Taubstummen vorgetragen, um letztlich doch die Wegbegleiter zu finden, die sich mit meinem

Traum identifizieren konnten. Einige Phantasielose fragten mich nach dem Sinn des Abenteuers, wobei schon die Fragestellung verriet, daß sie dabei an Schwachsinn, Blödsinn, Leichtsinn dachten. Wie sollte ich ihnen begreiflich machen, welchen Reichtum das Erleben der Vergangenheit bedeuten kann? Wahrscheinlich können das nur wenige nachvollziehen – die paar Eigenbrötler etwa, die in den äußersten Hafenecken unzählige Arbeitsstunden und den letzten roten Heller in ihre Museumsschiffe investieren, um ein versunkenes Zeitalter der Seefahrt am Leben zu erhalten. Aber wieso muß ich überhaupt jemandem etwas erklären? WIKING SAGA ist für mich eine geöffnete Schatztruhe, deren Juwelen Erkenntnisse, Einsichten, Offenbarungen sind. Sie zeigt mir, wie lächerlich wenig es braucht, um von Kontinent zu Kontinent zu gelangen: einen schlichten, hölzernen Rumpf, Mast, Segel und Ruder und als Treibstoff den Wind. Nachdem ich bereits mein Leben auf den Meeren dieser Erde verbracht habe, führt mich eine überraschend zeitlose Antiquität zurück zu den Wurzeln der Ozeansegelei, zur Seefahrt in ihrer natürlichsten Form. Es ist eine Reise gegen den Strom der Zeit – doch nur der Weg gegen den Strom führt zur Quelle.

Mir kommt die späte, aber um so überwältigendere Erkenntnis, daß mein jahrzehntelanger Lebensweg nichts anderes war als ein – Rückweg. Das hätte mir einer sagen sollen, als ich mit sechzehn auf meinem ersten Küstenmotorschiff die Holzhäfen Finnlands abklapperte! Nur mit dem 180-PS-Diesel war der kleine, eiserne Pott mit seinen 120 Ladetonnen noch konkurrenzfähig. Richtig fortschrittlich fand ich dagegen die zahllosen Arbeitsschiffe, deren Namen bei mir später zwei vollgeschriebene Seefahrtsbücher füllten und die inzwischen längst den Weg allen Irdischen gegangen sind, auf den Schiffsfriedhof oder in die Schmelzöfen. Erst als der Tag kam, an dem ich auf einen seelenlosen Containerfrachter umsteigen mußte, der mir letztlich die Lust am Seemannsberuf vergällte, wußte ich: Die maritimen hölzernen Sklaventreiber von einst besaßen noch, was den Schiffen im Lauf der Technisierung später verloren ging – Charisma, Charakter, Persönlichkeit. Mit den Yachten jeder Couleur, die ich danach segelte, oft auf Überführungsfahrten, verhielt es sich nicht anders. Was es da nicht alles gab – supermoderne Plastikeimer mit bestechenden Segeleigenschaften und dem Innenleben einer Zahnarztpraxis. Gemocht habe ich nur die, die Rasanz und Luxus durch ein ureigenes Flair ersetzten, und das waren immer die alten. Geliebt habe ich SHANGRI-LA, die nach den heutigen Kriterien nur mehr ein Relikt aus der Pionierzeit des Katamaranbaus ist, ein Fossil, aber ein richtungweisendes, mit dem ich viele Jahre lang meine Vorstellungen von einem hochseetüchtigen Heim verwirklichen konnte.

Doch nichts war je vergleichbar der Magie, die dieses Wikingerboot auf mich ausübt, dessen Prototyp dem Dunkel eines Grabhügels entstieg. WIKING SAGA läßt mich einen Meilenstein der Geschichte wiederentdecken – den Tag, an dem der Mensch die Ketten dumpfer Unwissenheit sprengte und den Schlüssel fand, der ihm die Welt nach Westen öffnete.

Aus Peters Tagebuch:

Freitag, 16. August. Es regnet immer noch, aber das kann uns nun nicht mehr kratzen. In der kommenden Nacht werden wir fahren. In Ruhe wird alles erledigt, was noch zu machen ist. Burghard spricht noch mit dem Hafenmeister, der meint, das schaffen wir mit dem Boot nie. Alle erklären uns für verrückt. Ich bin ganz optimistisch und freue mich darauf. Es beginnen Stauarbeiten. Ich sorge dafür, daß genügend Proviant an Bord kommt, auch sichere ich noch die Seekisten mit Gummistropps.

Am Abend wird mein Geburtstag vorgefeiert. Ich muß einen Augenblick rausgehen, dann brennt eine Kerze, eine Wunderkerze, und ein kleiner Blumenstrauß steht auf dem Tisch. Ringsherum liegen Aufmerksamkeiten, Geschenke und meine verloren geglaubte Harpune, die Jürgen auf der SHANGRI-LA wiedergefunden hat. Von Silke und Burghard bekomme ich Wikingerschmuck und einen Schlafanzug. Wir trinken Rumgrog. Da schon um 03.00 Uhr allgemeines Aufstehen ist, gehen alle anderen um 22.00 Uhr schlafen, nur Jürgen und ich machen gleich durch. Als ich dann die Crew wecke, bin ich ein bißchen duhn ... oh, oh.

114

Nachdem alle hoch sind, kommt Hektik auf, denn wir wollen mit der Tide raus. Wir bunkern vor dem Ablegen noch Wasser. Beim Manövrieren ein Ruck – die Steuerbordmaschine steht. *Ein Tampen in der Schraube!* Jürgen hat vergessen, ihn nach dem Tauchen reinzuholen. Burghard ist sauer, schneidet mit einem langen Messer den Tampen durch.

04.10 Uhr, 17. August. Wir laufen aus. Das Wetter ist gut und relativ warm, die Nacht schön und mild. Auch im Zelt bleibt es warm und trocken. Wir müssen uns beeilen, denn es soll stürmisch werden. Doch dieser Tag verläuft noch ruhig. Zu Beginn meiner Wache um 22.00 Uhr haben wir phantastische Fernsicht und einen schönen Sonnenuntergang. In der Nacht bewölkt es sich, und leichter Wind kommt auf. Er wird stärker – da wissen wir, jetzt ist es soweit.

Es geht gut voran. Wir haben schon 100 sm im Sack. Der Wind wird immer stärker, und die Wellen türmen sich auf. WIKI läuft wunderbar. In der Nacht meldet Eugen, daß auf der SHANGRI-LA die Genua gerissen ist, sie wechseln sie gegen eine kleinere Fock aus. Der Wind wird noch stärker, die Wellen sind riesige Berge. Schaumwalzen überall. Wir fahren noch volles Segel – es geht höllisch ab, eine irre Fahrt. Eugen sagt über Sprechfunk, daß wir zeitweise neun Knoten laufen, das ist für WIKI enorm viel. Ich muß die Pinne mit beiden Händen festhalten, aber es macht einen Heidenspaß! Wir kommen mit Riesenschritten voran.

Die See türmt sich immer höher, manchmal denke ich, WIKI will fliegen. Es knackt und kracht überall. Die Wellen wollen von hinten einsteigen, aber WIKI ist immer ein bißchen schneller. Viel Wasser kommt über. Ich bleibe an der Pinne, Burghard und Jürgen binden zwei Reffs ein. Das ist eine harte Arbeit. Das Segel schlägt mir beim Dichtholen ins Gesicht und auf die Hände. Die Fingerspitzen sind weiß und schmerzen (erstaunlich, wie ruhig WIKI ohne Segel quer in der großen Welle liegt). Das Segel steht wieder, weiter geht die höllische Fahrt. Vor uns öffnen sich Schluchten. Manchmal denke ich, wir fallen hinein, aber WIKI löst das Problem allein. Plötzlich – Burghard und ich sind im Zelt (Burghard am Funkgerät) – steigt eine Welle ein. Oha, denke ich, das Zelt stürzt um, es kracht und

115

knirscht. Über mir nur Wassermassen. Überall kommt Wasser durch, sogar durch die Leinwand. Ich sehe diesen riesigen Wassersack über mir und stemme mich dagegen. Es klappt, und er fliegt wieder raus. Gutgegangen. Aber das Funkgerät hat auch Wasser abbekommen (schlechte Verbindung). Gleich bin ich aus dem Zelt raus nach achtern gesprungen, da ist der sicherste Platz. Jürgen sitzt an der Pinne und sagt: „Ich dachte, wir fallen jetzt seitlich den Wellenberg runter." Aber nein. Danach folgen noch zwei Einsteiger, aber kleine, ungefährlichere.

18. August. Jetzt haben wir das Schiff gut im Griff, aber alles ist total naß. Na ja, kennen wir ja. Es fängt auch noch an zu regnen, aber das stört uns jetzt nicht mehr. Blöd nur, daß es auch eisig kalt wird. Und schlimm, daß alle Handschuhe naß sind. Die Hände frieren zu Eisklumpen. Es wird eine Nacht, in der wir wieder mal fast erfrieren. Keiner von uns macht sich was zu essen – geht auch schlecht, das Brot ist naß und salzig. Plötzlich, wie kann es anders sein, kommt dicker Nebel auf. So ein Mist! Jetzt, wo bald Land in Sicht kommen könnte... Es war ja auf den Shetlands und den Färöern auch so, warum sollte es hier anders sein?

Nach zwei Stunden ein Wunder: Der Nebel ist schlagartig weg, und wir haben eine Supersicht. Der Wind ist auch viel schwächer geworden, nur die große Dünung steht noch. Auf meiner Wache kurz nach 22.00 Uhr sehe ich an Backbord ein breites Wolkenband, sonst blauen Himmel. Es wird gar nicht ganz dunkel, man kann sehr gut sehen und weit. Da entdecke ich in dem Wolkenband hohe Bergspitzen. Um ganz sicherzugehen, beobachte ich genau die Wolken. Ohne Zweifel, es sind Berge. Island! Ich freue mich riesig. Jetzt eine warme Badewanne...

Renates Rache

Es wird ein Landfall, wie man ihn sich nur wünschen kann. Gekrönt von einem hohen blauen Himmel mit vereinzelten Schönwetterwölkchen, prangt uns ein grandioses Bergpanorama entgegen. Schneefelder leuchten von den Gipfeln und hoch-

hochgelegenen Mulden, die sich über graubraune Schutt- und Geröllhänge zum Meer herabsenken. Es ist der 19. August und heller Vormittag. Vor uns liegt eine meerumspülte Himmelsburg, Island, und wir sitzen kreuzlahm und salzig auf unseren feuchten Holzplanken und staunen das Land an, während unsere Klamotten in der Sonne zaghaft zu trocknen beginnen und weiße Krusten ansetzen. Wir staunen das Land an – und sind ratlos. Die Mauern dieser Festung, zerklüftet wie ein gewaltiges Sägeblatt, sind nämlich nicht beschildert. Die Preisfrage lautet: In welcher dieser zahllosen Einkerbungen verbirgt sich die Einfahrt in den Fjord nach Seydisfjördur? Alle sehen ziemlich gleich aus, und von der SHANGRI-LA, die über das aufschlußgebende Kartenmaterial verfügt, fehlt noch jede Spur. WIKING SAGA ist in den letzten vierundzwanzig Stunden einfach vorausgeflogen.

Das Rätselraten wird jedoch noch vor dem Eintreffen unserer Pfadfinder beendet. Zwei Trawler tauchen auf und halten schnurstracks auf uns zu. Die Fischer reiben sich bei unserem Anblick wahrscheinlich die Augen. Schließlich passieren sie uns und starren fassungslos herüber. Wir winken, um zu beweisen, daß wir keine Museumspuppen sind, sondern lebende Wikinger, und da rudern sie ausdauernd mit den Armen. Erleichtert sehen wir den Schriftzug an ihrem Heck: Heimathafen Seydisfjördur. Die kennen die Richtung, nichts wie hinterher! Die Trawler machen einen großen Bogen nach Steuerbord, und ich reiße folgsam die Pinne vor den Bauch, um denselben Kurs einzuschlagen. Also da geht's lang ... Wir sind gut zehn Meilen zu weit südlich auf die Küste gestoßen. Seefahrtsschüler in Navigation wären damit heutzutage durchgefallen, aber für Wikinger finden wir dieses Ergebnis nicht übel.

Zu unserer endgültigen Beruhigung kommt von achtern ein knallrotes Ungetüm auf: die Fähre von Thorshavn, die den Pendeldienst zwischen den Färöern und Seydisfjördur versieht. Nun können wir unser Ziel nicht mehr verfehlen. Leider kommt uns der große Pott ein bißchen sehr nahe, und einige bange Augenblicke stockt uns vor Schreck der Atem. Kleine Leute übersieht man leicht ... Fast scheint es, als hätte uns die Fähre nur zufällig nicht in Grund und Boden gerammt. Als sie vorbeirauscht, wehen Schwaden so nahrhafter Düfte über uns hinweg, daß uns ganz schwach im Kopf wird. Jürgen versucht sich, laut denkend, in einer Art Küchenquiz: „Schweinebraten? Nee, Lammkotelett. Oder Kohlrouladen ... ?"

„Mann, hör' bloß auf", sagt Peter matt.

Fast glauben wir, tatsächlich ins Bordrestaurant sehen zu können: aufwendig gedeckte Tische, an denen lauter beneidenswerte Menschen sitzen – Menschen, die in einem anderen Jahrhundert leben –, umwieselt von dienstfrigen Obern, und sich gesättigt mit blütenweißen Servietten die Mundwinkel abtupfen. Gott, wie kann ich denn solchen Kohldampf haben? Wir haben doch gerade erst jeder eine dicke Scheibe Sülze mit Senf verdrückt, geradezu verschwenderisch garniert mit frischen Zwiebelringen. Doch dieser Hunger kommt gar nicht aus dem Magen, sondern aus einer nicht genau lokalisierbaren Ecke des Gemüts: Es ist die Sehnsucht nach einer kultivierten Welt.

Das Fährschiff brummt weiter und läßt uns ernüchtert im Mief seines verbrannten Diesels zurück. Dann schläft unvermittelt der Wind ein. Am Eingang des Fjords, in dem die Fischer und die Fähre verschwunden sind, bleiben wir mit flappendem Segel liegen. Wie peinlich. Was hätten Wikinger jetzt gemacht? Na klar, alle Mann hätten sich in die Riemen gelegt und die letzten Meilen mit Muskelkraft bewältigt. Mit dreißig Leuten ist das ja auch weiter kein Kunststück, aber mit dreien...? Den Versuch können wir uns sparen. Einer muß sowieso an der Pinne bleiben, und die übrigen zwei könnten zwar auf Teufel komm raus mit den langen Löffeln im Wasser rühren und eine Menge davon aufwühlen – im Hafen lassen sich auf diese Art auch ganz passable Zeitlupenmanöver fahren –, aber wesentlich von der Stelle bringen würden sie uns nicht. Bleibt nur, auf unseren vermißten Hafenschlepper zu hoffen.

Das Segel, im Augenblick zwar nutzlos, lassen wir oben – als Erkennungsflagge für Eugen, sonst übersieht er uns noch. Endlich taucht ein weißes Dreieck auf, das zweifellos mit Maschinenhilfe rasch größer wird, und darunter das orangerote Doppelrumpfboot. „Unsere Kombüse kommt!" jubelt Jürgen, und mir rutschen beim Anblick der SHANGRI-LA ganze Gesteinslawinen von der Seele.

Dann sind sie längsseits. Das heißt, ein paar Meter Abstand müssen gewahrt bleiben, damit die Dünung nicht beide Boote zu einem Sandwich zusammenklatscht. „Da seid ihr ja!" stelle ich fest und sehe es auf den ersten Blick: Auch die da drüben haben alles andere als eine Kaffeefahrt hinter sich. Eugen meint kopfschüttelnd: „Warum hat mir keiner gesagt, daß das eine Wikinger-Gedächtnis-*Regatta* werden soll?" Und mit einem erleichterten Grinsen: „Nett, euch wiederzusehen."

Ein Tampen fliegt herüber, den wir dem Drachen als Schlinge um den Hals legen. Bevor wir uns im Verband aufmachen, winkt Silke, die ihre Krieger kennt, mit der Thermoskanne. „Wie wär's schnell mit etwas heißer Hühnerbrühe?" Schon bei dem Wort fangen wir fast an zu sabbern. Wir können sie kaum erwarten, die bewährte Schmiere, die eingefrorene und verrostete Gelenke wieder auftaut und ölt.

„Immer rüber damit!" Jürgen baut sich in günstiger Position auf. „Keine Bange, ich fang' sie schon."

Und das tut er dann auch. Die Kanne kommt durch die Luft geflogen und landet an seiner kleiderschrankbreiten Brust, von zwei Pranken unverrutschbar arretiert. Das knackende Geräusch, das dabei entsteht, gibt uns allerdings zu denken. Nicht anzunehmen, daß es von Jürgens Rippen herrührt, folglich kann es nur die Kanne gewesen sein. Ich ahne Furchtbares. Vorsichtig dreht Jürgen den Schraubverschluß auf – und auf der Suppe schwimmen nicht nur Fettaugen, sondern auch tausend silbrige Splitter. Schon tröpfelt es unten heraus, weder Kanne noch Inhalt sind mehr zu verwenden.

„Das ist seelische Grausamkeit", sagt Peter. Und Silke meint: „Na, dann kann ich ja noch mal von vorne anfangen."

In blinder Enttäuschung schicken wir den nutzlosen Behälter zu den Dorschen. Das ist Entsorgung auf unfeine Art, aber zu umweltschützerischen Überlegungen sind wir in diesem Moment nicht fähig. Wir wollen nur noch so schnell wie möglich an Land und eine Entschädigung für die entgangene Brühe.

Brummend abgeschleppt von SHANGRI-LAS 60 PS, geht es in den Fjord hinein, wo uns richtig sommerliche Wärme empfängt. Als das Städtchen auftaucht, finden wir es aber doch irgendwie blöd, so hilflos an der Leine hängend anzukommen, hier, in einem der traditionellen Wikingerländer. Kurz vor dem Hafenbecken befreien wir WIKI deshalb von ihrem Halsband, schmeißen den Tampen zurück und ziehen unser schmuckes Segel wieder hoch. So wird unsere Ankunft auch bildschirmwirksam und dem künstlerischen Empfinden unserer Kameramänner gerecht. SHANGRI-LA dieselt derweil voraus an die Pier, und wir, ganz wikingermäßig, pullen aus Leibeskräften. Vergeblich. Gegen die gerade ablaufende Tide ist nicht anzukommen. Nach einer Weile, SHANGRI-LA ist längst vertäut, und unser Gestrampel macht sich gewiß toll für die bereits laufenden Kameras und die ersten zusammengeströmten Schaulustigen, kommt Eugen mit dem Schlauchboot, um unsere Nöte zu beenden.

Auf der Holzpier, unterhalb der in diesen Breiten unvermeidli-

120

chen Fischfabrik, ist dann alles vergessen. Etwas unsicher auf den staksigen Beinen, fallen wir uns der Reihe nach in die Arme. Alex fängt den allgemeinen Ausbruch von Rührseligkeit mit der Kamera ein. Silke balanciert auf einem Holzbrettchen Sektgläser heran, und die ziemlich mitgenommenen, aber glücklichen Wikinger prosten mit geröteten Augen ins Objektiv. Auch Teilerfolge wollen schließlich gefeiert werden.

Die beiden Uniformierten, die wenig später einem blauen Auto entsteigen, treffen uns in bemerkenswerter Stimmung an. Peter ist zu einem übermüdeten, aber seligen Dauerlächler zerflossen, und Silke hat gerade nach einigem Suchen ihre vermißten Kontaktlinsen wiedergefunden. Nichts kann den allgemeinen Frohsinn trüben, und auch für die beiden Ordnungshüter ist noch ein Tröpfchen in der Flasche. Islands Zoll zeigt sich entsprechend kulant, metartige Flüssigkeiten werden für Wikinger unbürokratisch als Grundnahrungsmittel eingestuft. Nichts wird beanstandet, außer – ja, außer daß wir Seydisfjödur mit drohend erhobenem Drachenkopf auf die Pelle gerückt sind. Das, erklärt einer der Beamten, sei in früheren Zeiten bei Strafe untersagt gewesen.

Wie bitte? Jawohl. Als auf dem legendären Thingvellir, einem wilden Lavafeld unweit des heutigen Reykjavik, einst die allererste gesetzgebende Versammlung zusammentrat, man schrieb das Jahr 930, erging so ziemlich als erstes das Verbot, sich „mit stierenden Köpfen und weit aufgesperrten Rachen" der Küste zu nähern. Die Geister des Landes hätten ein derart rüdes Auftreten für Streitsucht halten und verärgert sein können (weshalb wikingische Händler schließlich ganz darauf verzichteten, ihre Frachtboote, die Knorre, mit geschnitzten Fabeltieren zu schmücken). Wahrhaftig, das habe ich irgendwo gelesen, dämmert mir, aber wer hätte gedacht, daß die Geister Islands darauf heute noch Wert legen?

„Respekt", murmelt Peter anerkennend, „Sie wissen aber gut Bescheid." Was dem Gelobten, der beim Thema Landesgeschichte offenbar in seinem Element ist, sichtlich schmeichelt. Prompt kommen wir ins Fachsimpeln über die Epoche, die uns herführte

121

– ein interessanter, in unserem Zustand aber ziemlich anstrengender Dialog. Peter sieht aus, als müsse er beizeiten ins Bett, die anderen lechzen danach, sich im nächsten Schwimmbad zu entspannen, und mich verlangt es, einfach an Bord aufzuklaren und meine Gedanken zu sortieren – allein.

Unser reihum gehendes Gähnen führt jedoch nicht zum erwünschten Rückzug der beharrlichen Ordnungshüter. Aber richtig patzig können wir auch nicht werden, wenn die Exekutivgewalt in Gestalt so ausgesprochen netter Kerle auftritt. In solchen Fällen muß dann und wann zu einem speziellen, natürlich gut getarnten Mittel gegriffen werden. Unsere Geheimwaffe – in Seydisfjördur nach längerer Zeit erstmals wieder angewandt – heißt „Renates Rache" und ist eine Geschichte für sich.

Renate war eine globetrottende Krankenschwester, die 1978 in einem chilenischen Hafen aufkreuzte, wo sie sich bemühte, auf einem der in Frage kommenden Boote eine Mitfahrgelegenheit in die Südsee zu finden. Ihr schließlich erwähltes Taxi war SHANGRI-LA, nur suchten wir keine Mitseglerin. Was Renate nicht davon abhielt, unverdrossen am Ball zu bleiben, getreu der Devise „steter Tropfen höhlt den Stein". Wann immer ihr Weg mit auffallender Zufälligkeit an SHANGRI-LA vorbeiführte, versuchte sie uns mit Bestechung umzustimmen. Bald häuften sich ihre Mitbringsel, wobei es sich in der Regel um Kostproben ihrer eigenhändig angesetzten Liköre und Kräuterschnäpse handelte. Wir nahmen manches hübsch dekorierte Fläschchen dankend entgegen, allerdings ohne als Gegenleistung einen Fahrschein nach Tahiti auszustellen. Der Tag unserer Abreise kam, und Renate schien es uns nicht weiter übelzunehmen, schleppte sogar als Abschiedsgeschenk noch einen Fünf-Liter-Kanister ihrer Spezialmarke an Bord: „Damit ihr was auf Vorrat habt." Viel später, in der Südsee, kosteten wir davon und wußten es beim ersten Schluck, der uns die Augäpfel aus den Höhlen katapultierte: Die generöse Spende war in Wahrheit Renates Rache. Der gelbliche Inhalt jenes schwarzen Plastikbehälters bekam von allen freiwilligen Testpersonen das einhellige Prädikat: ungenießbar.

Es muß Luggi gewesen sein, unser damaliges bayerisches

Bordfaktotum, der in seiner Sammlermanie den Kanister vor der Müllkippe bewahrte. Er meinte, um die darin enthaltenen Spiritusprozente sei es ja doch irgendwie schade. Das Zeug entging also der Vernichtung, und so kam es, daß die grauenvolle Fracht, verbannt unter irgendwelche Bodenbretter, ein Jahrzehnt lang mit um die Welt segelte, was ihr zweifellos den Rest gab. Irgendwann kamen wir darauf, daß der unsägliche Fusel dennoch Wunderdinge vollbringen konnte. Renates Rache avancierte zum Rausschmeißer. Zur Tarnung in eine ausgediente Rumflasche gefüllt und in unscheinbaren Schnapsgläschen kredenzt, erzielt der ungewöhnliche Tropfen bei Vertretern aller Rassen und Nationalitäten zuverlässig die gleiche Wirkung: vorübergehende Atemnot, Basedowsches Hervortreten der Augen sowie eine alles überfließende Röte. Zum Exitus, dafür verbürge ich mich, ist es noch in keinem Fall gekommen. Aber noch selten hat jemand die Contenance aufgebracht, sich von „Renates Rache" nachschenken zu lassen. Meist genügt die liebenswürdige Floskel: „Na, kommen Sie, auf einem Bein kann man doch nicht stehen", um den fluchtartigen Aufbruch einzuleiten. Ganz selten sind die Fälle, in denen wahrhaftig ein zweites Gläschen akzeptiert wurde, und den Rekord hält ein Zöllner in Suva, der Hauptstadt der Fiji-Inseln, der uns mit dem Konsum dreier Gläser aufs tiefste irritierte. Was den Mann zu dieser Leistung befähigte, weiß ich bis heute nicht, doch seine Vorfahren waren Kannibalen, was möglicherweise für einen ungewöhnlich strapazierfähigen Magen spricht.

In Seydisfjördur aber entsinnen sich die beiden Uniformierten schlagartig ihrer dienstlichen Pflichten, und als sie nach überstürzter Verabschiedung ins Auto steigen, tun sie es mit dem erleichterten Ausdruck Überlebender. „Wetten", sagt Eugen, „die sind froh, daß sie nicht als Wikinger geboren wurden, die so was Grausiges trinken mußten." Endlich unter uns, verschanzen wir WIKING SAGA hinter einem großen Brett, das waagrecht von prallen Fendern an die Dalben gepreßt wird. Auf den Trick hätten wir schon früher kommen können.

Rabe mit Kurs auf Gardarsholm

Seydisfjördur – angesichts solcher strapaziös auszusprechender Namen und erst recht beim Anhören eines Gesprächs zwischen Isländern kann man sich vorstellen, daß eine Konversation vor tausend Jahren ähnlich holprig geklungen haben muß. Tatsächlich ist auf der Insel aus Feuer und Eis noch heute ein Idiom gebräuchlich, das sich direkt aus dem Altnordischen ableitet. Die Sprache der Wikinger ist hier, in der Isolation des Nordatlantiks, so weitgehend erhalten geblieben wie nirgendwo sonst.

Die Besiedelung durch die Nordmänner begann etwa um 860, und daß die Insel der Verborgenheit entrissen wurde, war – wie es später auch mit Grönland und „Vinland" der Fall sein sollte – einer Irrfahrt zu verdanken. Im „Landnamabok", der Chronik der Landnahme, niedergeschrieben im 12. Jahrhundert, sind der Hergang der Entdeckung und die Namen ihrer Protagonisten überliefert.

Naddod hieß der Mann mit dem Ruf eines üblen Freibeuters, der eigentlich zu den Färöer-Inseln wollte, wo er sein Piratennest hatte, als ein Sturm ihn 385 Kilometer weiter nordwestlich versetzte. Er landete an einer bizarren Küste, die noch kein Wikinger gesehen hatte. Naddod fand die Gegend allerdings total öde und machte sich wieder davon, sobald Wind und Wetter es erlaubten. Der Schwede Gardar und seine Mannschaft hingegen, die durch ein ähnliches Mißgeschick an die gleichen wilden Klippen verschlagen wurden, nur etwas weiter südlich, legten echten Entdeckergeist an den Tag. Es gelang ihnen, etwa innerhalb eines Jahres die gesamte Insel im Uhrzeigersinn zu umrunden, wobei sie eine Strecke von fast 6000 Kilometern zurücklegten. Der Schwede, nicht unbescheiden, taufte nach dieser wahrlich heldenhaften Leistung die noch namenlose Insel erst mal nach sich selbst: Gardarsholm. Doch so sehr ihn und seine Männer die Naturschönheiten, die sie sahen, auch beeindruckten, sie kehrten dennoch in die Heimat zurück.

Etwa ein oder zwei Jahre später trat Floki Vilgerdarsson auf den Plan, um sich einen Platz in den Annalen seines Volkes zu erobern. Er war der erste, der sich in der festen Absicht aufmachte, auf der geheimnisvollen Insel, von der man sich überall erzählte, seßhaft zu werden. Konsequent verfrachtete er auf seine Knorr, was ihm lieb und teuer war: Sippe, Hausrat und Vieh. Später sollten ihn alle „Rabe" Floki nennen, denn dieser gewiefte Seefahrer, dem die Richtungsangaben Naddods und Gardars etwas zu nebulös erschienen, bediente sich beim Ansteuern des fremden Gestades einer uralten, aber genialen Navigationshilfe. Er machte sich den Orientierungssinn der Vögel zunutze, und zwar der Raben, die, groß und schwarz, vom menschlichen Auge am Himmel besonders gut verfolgt werden konnten. Von Bord eines Schiffes freigelassen, würden sie stets das nächstgelegene Land anfliegen. Und Flokis Rechnung ging auf.

Der erste Rabe, zu früh aus seinem Käfig entlassen, machte kehrt und flog geradewegs zu den Färöern zurück. Demnach lag das Ziel noch zu weit entfernt. Nach einer gewissen Strecke wurde der nächste Käfig geöffnet, aber der zweite Vogel beschränkte sich darauf, einige Kreise über dem Schiff zu ziehen und sich wieder an Deck niederzulassen. Als Floki aber den dritten Raben fliegen ließ, schoß dieser schnurstracks nach Westen davon und leitete das Schiff zum östlichsten Punkt der verheißenen Insel. Am Osthorn angekommen, folgte Floki der Route Gardars südlich um die Insel herum bis in den äußersten Nordwesten. An einem mächtigen, breiten Gewässer, dem heutigen Breidafjord, ließ sich die erste Wikingersippe in der Weite des unbewohnten Landes nieder. Sie weidete ihr Vieh, bestellte das Land und freute sich der üppigen Fisch- und Jagdgründe.

Doch was sich so gut anließ, verwandelte der Winter in eine Katastrophe. Im Hochgefühl des Sommers mit seinem Überfluß versäumte es Floki, genügend Vorräte für die kalte Jahreszeit anzulegen. Als der Frühling anbrach, war sein Vieh verendet. Uneinsichtig, daß das Desaster seine eigene Schuld war, kehrte Floki der Insel enttäuscht den Rücken – nicht ohne ihr den Namen zu geben, der ihr bis heute geblieben ist: Island – Eisland.

Doch Flokis Scheitern hielt andere nicht davon ab, auf seinen Spuren ebenfalls ihr Glück zu versuchen. Innerhalb der folgenden Jahre machte die Kunde von dem großen, menschenleeren Land, in dem angeblich fetter Weidegrund im Überfluß vorhanden war, in ganz Nordeuropa die Runde, und es dauerte nicht lange, bis die Auswanderer in Schwärmen nach Nordwesten aufbrachen. Eine wahre Invasionswelle schwappte über das Meer. Vor allem die Norweger trieb es fort aus dem Machtbereich ihrer despotischen Könige, deshalb stellten sie nach heutigen Schätzungen etwa 85 Prozent der Islandsiedler.

Bei der Verteilung des Bodens ging es zunächst sehr großzügig zu – jeder nahm für sich so viel in Anspruch, wie ihm paßte. Schon bald jedoch mußte die Landvergabe reglementiert werden: Soviel Land ein Mann an einem Tag mit einer Fackel in der Hand abschreiten konnte, sollte ihm gehören, beschloß das Thing (für eine Frau galt die Auflage, bei derselben Prozedur eine Kuh mit sich zu ziehen).

Etwa hundert Jahre nach Naddod und Gardar lebten bereits 60 000 Menschen in Island, und inzwischen war allen klar, daß das Weideland zwar üppig und fett, aber keineswegs im Überfluß vorhanden war. Von den gut 100 000 Quadratkilometern der Insel erwies sich der weitaus größte Teil als unzugängliches Ödland, bedeckt von vulkanischen Gebirgen, Lavaablagerungen und ewigem Eis. Nicht einmal ein Fünftel der Landfläche war bewohnbar und ein noch geringerer Teil für die Viehwirtschaft geeignet. Dennoch wurden die Wikinger zu Isländern. Sie liebten die ungezähmte Schönheit des Landes, das voller Naturwunder ist, und sie liebten die Freiheit, die es ihnen bot. Die schlechten Erfahrungen, die sie aus Norwegen vertrieben hatten, ließen sie zu einer Staatsform finden, die noch Karriere machen sollte: Sie gründeten eine der ersten Republiken der Welt.

Daß die Freibeuterzeiten in Island vorbei seien, widerlegt Jürgen schon am ersten Tag. Ungläubig starrt er auf das Käsesandwich, das er beim Landgang an einer Imbißbude erstanden hat. Die Umrechnerei ergibt, daß der läppische Backentaschenfüller zwölf Mark gekostet hat: „Und dann auch noch so 'n Pappmaché... Die spinnen wohl, die Wikinger!" Peter kann ihn gerade noch davon abhalten, davonzustürmen und das angeknabberte Brötchen

126

zurückzubringen. Wenn in Island etwas gewöhnungsbedürftig ist, so sind es die Preise.

Wir stellen sofort fest, daß es ratsam ist, fortan unsere Einkäufe unter den Bodenbrettern der beiden Schiffe zu tätigen. Und was die Bordbestände nicht hergeben, läßt sich zum Nulltarif aus dem Meer holen. Sich in Island das Mittagessen aus dem Wasser zu besorgen, dauert kaum länger als beim Fischhändler. Mit einem anständigen Beiboot und einem Dorschpilker ausgerüstet, kann man hier unmöglich verhungern.

Sieht man von der Überteuerung ab, die eine landesweite Erscheinung ist und die Jürgen für ein Erbe der habgierigen Wikinger hält, so gefällt uns Seydisfjördur ausnehmend gut. Die 3500 Einwohner zählende Gemeinde, traditioneller Fährhafen und schon um die Jahrhundertwende das Handelszentrum Ostislands, besticht optisch durch ihre schönen alten Holzhäuser. Und von Imbißverkäufern abgesehen, sind die Leute sehr zuvorkommend und noch nicht genervt von einer Touristeninvasion, die anderswo völkerwanderungsähnliche Dimensionen angenommen hat. Ganz anders als etwa in den überfüllten Revieren der Karibik werden im hohen Norden Fahrtensegler nicht als stinkreiche Nichtstuer und ihre Yachten als potentielle Beute betrachtet. Für die Menschen hier ist alles, was sich auf Schiffsplanken abspielt, nur als Arbeit vorstellbar. Wer sich auf See begibt, tut es für Lohn und Brot. Segeln einfach nur als Sport? Das kann man hier keinem so leicht verständlich machen. Wer auf einem Boot herumschippert, sich den rauhen Wind des Atlantiks um die Nase wehen läßt, hat nach Meinung der Isländer dafür gewiß handfeste Beweggründe – und die unsrigen sind für jedermann erkennbar. WIKING SAGA spricht für sich selber. Und wenn sie Fragen aufwirft, dann ganz andere als die sonst üblichen nach dem Woher und Wohin. Die Bewohner dieser Küsten finden in ihr ein Stück ihrer eigenen Identität, denn sie wissen alle: Mit solchen Booten kamen ihre Vorfahren ins Land. WIKING SAGA ist ein Symbol ihrer eigenen Herkunft. Wie gebannt stehen sie und schauen und weiden sich an dem Anblick eines Schiffes, dessen charakteristische Gestalt sie gleichsam in ihren Genen tragen. Was in den Geschichtsbüchern schattenhaft und in den Sagas der Vorstellungskraft überlassen bleibt, liegt nun als plastisches Schaubild an der Pier, ein lebendig gewordener Mythos – als sei's erst gestern gewesen, die Sache mit „Rabe" Floki und wie sie alle hießen...

Über mangelnde Popularität brauchen wir uns deshalb nicht zu beklagen. Binnen Stunden scheint uns die ganze Stadt zu kennen. Und wieder zeigt sich, daß so etwas auch vorteilhafte Seiten hat. Eine Welle der Hilfsbereitschaft und Gastfreundschaft schwappt uns entgegen. Der Hafenmeister stellt kostenlos seine Werkstatt zur Verfügung, damit Silke das zerrissene Segel der SHANGRI-LA nähen kann. Von einer Liegegebühr ist überhaupt keine Rede, das Plätzchen an der Fischereipier gibt's für uns gratis. Und den vielen Einladungen nachzukommen, wird uns in den wenigen Tagen kaum möglich sein. Um aber niemanden vor den Kopf zu stoßen, teilen wir uns in zwei Gruppen auf. Einmal, als wir, die Handtuchrollen unterm Arm, vom Schwimmbad Richtung Hafen zurücktrotten, bremst ein wildfremder Mensch seinen Wagen. „Ihr müßt die Wikinger sein! Einsteigen – ich bring' euch zu eurem Schiff!"

Und dem Tankwart, bei dem wir für SHANGRI-LA Diesel bunkern, ist der hohe Preis wirklich peinlich. Doch ihm fällt, richtig erleichtert, eine gute Lösung ein: „Wißt ihr was, wir rechnen einfach den Heizöltarif!" Plötzlich ist Island für uns gar nicht mehr so teuer.

Die Liste der Freundschaftsdienste ließe sich beliebig fortsetzen. WIKING SAGA öffnet uns alle Türen und Herzen, und wir haben eigentlich nur eine Möglichkeit, uns zu revanchieren: Dreimal täglich erhalten Schulkinder gruppenweise Anschauungsunterricht in Geschichte an Bord. (Und es glaube niemand, daß das nicht in Arbeit ausartet!)

In dem Besucherpulk auf der Pier tauchen auch einige deutsche Landsleute auf, Touristen der selteneren Art: drahtige Typen mit Rucksack und Wanderstiefeln, mit Geländefahrrad oder Jeep. Sie machen uns den Mund wäßrig mit ihren Berichten über Geysire und Gletscher, gewaltige Berge und einsame Hochtäler. Keine Frage, was Island zu bieten hat, liegt außerhalb seiner Städte:

Landschaft im Urzustand, grandios und unerschlossen und brodelnd von geheimnisvollen Kräften. Doch der Verlockung, all diese Wunder anzuschauen, müssen wir widerstehen. Für die nächsten Tage ist Südwestwind angesagt, und auf unserem derzeitigen Nordkurs ist uns der hochwillkommen. Also gilt es, startbereit zu sein. Noch ein letzter Gang in die Sauna zur Vorbeugung gegen neuerliche Rheumaattacken, noch mal ausgiebig heiß duschen, und dann, am dritten Tag, laufen wir wieder aus – zur Freude des zahlreichen Publikums diesmal nicht zu nachtschlafender Stunde, sondern nachmittags um vier und unter vollen Segeln.

Um Islands Nordostkap

WIKI marschiert. Islands Silhouette, eine ausgedehnte Skyline massiger grauer Gebirge, haben wir gut fünf Meilen entfernt an Backbord. Dichter unter Land zu segeln, hat sich als wenig zweckmäßig erwiesen. Die hohen Berge schirmen den Wind ab – was ihn nicht hindert, dann und wann in blitzartigen Fallböen von den Höhen auf uns herunter zu knallen. Und kommen wir an einer Fjordöffnung vorbei, müssen wir mit heftigen Preßluftstößen von der Seite rechnen, die uns kaum Zeit lassen, die Schoten loszuwerfen. Das ruhigere Wasser unter Land würde also paradoxerweise viel mehr Arbeit und Wachsamkeit verlangen als die bewegte offene See. Wir bleiben deshalb lieber weiter draußen, wo wir für die Schaukelei mit einer stabilen Windrichtung belohnt werden und mit der Gewißheit, daß sich die Tidenströme nicht so stark auswirken.

Bei uns ist der Platz noch etwas knapper geworden, denn vor dem Auslaufen aus Seydisfjördur ist Alex samt seiner Filmausrüstung auf die WIKING SAGA umgestiegen. „Ich brauche Nahaufnahmen", hatte er kategorisch erklärt, „mit der Kamera mittendrin." Schließlich ist die filmische Dokumentation ein nicht unwesentlicher Aspekt unserer Reise. Also rücken wir zusammen, und es müssen tolle Bilder sein, die Alex heute in den Kasten kriegt. Das Wetter ist nicht nur trocken, der Abend wird auch noch von einem herrlichen Sonnenuntergang beleuchtet. Ebenso dekorativ geht der Mond auf, und als Krönung flackert in grandiosen Streifen das Nordlicht am Nachthimmel. Peter ist ganz hingerissen, während er uns für einen späten Imbiß Wurstbrote schmiert (auf denen er mal wieder so reichlich Zwiebeln und Knoblauch verteilt, daß wir scharenweise Vampire verjagen könnten). Überhaupt spüre ich, wie intensiv und bewußt er alles in sich aufnimmt. Er hätte gar keine Vorstellung davon gehabt, wie groß Island ist, stellt er jetzt fest („Das konnten die Wikinger ja überhaupt nicht verfehlen") – und wie menschenleer. Tatsächlich scheinen Meilen um Meilen dieser felsigen Küste von keinen anderen Lebewesen als Möwen bewohnt zu sein.

Vom Nordostkap sehen wir das Leuchtfeuer blinken. Weit streckt sich diese gebirgige Landzunge ins Mer, wie ein Finger nach Osten weisend. Ein natürliches Denkmal, das daran erinnert, woher einst die Bewohner der Insel kamen. Rabe Floki, denke ich, und alle, die ihm nachfolgten, hätten so einen Leuchtturm als Wegweiser bestimmt sehr nützlich gefunden. Wir allerdings hätten ihn besser als Warnblinkanlage auffassen sollen.

Denn kaum liegt das Feuer in einigem Abstand achteraus, geht eine wilde Knüppelei los. Die schöne, trockene Bilderbuchsegelei findet ein jähes Ende. Es bläst uns jetzt voll auf die Nase, und jeder Segler weiß, was „gegenan" bedeutet, wenn man nur mit einem Rahsegel ausgestattet ist. Höher als 70 Grad an den Wind zu gehen, ist zwecklos, sonst wird die Abdrift so stark, daß wir uns zu weit von der Kurslinie entfernen. Es heißt also jetzt höllisch aufpassen, daß WIKI sich nicht mehr seitwärts als vorwärts bewegt.

Ich frage mich, wieso die Nordmänner, diese einfallsreichen Praktiker, eigentlich keine Seitenschwerter an ihren Schiffen hatten; im Augenblick wäre das für uns der reinste Segen. Aber vielleicht sind wir, die Vertreter einer schnellebigen Zeit, auch nur zu unduldsam gegenüber den Naturgewalten. Hatten die alten Seeteufel einfach einen längeren Atem, um gelassen auf raume Winde zu warten? War ihr Respekt vor den Mächten Thors so groß, daß sie sich ihnen klaglos beugten? Fragen, immer wieder Fragen. Doch die Schatten der Vergangenheit bleiben stumm, Geheimnisse dieser Art geben sie nicht preis. Dabei ist ihre Gegenwart auf WIKIS Planken manchmal fast greifbar. Dann ist mir, als sähe ich sie auf den Seekisten sitzen, eingehüllt in ihre grob gewebten Umhänge; ihre langen Haare, kaum gebändigt von Lederkappen und Fellmützen, wehen im Wind. Und ich spüre ihren verhaltenen Spott, sehe sie schmunzeln über die amateurhaften Bemühungen dieser Imitatoren aus dem zwanzigsten Jahrhundert. Zuweilen brechen sie sogar in wieherndes Gelächter aus, wenn wir blutigen Anfänger uns allzu tölpelhaft anstellen.

Immer wieder heißt es aufkreuzen, sich in engen Zickzackschlägen vorankämpfen, doch die Meilen nach Westen sammeln sich nur langsam an. Unzählige Male wird in dieser Nacht das Kommando: „Klar zur Wende!" in den Wind gebrüllt und das Segel rundgebraßt. Immer abwechselnd kann Thors Fratze darauf die Küste betrachten oder den Blick auf die offene See genießen.

Bis zum Morgen haben wir längst wieder Überschwemmung an Bord. Wir nehmen soviel Wasser über, daß der ganze Konservenvorrat in der Bilge schwimmt und schabende, murmelnde Geräusche verursacht. Peter meint, es wäre nicht verkehrt, einen Schlauch mit größerem Durchmesser an die Pumpe anzuschließen, damit sie mehr schafft. Jürgen ist heute mal wieder gegen alles, und Alex, still und blaß, hält sich an seine Kamera. Als er die Wachablösung zwischen Jürgen und Peter filmt, vereitelt die hochgehende Dünung Peters würdevollen Auftritt und läßt ihn auf allen Vieren aus dem Zelt fallen. „Schnitt!" protestiert Peter. So wolle er nicht ins Fernsehen, die Einstellung müsse wiederholt werden. Ich bin froh über die Ablenkung, aber es ist klar, daß sich die allgemeine Laune einem Tiefpunkt nähert. Wir haben es alle satt.

„Lassen wir's", sage ich schließlich. „Das Abrackern bringt ja doch nichts. Der nächste Hafen ist unserer."

Etwas Erfreulicheres hätte ich ihnen kaum mitteilen können. Mich strahlen drei dankbare Gesichter an, als hätte ich gerade den Beginn der Sommerferien verkündet. Eugen auf der SHANGRI-LA wird über Funk zu Rate gezogen und meint, der nächste erreichbare Ort sei Rauhfarhöfn. Daß man diesen Namen „Röiwahöfn" ausspricht, können wir ja nicht wissen. Ist jetzt auch nicht wichtig. Darüber wird uns erst Pall aufklären, Pall Jormar.

Safari in einer Mondlandschaft

Er ist das erste lebende Wesen, das wir in dem kleinen Hafen weit und breit ausmachen. Das heißt, zuerst fällt uns der frisch gemalte Kutter auf, der offenbar zur Überholung hoch auf dem Trockenen liegt. Oben drauf, ganz für sich allein, werkelt ein Mann herum. Als er unser Schiff mit Kurs auf den Anleger entdeckt, sehen wir ihn perplex innehalten und sich den Bart kraulen. Dann ist er mit einem Satz bei der Leiter, nimmt abwärts zwei Sprossen auf einmal und kommt uns zum Ende der Pier entgegengerannt, wo er sich aufbaut und aufgeregt mit den Armen fuchtelt: „Hierher! Immer her, jawohl, hierher!"

Was kann es für Segler Praktischeres geben, als in einem unbekannten Hafen von einem Platzanweiser empfangen zu werden? Und Pall Jormar, ein ausgemergelter Kerl in mittleren Jahren, Fischer mit Leib und Seele, wird sich nicht nur mit diesem freundlichen Empfang, den er uns bereitet, ein bleibendes Andenken erwerben. Nie wird später von „Röiwahöfn" die Rede sein, immer heißt es nur: „Damals, als wir bei Pall waren…"

Pall Jormar betritt die WIKING SAGA mit einer Miene, die man schlicht als andächtig bezeichnen muß. „Great", sagt er nur, „großartig!" Da ist er wieder, dieser verklärte Schimmer in den Augen, mit dem die Nordländer unserem Schiff begegnen. Und sofort wird alles mit Kennerblick unter die Lupe genommen. Bewundernd fährt er mit der Hand über die Linien des Holzes, begutachtet die Mastverankerung, bestaunt die Muster der Schilde und den Drachenkopf. Wir bedauern, ihm keine gemütliche Sofaecke anbieten zu können, erklären ihm aber, daß unsere gute Stube jeden Moment nachkäme.

Und wie gerufen steuert Eugen auch schon in die Hafeneinfahrt, die Fender bereit, um neben WIKI längsseits zu gehen. Nun muß Pall natürlich den Katamaran von innen besichtigen, und nachdem das erledigt ist, sitzt er mit am Tisch, denn jetzt schlägt, unabhängig von Tageszeit und Stunde, bei uns der Gong zum Mittagessen. Silke kennt die Bedürfnisse ihrer Kostgänger. Ich weiß nicht, wie sie das immer hinkriegt, aber hundert Meter vor der Hafenmole ist stets das Essen gar, und kaum sind alle Tampen festgemacht, stehen die Teller auf dem Tisch.

Pall kommt der Aufforderung, mit uns zu essen, ein bißchen schüchtern, aber sichtlich gerne nach. Nur als ich ihm ein Bier einschenken will, lehnt er dankend ab – und zwar mit einer Offenheit, die uns noch einige Male verblüffen soll und uns in diesem Augenblick die Sprache verschlägt. „Danke", sagt Pall, „Bier ist nichts für mich. Ich bin Alkoholiker."

Alle vergessen eine Sekunde das Kauen. Peter legt seine Gabel nieder und meint, Pall nicht richtig verstanden zu haben. Doch unser Gast fährt ungerührt fort: „Keine Sorge, ich bin schon zwei Jahre trocken. Ist mir allerdings ziemlich spät gelungen. Erst nachdem ich meine Familie in den Abgrund gesoffen hatte."

Soviel schonungslose Offenheit macht ein bißchen befangen. Wir merken jedoch schnell, daß diese Befangenheit nur auf unserer Seite besteht. Für Pall Jormar ist es völlig normal, über die dunkelste Zeit in seinem Leben so beiläufig zu sprechen, als sei vom Wetter die Rede. Dies gehört offenbar auch zu der Therapie, mit der er es schaffte, den Abgrund hinter sich zu bringen. Unser Befremden ist jedenfalls ganz unangebracht.

Bis zum Kaffee, mit dem wir die Mahlzeit genüßlich beenden, hat Pall für uns bereits die nächsten zwei Tage programmiert. „Also, ihr nehmt meinen Lada und seht euch die Gegend an. Ich brauche den Wagen im Moment nicht, hab' noch genug am Boot zu tun." Auch die Route steht schon fest: „Ihr fahrt die Straße nach Süden, bei der Gabelung rechts weg und dann so weit südwestlich, bis ihr wieder nach Süden abzweigen könnt. Auf dieser Straße kommt ihr direkt zum Dettifoss." Den, meint Pall, muß man gesehen haben, er sei der größte Wasserfall Islands. „Manche sagen ja, der Gullfoss sei der schönste, aber der Dettifoss führt die größte Wassermenge."

Widerstand ist zwecklos, und wir beugen uns dem Marschbefehl nur zu gern. Ist ja wahr, was kriegen wir sonst von Island schon groß zu sehen? Immer bloß den Rand. Peter und Jürgen sind ganz überwältigt von diesem selbstlosen Freundschaftsdienst. „Ich meine", sinniert Peter, „der gute Mann kennt uns doch überhaupt nicht..."

Und ich denke zum wiederholten Male, daß es nicht zuletzt dieser besondere Menschenschlag ist, der mich immer wieder in die Länder des Nordens zieht.

Am anderen Morgen um acht steht der Lada auf der Pier, vollgetankt. Pall steckt noch kurz den Kopf zur SHANGRI-LA herein und erklärt: „Der Schlüssel steckt, Landkarten findet ihr im Handschuhfach!" Grinst mit sichtlicher Befriedigung in unsere Frühstücksrunde und verschwindet. Aber nach drei Sekunden geht die Tür noch einmal auf: „Ach ja, und seht zu, daß ihr um sieben zurück seid."

„Brauchst du dann den Wagen?"

„Nee, dann ist bei uns das Essen fertig. Ihr seid eingeladen!"

Mit aller Gewalt gehen sechs Personen in den Lada, aber nicht sieben. Als feststeht, daß wir nicht alle fahren können, behauptet Eugen steif und fest, das käme ihm sehr gelegen; er bliebe nur zu gern als Bordwache zurück. „Bin richtig froh, wenn ich mal meine Ruhe habe." Das ist Eugen, immer bereit, für andere zurückzustehen. Also vertreibt er sich heute die Zeit in dem 400-Seelen-Nest, und wir anderen holpern zusammengepfercht über Schotterstraßen in südliche Richtung davon.

90 Meilen über rauhe Pisten durchs Gebirge – das ist in Island eine halbe Safari und ohne Vierradantrieb ein Ding der Unmöglichkeit. Und selbst ein geeignetes Fahrzeug ist, wie sich bald erweisen soll, durchaus keine Sicherheitsgarantie. Die Fahrt scheint direkt in die Wolken zu führen. Wir kurven durch eine düstere, aber grandiose Mondlandschaft, und die ansteigende Straße bringt uns dem feuchten, dunklen Gewölk, das die Berge bedeckt, immer näher. Jedesmal, wenn wir zum Filmen und Fotografieren aussteigen, können wir gar nicht so schnell klappern, wie wir frieren.

Nach einer guten halben Stunde liegt in der Ferne, wo die Straße am Horizont zu einem dünnen Strich zusammenläuft, irgend etwas Unförmiges im Weg. Minuten später entpuppt sich der Klumpen als ein umgekipptes Auto. Ein Toyota Landrover versperrt, auf dem Dach liegend, die Straße. Uns stockt das Blut. Der Wagen ist etwa auf die Hälfte seiner Höhe zusammengeknautscht. Das sieht böse aus. „Oh", sagt Peter beklommen, „da ist keiner mehr rausgekommen..."

In so einem Moment überstürzen sich die Gedanken: Hilfe leisten – aber wie? Schlagartig wird uns bewußt, daß ein Unglücksfall, welcher Art auch immer, an einem solchen Schauplatz, fern jeder Zivilisation, eine ganz andere Dimension erlangt als unweit der nächsten Autobahn-Notrufsäule. Wir steigen aus in der schrecklichen Erwartung, in dem Wrack zerquetschte Opfer zu finden.

Da erhebt sich auf einmal hinter dem Schrotthaufen ein junger Mensch, der auf der Böschung neben der Piste gesessen haben muß. Wir bräuchten im Wagen nicht weiter zu suchen, meint er in sauberem Englisch, außer ihm sei niemand drin gewesen. Er müsse wohl am Steuer eingeschlafen sein. Deshalb sei der Rover auf die weiche, federnde Seitenböschung geraten und habe sich überschlagen.

Völlig platt betrachten wir den Glückspilz. Er blutet leicht an der Hand, wirkt aber sonst völlig intakt. „Der kann heute Geburtstag feiern", murmelt Jürgen. Wie in aller Welt konnte jemand dieses Desaster heil überstehen?

„Weiß ich auch nicht." Der Bruchpilot zuckt die Achseln. „Bin durch die Heckscheibe raus, dabei hab' ich mir ein bißchen die Hand angekratzt." Dann mustert er uns der Reihe nach mit einem etwas merkwürdigen Ausdruck und stellt mit einem Blick auf den Lada fest: „Das ist Palls Auto."

Ich muß beinahe losprusten. Soviel Landschaft und so weit verstreute Menschen – aber jeder kennt jeden und jedermanns Auto obendrein! Nun gilt es, dem möglichen Mißverständnis vorzubeugen, daß wir den Wagen geklaut hätten. „Richtig", sage ich, „den hat Pall uns geliehen, damit wir zum Wasserfall fahren können."

Im stillen denke ich, daß es im Moment wohl Wichtigeres zu klären gibt, und forsche die ganze Zeit bei dem Burschen nach Anzeichen eines Schocks. Er steht so lässig da und plaudert ganz entspannt – das ist irgendwie nicht normal. Peter hat denselben Gedanken: „Wir bringen dich zu einem Arzt."

„Mich? Wieso?" fragt er sehr erstaunt. Nein, er sei völlig in Ordnung, und außerdem kämen gleich Freunde von ihm. Als wir immer noch zögern, ihn bei seinem Blechhaufen zurückzulassen, meint er, wir sollten lieber bald weiterfahren, der größere Teil des Weges liege noch vor uns.

„Und deshalb", sagt dieser Mensch, der soeben seinem Sarg entstiegen ist, „sehen wir jetzt mal, wie ihr da am besten vorbeikommen könnt. Zu blöd, daß der Toyota die ganze Fahrbahn blockiert! Und das Gelände neben der Straße ist ziemlich moorig. Aber es gibt tragfähige Stellen." Einen Moment später liegt er bäuchlings auf der Erde und lotst uns um dicke, binsenartige Grasbüschel herum, die aus sumpfigem Grund wachsen. Erst als wir hinter dem Hindernis wieder die feste Piste unter den Rädern haben, verabschiedet er sich.

Tatsächlich wird es früher Nachmittag, bis unser Ziel erreicht ist. Die mühsame, rumpelige Fahrt führt durch bergiges, menschenleeres Land, das laut Pall kürzlich zum Naturpark erklärt wurde. Schließlich muß der Wagen zurückbleiben, und das letzte Stück geht es zu Fuß über einen schmalen Pfad. Wieder merken wir, daß wir falsch angezogen sind. Ein bitterkalter Wind jagt düstere, regenschwere Wolken über den Himmel, fährt durch unsere undienlichen Sportjacken und nagt am Gebein. Es ist schon kurios: Auf See wissen wir meist ziemlich genau, worauf es ankommt, aber für Landausflüge mangelt es uns am nötigen Knowhow. Alle Klamotten, die geeignet wären, Wind und Wasser abzuhalten, sind an Bord zurückgeblieben.

Auf einmal sind wir nicht mehr allein. Eine Herde Bustouristen – weiß der Himmel, aus welcher Richtung die plötzlich gekommen sind – stapft denselben Weg entlang. Und dann tost er uns plötzlich entgegen, der gewaltige Dettifoss. In Zahlen: Auf einer Breite von etwa 100 Metern stürzt die Jökulsá mit 193 Kubikmetern pro Sekunde aus 44 Metern Höhe in eine wilde Felsenschlucht hinab. Der Lärm der graubraunen Wassermassen ist ohrenbetäubend und die Nässe im Umkreis total. Auch aus dem Abgrund der zerklüfteten Klamm, die der Fluß in Jahrmillionen ins Gebirge fräste, stauben weiße Wasserschleier herauf. Daß sich jetzt auch noch die Wolken eines Schauers entledigen, fällt kaum mehr ins Gewicht. Wir denken zunehmend zerknirscht an unser Ölzeug, das sich in Rauhfarhöfn befindet.

Die Leute aus dem Bus haben natürlich gewußt, wie man einem solchen Naturschauspiel begegnet – es wimmelt von knallbuntem Regenzeug –, aber die haben ja auch die Erfahrung weitgereister Experten. Einer stellt schreiend Vergleiche an mit allem, was an berühmten Wasserfällen in Kreuzworträtseln vorkommt, und uns treffen mitleidige Blicke ob unserer Unwissenheit.

Alex und Werner sind die einzigen, die das Frieren fast vergessen, denn für sie ist dieser Ausflug mit Arbeit verbunden. Sie sind emsig damit beschäftigt, die gewaltige Schönheit des Dettifoss für unseren Film festzuhalten.

Peter mahnt zum Aufbruch. Und wie sich zeigen soll, ist er mal wieder derjenige, der das richtige Zeitgefühl hat. Zurück nehmen wir die Ringstraße, die die Halbinsel Melrakkaslétta umrundet, in entgegengesetzter Richtung, wobei wir jedoch keineswegs Zeit sparen, wie wir glaubten, da Peter und Jürgen unterwegs Blaubeeren und Birkenpilze entdecken. Erst als in Silkes Rucksack nichts mehr hineingeht, geben sie sich zufrieden. Dennoch ist es Punkt sieben Uhr, als wir etwas ramponiert vor Palls Tür halten, und auch Eugen ist gerade eingetrudelt.

Palls Frau lernt erst jetzt die sieben Leute kennen, für die sie den ganzen Tag in der Küche zugebracht hat. Hungrig wie ein Rudel Wölfe, gehen uns die Augen über, als wir sehen, was da aufgetischt wird – das Beste, was Island zu bieten hat. Es wird ein Festessen, an dessen Ende uns allen der Magen schiefhängt von Krabbensalat, verschiedenen Fischdelikatessen und einer köstlichen Wildgans. Auch alkoholfrei schlägt die Stimmung hohe Wellen.

„Morgen bin ich euer Chauffeur", eröffnet uns Pall zum Schluß. „Wie wär's, wenn wir mal die Küste abfahren, an der ihr mit den Schiffen entlang müßt? Ist doch ganz interessant, die Route schon von Land aus zu sehen."

Vorschlag angenommen. Diesmal erklären sich Werner und Jürgen zum Verzicht bereit, dafür kommt Eugen mit.

Pall Jormar, auf den ersten Blick nichts anderes als ein Fischer, entpuppt sich als ein wahres Phänomen. Als Fremdenführer ist er unglaublich beschlagen. Zu beinahe jedem Tal, jedem Flußlauf gibt es in Island eine Geschichte, die in der Grauzone zwischen Legende und Historie wurzelt, und Pall kennt alle auswendig. Isländer haben den Vorteil, den grandiosen Literaturschatz der altnordischen Sagas im Original lesen zu können, so wenig hat sich die Sprache im Lauf der Jahrhunderte verändert. Aber auch auf Fragen zur Gegenwart bleibt Pall keine Antwort schuldig.

„Was sollen die eigentlich?" Ich kann mir keinen Reim machen auf all die seltsamen bunten Fähnchen, die auf den kleinen Grasinseln inmitten der zahlreichen Tümpel und Teiche wehen. Etwa einen Meter über dem Boden angebracht, flattern sie an langen Schnüren im nimmermüden Wind. So etwas habe ich noch nie gesehen.

Natürlich weiß Pall, wozu das gut ist. „Damit werden die Eiderenten angelockt – und gleichzeitig die Raubmöwen ferngehalten." Er selber hat wie viele andere eine solche Kolonie kleiner Inseln gepachtet, denn das Geschäft mit den begehrten Eiderdaunen bringt einen einträglichen Nebenerwerb. „Der Witz dabei ist", grinst Pall, „daß eigentlich die Vögel die Arbeit haben."

Die unter Schutz stehende Eiderente zupft sich ihre berühmten zarten Federn aus, um damit ihr Gelege auszupolstern. Hat sie das gerade geschafft und sich zum Brüten niedergelassen, schleicht sich der skrupellose Pächter an, hebt das Weibchen mal kurz hoch und beraubt es der weichen Unterlage. Als Ersatz wird schnöde trockenes Gras untergeschoben. „Das lassen die sich seelenruhig gefallen", behauptet der Daunenklauer. „Sie sind überhaupt nicht scheu, ihr Sonderstatus muß ihnen wohl bewußt sein."

Mit der Grasunterlage sei die verwöhnte Ente aber auf Dauer nicht zufrieden, was sie veranlaßt, sich aufs neue die Brustfedern auszuzupfen. Für den Sammler ist also die nächste Ernte schon gesichert. „Du mußt nur viel Geduld haben", räumt Pall ein. „Hast du mal gesehen, wieviel das ist, ein Kilo Federn? Wahnsinnig viel! Aber immerhin gibt es dafür ungefähr tausend Mark."

Im Lauf des Tages unterhält und verblüfft uns Pall mit den tausend Dingen, die er weiß. Die Menschen dieser kargen Insel, die ihren Lebensunterhalt mit eher weniger intellektuellen Tätigkeiten bestreiten, gelten als das Volk mit dem höchsten Bücherkonsum. Es heißt, wenn im Winter die Kutter aufliegen, der Fischfang ruht und die 600 000 Schafe damit beschäftigt sind, Wolle anzusetzen, werden die 254 000 Isländer zu einer Nation von Lesern. Mir scheint dies die leicht abgewandelte Fortsetzung einer alten Tradition zu sein: der des Geschichtenerzählens und -hörens. Das nämlich galt schon als Lieblingszeitvertreib in Wikingerfamilien.

Pall referiert nicht nur kenntnisreich über Fisch-, Wal- und Robbenfang, über die See, das Wetter und die Meeresströme, sondern mit großer Wissensfülle auch über den Rest der Welt. Und sein Lerneifer ist ungebrochen. Über die Wikinger kann man ihm nichts Neues erzählen, dafür quetscht er mich über meine Weltumsegelung aus, und ich merke schnell, daß er jedes Gebiet auf dem Globus als Landkarte im Kopf hat. „Neuguinea? Ach ja, das ist diese große Insel nördlich von Australien. Gehört zur Hälfte zu Indonesien, nicht?" Bei Jürgen fällt vor Bewunderung die Klappe runter.

Was unsere Weiterfahrt mit WIKING SAGA angeht, so tutet Pall voll und ganz in Åsgeirs Horn: Er habe die allergrößten Bedenken. Es grenze ja an ein Wunder, daß wir mit diesem Winzling nicht schon vor Island abgebuddelt sind. Weiterfahren hieße nun wirklich das Schicksal herausfordern.

„Aber abzuhalten seid ihr davon wohl nicht?"

So ist es.

„Na schön", seufzt Pall und beugt sich nach unserer Rückkehr über die Seekarte auf dem Kartentisch der SHANGRI-LA. „Dann schaut mal her, ich mache euch ein paar Notizen." Er greift zum

Bleistift, und bald ist die ganze Nordküste Islands mit gekritzelten Kommentaren gespickt: hier die Markierung eines besonders günstigen Ankerplatzes, dort die Adresse von einem, der was von Motoren und Elektrik versteht. Pall zeichnet und schreibt, bis unsere Seekarte zu einem völlig neuen Werk geworden ist – Hafenhandbuch, Reiseführer und Adressenverzeichnis in einem. Es ist eine Fülle von Informationen, die Pall aus dem Handgelenk schüttelt, als wär's nichts weiter als der Tascheninhalt seines Overalls.

„Mir scheint", sage ich, „du hast unser Unternehmen zu deiner persönlichen Angelegenheit gemacht?" Da nickt Pall ganz ernsthaft und gibt zu, am liebsten würde er uns ein Stück begleiten – wenigstens bis „ums Horn herum". Von der nördlichsten Spitze Islands spricht er wie jeder Fischer hier so ehrfürchtig wie früher die alten Fahrensleute vom Kap Hoorn, der legendären Südecke Südamerikas. Gern wüßte er uns bereits sicher und wohlbehalten jenseits des Horns. Danach allerdings kommt immer noch die Dänemarkstraße, und bei dem Gedanken kriegt Pall – nicht als erster – richtige Sorgenfalten. Island sei doch schon ein stolzes Ziel, meint er. Ob es denn unbedingt Grönland sein müsse? Nein, sage ich, es muß *Amerika* sein – wenn auch erst im nächsten Jahr. Leif schaffte es, und wir schaffen es auch.

Zwei Tage später, ich bin eben im Begriff, einen randvollen Eimer Dorsche zu filetieren, springt Pall an Deck der SHANGRI-LA. „Leute! Ihr müßt starten, es kommt Ostwind!"

Da fällt mir ein, daß ich zum erstenmal den obligatorischen Anruf bei Erdmann vergessen habe. Aber wozu brauchen wir auch einen Wettercomputer, solange wir Pall haben?

„Meinst du wirklich?" Gerade war alles so gemütlich. An Bord hat sich, gefördert durch Palls zahlreiche Freundschaftsdienste, der Hafenschlendrian eingeschlichen. Wie schnell man sich doch an Bequemlichkeiten gewöhnen kann! Ich ahne, wieso die Grönlandfahrer vor tausend Jahren manchmal unterwegs mehrmonatige Pausen einlegten – sicher nicht nur des Wetters und der Jahreszeiten wegen. Von Leif Eriksson heißt es, daß er mal auf den Hebriden hängengeblieben sei, eigentlich nur wegen schlechten

Wetters. Und ehe er sich von den Annehmlichkeiten des Landlebens wieder lösen konnte, brach der Winter an. Ein folgenreicher. Als das Eis schmolz, überraschte ihn Thorgunna – ein Mädchen „von hoher Geburt", wie die Saga berichtet – mit der Nachricht, daß er Vaterfreuden entgegensah. Für Leif, den Heros einer ganzen Epoche, war das Anlaß genug, beim ersten Frühlingssonnenstrahl Segel zu setzen. Generös ließ er ein paar Trostpflaster aus seinem Bordfundus zurück: einen Goldring, einen grönländischen Wollmantel und einen Gürtel aus Walroßelfenbein. Die Dame aber fühlte sich nicht zur Alleinerziehenden berufen. Das Ergebnis dieser Kursabweichung, ein Knabe, wurde dem großen Wikinger später per Seefracht nach Grönland nachgeschickt.

Kann mir nicht passieren, ich habe meine Thorgunna ja gleich mit auf die Reise genommen.

Nun soll also das süße Leben von Rauhfarhöfn plötzlich zu Ende sein? „Tut keinem mehr leid als mir", sagt Pall. „Aber wenn ihr den Wind nutzen wollt, müßt ihr euch jetzt beeilen. Und denkt immer daran: nie zu weit von der Küste weg! Haltet euch möglichst dicht unter Land. Ihr seid knapp unterm Polarkreis, da springt das Wetter schneller um, als ihr denken könnt. Sowie ihr die leisesten Anzeichen seht – sofort ab in den nächsten Hafen! Versprochen?"

Jetzt macht er mich richtig nervös. Die letzten Dorschstücke fliegen in die Schüssel, und die allgemeine Tranigkeit wandelt sich schlagartig in geschäftiges Hantieren. Tatsächlich sind beide Schiffe in einer halben Stunde seeklar, was Eugen rekordverdächtig findet. So, und jetzt? Fehlt bloß noch der Ostwind. Still ruht die See.

„Pall", sagt Peter, „wenn du uns verkohlen wolltest..."

„Na, hör mal!" empört sich der. „Unser Wetterbericht ist zuverlässig. Wart's nur ab."

Und das tun wir denn auch. Wir beschließen, uns die Zeit mit Essen zu vertreiben, und hauen noch schnell die Dorsche in die Pfanne. Nach dem letzten Bissen deutet Eugen grinsend auf das Hafenwasser. „Seht mal..."

Es kräuselt sich. Wind kommt auf – von Osten! Dann ist es also wirklich soweit. Diesmal fällt uns das Abschiednehmen verdammt schwer, und in solchen Fällen hilft nur, es kurz und schmerzlos zu machen. „Danke. Danke für alles", sind die Worte, die beim Händeschütteln reihum am häufigsten fallen, und Pall Jormar wiegt nur stumm den Kopf, weil ihm sichtlich etwas die Kehle zuschnürt. Als wir abgelegt haben und der erste Meter Wasser uns von der Pier trennt, gerät er jedoch plötzlich in hektische Bewegung, fast wie bei unserer Ankunft. „Halt! Moment mal! Wartet noch!" Er springt zurück zu seinem Lada und bringt vier längliche Päckchen zum Vorschein, von denen jeweils zwei in hohem Bogen ins Cockpit der SHANGRI-LA und auf die Planken der WIKING SAGA sausen. Frische, duftende Brote. „Damit ihr's besser habt als die Wikinger!"

„Wir schließen dich ins Nachtgebet ein!"

Pall reckt beide Fäuste hoch, mit fest gedrückten Daumen. „Gute Reise! Und laßt euch mal wieder sehen!"

Über den Polarkreis

Der Polarkreis… Auf dem Atlas hängt Island genau unterhalb dieser Linie wie ein ausgefranster Lappen zum Trocknen an einer Leine. In Wirklichkeit bleibt seine Existenz der Phantasie überlassen, ist er doch nur ein Querstrich in dem imaginären Gitternetz, mit dessen Hilfe der Mensch sich die Dimensionen der Erde begreifbar gemacht hat. Der Polarkreis – unsichtbar und doch magisch und symbolträchtig. Erst wer diese nicht vorhandenen Linie überquert hat, kann sich mit Recht als Nordmeerfahrer bezeichnen.

Alex will wissen, ob dabei auch so ein Klamauk zelebriert wird wie bei der Äquatortaufe. Das nun gerade nicht. Genaugenommen passiert überhaupt nichts Besonderes. Im übrigen verläuft unser Kurs nur parallel zum Polarkreis, ihn zu kreuzen besteht keinerlei Veranlassung, schon gar nicht, wenn wir Palls Ermahnung beherzigen, nur ja dicht unter Land zu bleiben.

Andererseits... Wenn man schon mal in der Gegend ist, packt einen ja doch ein blödsinniger Ehrgeiz. Mir jedenfalls geht das so, seit Eugen mich neulich, als das Wort „Polarkreis" fiel, stumm, aber insistierend angesehen hat. Und ich denke auch jetzt daran, während der kleine Naturhafen von Rauhfarhöfn im Kielwasser zurückbleibt.

Da brüllt Eugen meinen Namen. SHANGRI-LA ist gerade noch in Rufweite. Ich sehe hinüber und begreife, daß der Skipper die Frage des Kurses bereits für sich geklärt hat: Eugen streckt den Arm aus und deutet nach Norden.

Genau, das finde ich auch (wir vollenden's, die Gelegenheit ist günstig). Rifstangi, das Nordhorn Islands, berührt fast den Polarkreis. Warum also nicht den Bogen um das Kap ein bißchen weiträumiger fahren? Mit Palls angekündigtem Ostwind ist zwar nicht viel Staat zu machen, aber er weht gut ablandig, und nichts spricht gegen die paar Meilen nordwärts.

Ehrlicherweise muß nun gesagt werden, daß unsere Polarkreis-Überquerung zu einer so unspektakulären Angelegenheit wird, daß Peter sogar vergißt, sie in sein Tagebuch einzutragen. Das Beeindruckendste sind noch die Delphine, die uns ein Stück Wegs begleiten. Wir fahren einfach zwei Stunden Nordwestkurs und schwenken danach auf Südwest. Dazwischen liegt er dann, der bedeutende Augenblick, der Ritterschlag, der uns in die Gilde der Nordmeerfahrer befördert.

Gegen Abend sind wir wieder so dicht unter der Küste, wie es Palls Verordnung entspricht. Und hier geht uns allen optimistischen Prognosen zum Hohn fürs erste der Antrieb aus. Was man vorher als Wind bezeichnen konnte, verkommt zu einem schwachen Hauch, der es gerade noch schafft, kleine Waschbrettfältchen aufs Wasser zu husten. Pflügten wir vorhin noch mit sechseinhalb Knoten durch das Nordmeer, so faulenzt WIKI jetzt träge vor sich hin, und Thor flappt mißmutig gegen den Mast.

„Abendbrot!" verkündet Peter und reicht Jürgen ein Glas Schweinesülze zum Aufhebeln, weil der Deckel mal wieder klemmt, während er selber sich daran macht, Palls Mischbrote aufzuschneiden. Dann pellt er mit Hingabe einige Knoblauchzehen, die anschließend, in feine Scheibchen geschnitten, auf den belegten Broten verteilt werden. Das gibt im nächsten Hafen wieder Ärger mit der SHANGRI-LA-Crew, aber Peter besteht darauf, daß Knoblauch zu einer gesunden Ernährung gehört. Alle Beschwerden wegen der Geruchsbelästigung kontert er stets mit dem Vorschlag: „Eßt ihn selber, dann merkt ihr nichts!"

Wir hauen rein, als hätten wir gerade eine Diät überlebt. Ständig haben wir Appetit auf Fettes, Deftiges, und doch sitzt manche Hose inzwischen etwas lockerer: ein sicheres Indiz dafür, daß Seefahrt nach Wikingerart unerhört schlaucht.

Pall soll doch noch recht behalten. Während wir vor der Küste herumsitzen und hauptsächlich damit beschäftigt sind, unsere Mahlzeit zu verdauen, wischt uns auf einmal so ein kalter Hauch übers Gesicht. Dann noch einmal. Thor macht dicke Backen, und dann dreht der Ostwind richtig auf. Schnell noch die letzten Brotkrümel unter die Bodenbretter gefegt und nichts wie ran an die Brassen und Schoten! „Hurra, das ist Wikingerwind!" brüllt Peter unseren Freund Thor an, der erfreut zurückgrinst.

In der Tat, was für den Weltumsegler der Passat, das ist für den Grönlandfahrer der Ostwind. Grönland? Seltsam, davon redet schon seit längerem keiner mehr. Alle haben sich in stummer Übereinstimmung angewöhnt, nur noch in kleinen Schritten zu denken: bis zum nächsten Kap, bis zum nächsten Hafen. Alles schön der Reihe nach, gerade so, als könnte es uns zu Fall bringen, das Ziel allzu hoch zu stecken. Der nächste angepeilte Punkt heißt Isafjördur, ein Hafenstädtchen, das auf der Karte fett gedruckt ist, denn nach dem Reiseführer bildet es das Wirtschafts- und Verwaltungszentrum der Westfjorde. Für uns soll es das Sprungbrett über die Dänemarkstraße sein. Und auch die ist als Thema vorläufig noch tabu.

Jetzt geht es zur Sache. Des heißen Kaffees aus der Thermosflasche, die wir zu den Sülzeschnitten geleert haben, hätte es zum Wachbleiben nicht bedurft. Der Ostwind hetzt uns die Nordküste Islands entlang, daß es nur so staubt. Und das ist gut so. Wir sind jetzt froh über jede Meile in die richtige Richtung, denn allmählich fühlen wir uns von der Zeit bedrängt. Niemand weiß, wann der kurze Nordsommer plötzlich zu Ende ist und von den ersten Herbststürmen abgelöst wird. Heute ist der 25. August, und von unserem diesjährigen Endziel, Nanortalik in Südgrönland, trennen uns noch tausend Unwägbarkeiten.

Alle drei sind wir putzmunter, trotz der vorgerückten Abendstunde. Von den Küstenbergen leuchten die Schneefelder, und es wird sehr kühl. Aus dem diffusen Dunkel der See kommt uns auf einmal ein Lichtschein entgegen – ein Fischdampfer. Bei solchen Begegnungen bin ich froh, daß auch unser altertümlicher Drache vorschriftsmäßig illuminiert ist. Die Fischer müssen uns als höchst ungewöhnliches Objekt identifiziert haben, denn sie ändern ihren Kurs, und das Licht dreht unter lauter werdendem Gebrumme genau auf uns zu

„Mensch, was macht der denn?" ruft Jürgen am Ruder erschrocken. In der Tat, die Kerle scheinen kurzsichtig zu sein, so dicht schrammen sie an uns vorbei. Der Kutter schiebt uns salzigen Schaum über die Kante, und dann schockt er uns auch noch mit seinem Horn, das Tote aufwecken könnte. Aber es ist alles nur Nettigkeit: Drei Gestalten in Overalls sind auszumachen, die sich jetzt die Arme schlapp winken. Wir erwidern artig, aber offenbar nicht begeistert genug. Der Kutter dreht, was uns heftig ins Schlingern bringt, und wiederholt das Ganze noch einmal von der anderen Seite. Dann haben sie endlich genug gesehen und entschließen sich, auf ihren Kurs zurückzukehren.

„Jedenfalls haben sie in ihrer Kneipe jetzt was zu erzählen", meint Peter.

Wir jagen weiter durch die Nacht. Ein Leuchtfeuer nach dem anderen wird von der Liste abgehakt. Und wieder hechelt SHAN-GRI-LA, weit zurückgefallen, hinter dem Schwanzende des Drachen her, der wie gewohnt davonstiebt. Peter läßt sich zu einem Stoßgebet hinreißen: „Lieber Wind, mach weiter so!"

Die Bitte findet Gehör, und zwar in einem Maße, wie es eigentlich nicht gedacht war. Nicht lange, und ein Reff wird fällig. Wir steigern uns auf neun Knoten. Heftige, eisige Fallböen pfeifen von den Schneebergen herunter. Sie lösen kleine Windhosen aus, die das Wasser weit in die Höhe reißen. WIKI schluckt so viel salziges

Nordmeer, daß einer sich ständig beim Pumpen verausgaben muß. „O Mann", stöhnt Peter, „so naß war's noch nie!" Aber das hat er bisher auf jeder Etappe gesagt. Wir binden das zweite Reff ein, doch WIKI ist nicht zu bremsen, sie rennt wie von Furien gehetzt.

Peter übernimmt von Jürgen das Ruder. „Meinst du nicht", fragt er vorsichtig, „daß wir etwas zu hoch am Wind sind?"

„Ja. Wir gehen zehn Grad nach Backbord."

WIKING SAGA dreht nach Backbord, doch nichts ändert sich.

„Noch mal zehn Grad!" sage ich. Aber wir stellen verblüfft fest, daß der Wind unverändert genau von achtern kommt. Das kann ja wohl nicht sein... Der Wind kann doch nicht einfach mitdrehen? Peter muß mein grübelndes Gesicht beobachtet haben und findet irgendwas saukomisch. „Na, du Nautiker, das erklär' mir jetzt mal!"

Ich muß es mir erst selbst erklären. Aus der grauen Vorzeit meiner Seefahrts-Schuljahre dämmern mir unklare Begriffe. Wie war das noch mit dem „Eckeneffekt"? Oder der „Stromlinienverstärkung?" Nein, „Richtungsänderung des Windes an einem Kap" – genau. Irgendwas dieser Art muß hier jedenfalls eine Rolle spielen.

Auf einmal ruft Eugen über Funk dazwischen: „Hört mal, wir empfangen gerade eine Sturmwarnung!"

„Ach nee", kommentiert Jürgen, „darauf wären wir nie gekommen."

Eine Sturmwarnung ist in Island etwas so Normales, daß kein Fischer deshalb mit der Wimper zuckt. Aber die fahren ja auch keine Wikingerboote. Für uns dagegen bedeutet sie Alarmstufe drei.

„Eugen", sage ich, „dann such' uns mal einen netten Hafen zum Übernachten."

„Hab' ich mir schon gedacht. Also, paß auf, die Mündung des Isafjords liegt praktisch schon querab, aber bis Isafjördur selbst wäre es für euch noch eine ziemliche Schinderei. Das erste Kaff heißt, warte mal, Bolungarvik. Gehen wir dahin?"

„Soll uns recht sein."

Es ist halb eins in der Nacht, als wir an einer schwach beleuchteten Pier festmachen, still und unbemerkt. Und nach einem kleinen Grog fallen wir alle in die Kojen.

Anrüchiger Haifisch

Sich in den Isafjord hineinzumogeln, soll gar nicht so einfach sein. Gut, daß wir zu diesem Zweck gründlich ausgeschlafen sind. Erst um zehn Uhr vormittags latschen die ersten gähnenden Figuren durchs Schiff, und langsam kommt Bewegung in die Bude. Um elf ist das Frühstücksgeschirr vom Tisch, und wir machen die Leinen los – zur sichtlichen Enttäuschung einiger Neugieriger, die sich gerade auf der Pier von Bolungarvik sammeln.

Die letzten Meilen verlangen noch einigen Kraftaufwand. Zeitraubende Kreuzschläge sind nötig, um in dem breiten Fjord voranzukommen. Wir machen wenig Meilen gut gegen Wind und Tide. Nach zwei Stunden endlich klafft an Steuerbord eine schmale

Abzweigung, ein Wurmfortsatz des Hauptarms. Am Ende dieses Schlauchs, in etwa fünfhundert Meter Entfernung, sind ein paar Häuser zu erkennen: Isafjördur. Aber für WIKING SAGA sind das fünfhundert Meter zuviel. Wir brauchen Schlepperhilfe und winken die SHANGRI-LA heran. Die Trosse zweimal um den Hals geschlungen, gleitet der Drache in unseren letzten isländischen Hafen.

„Island", sagt Jürgen feierlich, „dich hätten wir im Sack."

Isafjördur, mit 3500 Einwohnern für isländische Verhältnisse schon eine bedeutende Siedlung, beherbergt nicht nur eine größere Fischereiflotte, sondern außerdem florierende Farben- und Textilfabriken, die Arbeit und Lohn garantieren. Sogar einen Flugplatz haben sie. „Aber kein öffentliches Klo", wie Peter als erstes vernichtend feststellt. Und das Hallenschwimmbad hat geschlossen. Na, wunderbar! Das paßt alles irgendwie zusammen, denn dies ist so ein Tag, an dem bei uns trotz des glücklich erreichten Etappenziels keine rechte Freude aufkommen will. Peter schmecken die Muscheln zu Mittag nicht, und das Wetter wird derart fürchterlich, daß alle sich mehr oder minder freimütig Jürgens Erklärung anschließen, er wäre jetzt am liebsten zu Hause. Der Sturm, der schon über Radio angekündigt worden war, tobt sich mit Orkanstärke aus. Die Böen schütteln die Schiffe durch, und kalter Regen prasselt aufs Kajütdach. Wir sind gerade noch rechtzeitig angekommen.

Zum erstenmal hat uns der Küstenklatsch überholt. Isafjördur war auf unser Eintreffen bereits gefaßt, und die Leute scheinen hier hart im Nehmen zu sein. Das bißchen Nässe und Wind hält noch lange keinen von der Besichtigung eines Wikingerschiffs ab. Zuerst, als der Regen noch nicht so stark ist, bauen wir uns hübsch in Wikingerkluft mit den Schilden auf der WIKING SAGA auf, um artig die übliche Vorstellung zu geben. Aber schließlich stehen wir durchnäßt auf unserer Bühne, während das Publikum im Auto vorfährt, um die Darbietung schön trocken hinter heruntergekurbelten Scheiben zu genießen.

„Seid ihr blöd?" ruft Eugen aus dem Eingang der SHANGRI-LA. „Kommt endlich rein, das Essen steht auf dem Tisch!"

Den Rest des Tages betrachten wir Isafjördur nur noch durchs Salonfenster, während die Einheimischen draußen unentwegt ihre Wagen stoppen wie auf dem Autostrich. Keiner von uns traut sich mehr hinaus ins Cockpit, denn zum Angequatschtwerden ist niemand aufgelegt. Selbst beim Kartenspiel scheinen Eugen, Silke und Alex fast einzuschlafen. Wir verschwinden alle frühzeitig in den Kojen.

Der nächste Tag beginnt, wie der vorige endete: mit Besuchern vor der Tür. Der einzige Unterschied ist, daß der Sturm sich verzogen hat und strahlender Sonnenschein herrscht, was aber den Zustrom von Sympathisanten noch fördert. „Nee!" sagt Jürgen. „Ohne mich. Von mir aus kann Eugen sich heute als Wikinger verkleiden oder Alex, der hat 'n Bart. Peter und ich hauen ab."

Die beiden haben beschlossen, auf der anderen Seite des Fjords einen Berg zu besteigen, und machen sich mit Kameras behängt im Schlauchboot davon. Auch ich will hier nicht herumhängen. Ich muß wissen, wie es weitergehen soll, und eile zum Telefon.

„Sie sind also in Isafjördur?" fragt Erdmann in Hamburg, und ich meine da eine gewisse Überraschung zu vernehmen. „Das finde ich ja fabelhaft! Aber Sie wissen doch, daß Ihnen jetzt eine harte Nuß bevorsteht? Für den Törn nach Grönland hinüber sollten Sie schon eine Schönwetterperiode abwarten, und danach sieht es momentan leider nicht aus. Fahren Sie noch nicht – auf gar keinen Fall!" Dann verliest er mir die amtliche Vorhersage für das Gebiet zwischen Island und Grönland und rät mir, in zwei Tagen wieder nachzufragen.

Als ich auflege, dröhnt mir der Schädel vor lauter Tiefdruckwirbeln. Am Liegeplatz werde ich von zwei Kameraleuten des isländischen Fernsehens abgefangen, und ein Fotoreporter hat sich im Cockpit der SHANGRI-LA häuslich niedergelassen. Ehe mir noch eine passable Ausrede einfällt, werde ich zum Verkleiden unter Deck in den Kostümfundus geschickt, weil meine Sportjacke der WIKING SAGA nicht so gut steht. Für die nächsten zwei Stunden – Kamera läuft, Ton ab – nehme ich auf WIKIS Planken alle möglichen fotogenen Positionen ein und finde, Peter und Jürgen hätten mich lieber mitnehmen sollen. Die genießen jetzt irgendwo auf Bergeshöhen den Frieden der Natur. Erst gegen Mittag herrscht wieder Ruhe an Bord. Isafjördur sitzt vermutlich beim Essen, und die Film- und Fotojournalisten sind in ihre Redaktionen entfleucht; den offiziellen Pflichten ist Genüge getan.

Ich nehme mir endlich die aktuelle Reparaturliste vor, die Peter zusammengestellt hat: Reffbändsel erneuern, Wanten nachspannen, Lenzpumpe ausbauen – da klopft es.

Der verbliebene Rest der Mannschaft hebt stumm die Köpfe. Die Tür geht auf, und ein junger Mann mit überaus erwartungsvoller Miene tritt ein. Der Fotoredakteur von vorhin hat seinen Chef geschickt. Oder nein, Holdan ist von allein gekommen – „tief beeindruckt von der sensationellen Story". Er habe uns einfach persönlich kennenlernen müssen, erklärt der Herausgeber des Blattes. Und natürlich kämen wir morgen auf die Titelseite.

„Zuviel der Ehre", meint Eugen und holt schon wieder Gläser aus dem Schapp. Und dann wird es wieder nichts mit den Reparaturarbeiten und sonstigen Bordaufgaben, denen wir uns dringend widmen müßten. Es folgt eine ausgedehnte Unterhaltung, als deren Ergebnis uns wieder einmal ein Auto samt ortskundigem Fahrer zur Verfügung steht. Holdan wird uns mit der schönen Gegend um Isafjördur bekannt machen. „Wenn ihr wollt, schon morgen."

Wir wollen. Wir lechzen geradezu danach. Denn eine Erkenntnis hat sich inzwischen bei uns allen festgesetzt: Die Städte Islands – soweit wir sie gesehen haben – überbieten einander vor allem in einem: Langeweile. Einschläferndern, meint Silke, könnten Häuseransammlungen nirgendwo sein. Aber die Insel aus Feuer und Eis brüstet sich schließlich auch nicht mit Kunst, Kultur oder architektonischen Errungenschaften. Ihr Reichtum ist Landschaft und Natur. Zwar läßt sich diese Fülle an Naturschönheiten, durchs Autofenster betrachtet, mehr erahnen als erfassen, aber sich Island mit dem Rucksack zu erwandern – das wäre eine ganz neue Expedition.

So kann uns auch dieser Ausflug nur einen unvollständigen Eindruck vermitteln. Gleichwohl ist die Begeisterung groß, als

wir die nordwestliche Halbinsel Islands durchfahren. Die Vest-
firdir, die Westfjorde, sind ein äußerst dünn besiedeltes Gebiet,
geprägt von kantigen Tafelbergen und einem regungslosen Labyrinth abgeschiedener, enger Fjorde. Ein Land, dessen Schweig-
samkeit auf der Seele lastet. Aber immerhin – ein paar Menschen
sind darin doch zu finden.

„Jetzt“, verkündet Holdan gutgelaunt auf dem Rückweg, „fahren wir noch eben bei Arne vorbei.“ Der sei nämlich eine Rarität,
die unbedingt ins Besichtigungsprogramm gehöre. Oder eher das,
was er herstellt. „Niemand sonst in den Westfjorden“, erläutert
Holdan, „verarbeitet noch *hákarl*, unsere isländische Spezialität.
Das macht nur Arne.“

„Nie gehört“, murmelt Eugen. Mir geht's genauso, aber wer
kann schon wissen, was sich Überraschendes hinter diesen nordischen Zungenbrechern verbirgt? In diesem Fall ist es Haifisch-
fleisch, nach uraltem Rezept getrocknet.

Arnes Produktionsstätte erweist sich als langgezogener, doppel-
stöckiger, von außen nichtssagender Schuppen. Der *hákarl*-
Erzeuger selbst ist ein rundes, weißblondes Kerlchen unbestimm-
baren Alters. Als wir auf den Hof fahren, sticht uns allen jedoch

etwas ganz anderes ins Auge: Neben dem Gebäude parkt, puppig hellblau, ein Trabbi. Welch unerwarteter Anblick!

„Is' ja nicht möglich!" kichert Werner.

Das alte, ausgemusterte DDR-Modell sorgt sofort für zwischenmenschlichen Kontakt. Arne, nach eigenen Angaben leidenschaftlicher Sammler alter Autos, ist mächtig stolz auf seine neueste Errungenschaft, die er offenbar als Kapitalanlage betrachtet. In zehn Jahren, meint er, sei das Ding Gold wert und nicht mehr zu bezahlen. Mag schon sein, aber Trabbis kennt die Mehrheit unserer Gruppe in- und auswendig. Hier soll ja noch was anderes zu besichtigen sein.

„Richtig", sagt Arne und wendet sich gewichtig seiner Schatzkammer zu. „Dann kommt mal mit."

Die Tür geht auf, und wir kippen fast um. Der stechend scharfe Gestank, der uns entgegenschlägt, läßt die Nasenflügel beben und die Sinne schwinden. Unglaubhaft, daß hier etwas Eßbares gelagert wird. Silke fummelt hastig in ihrem Handtäschchen herum, kippt zwei Tropfen Parfüm auf ihr Taschentuch, und fertig ist die Gasmaske. Wir Männer aber atmen ohne Filter den ätzenden, beißenden Ammoniakgestank, der uns das Wasser in die Augen treibt. Krampfhaft den Mund geschlossen – und daher äußerst schweigsam –, durchqueren wir den Schuppen, während uns Arne, anscheinend immun gegen Giftgas, seelenruhig einen Vortrag über seine Fabrikation hält: Also, im ersten Raum, da stehen diese großen Holzbottiche, in denen dicke, etwa fünfzig Zentimeter lange Haifischstücke gestapelt liegen, oben drauf mit Steinen beschwert. Aus den Ritzen der Bottiche sickern unten gelbliche Rinnsale heraus (ich kann mir nicht helfen, der Vergleich mit einem Männerpissoir der übelsten Sorte läßt sich einfach nicht verdrängen) – ein Vorgang, der drei Monate dauert. Was für ein Segen, denke ich, daß der nächste Nachbar in Island immer ziemlich weit weg wohnt. Nach einem Vierteljahr werden die entsafteten Fischbrocken in große, luftige Holzgestelle zum Trocknen gehängt und nehmen allmählich eine goldbraune Farbe an. Fertig ist der Haifisch-Schinken.

Er bevorzuge dafür den Eishai, erklärt Arne, der lande meist als

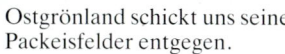

25

Ostgrönland schickt uns seine
Packeisfelder entgegen.

Wir haben uns im Eis fest-
gefahren.

27

40 Meter hoch ist dieser Turm-
stumpf.

26

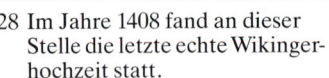

28 Im Jahre 1408 fand an dieser
Stelle die letzte echte Wikingerhochzeit statt.

29 Ob es Trauringe bei den Wikingern gab, ist nicht belegt.

30 Eine grönländisch-deutsche
Hochzeitsfeier.

31 In den warmen Quellen von
Unartoq.

32 Zaungäste der Trauung auf der
Kirchenmauer von Hvalsey.

33 Unser Drachenschiff weckt die
Neugier der Grönländer.

36

34 So ließen die Wikinger ihre
   Schiffe zum Löschen der
   Ladung trockenfallen.

35 Brattahlid, Wohnsitz Erich de[s]
   Roten.

36 Fundstück: Teil einer Kirchen-
   glocke aus der Wikingerzeit.

Beifang in den Netzen der Fischtrawler. Und das offenbar in solchen Mengen, daß er die große Nachfrage befriedigen kann. Besonders zu Weihnachten und Neujahr ist *hákarl* eine begehrte Delikatesse. Wie man ihn ißt? In kleinen Stücken, die einem Harzer Käse nicht unähnlich sind (nur geschmacksintensiver), und indem man zu jedem Bissen einen Schluck Aquavit trinkt. Peter wispert mir kurzatmig zu, der Schnaps sei wohl auch bitter nötig, und ich wage die Bemerkung, das sei aber ziemlich viel Aufwand, um einen Grund zum Saufen zu haben.

Arne weiß nicht, ob er darüber lachen soll. Na ja, nichts für ungut. Wir streben, nachdem wir alles gesehen und noch mehr gerochen haben, ohne noch einmal Luft zu holen dem Ausgang zu. Es war eine Besichtigung im Schnelldurchlauf, und die Tränen, die wir uns alle draußen aus den Augen wischen, sind nicht unbedingt Ausdruck von Abschiedsschmerz.

Sturm in der Dänemarkstraße

Wir sind am Nachmittag so früh zurück, daß ich noch in Hamburg anrufen kann. Der Meteorologe ist sich offenbar im klaren, daß Seefahrer jedes seiner Worte auf die Goldwaage zu legen pflegen. Es ist nicht seine Schuld, daß es mir an diesem Tag an Hellhörigkeit mangelt.

„Die Sache sieht so aus", beginnt der Prophet gemessen, „daß ich Ihnen keine Idealbedingungen bieten kann. Aber die werden Sie auch kaum erwarten in der Gegend da oben. Eine Chance hätten Sie jetzt allerdings, jedoch nur, wenn Sie sich wirklich beeilen." „Das heißt – was?"

„Die nächsten zwei Tage können Sie mit konstantem Nordost rechnen, Windstärke sieben, kann auch ein bißchen mehr sein. Danach schiebt sich ein Hochdruckkeil in die Grönlandsee, was wieder Südwest oder West bedeutet. Bis dahin müßten Sie also die Strecke zum größten Teil bewältigt haben."

„Deshalb sollten wir heute noch auslaufen?"

„Ich kann Ihnen die Entscheidung natürlich nicht abnehmen, aber die Bedingungen werden nicht besser, wenn Sie warten."

Auf einmal überflutet mich eine ungeheure innere Erregung. Ganz plötzlich ist es soweit! Die letzte große, entscheidende Etappe dieses Jahres steht unmittelbar bevor, die rund dreihundert Seemeilen breite Dänemarkstraße. Grönland, wir kommen!

In meiner jäh ausbrechenden, fiebrigen Hochstimmung, in der ich zur Pier hetze und den ganzen Verein zusammentrommle, entfällt mir der eine unscheinbare Nebensatz in der Prognose, der das Ganze zur Rechnung mit einer Unbekannten macht: „Kann auch ein bißchen mehr sein..." Ich verschwende keine weitere Überlegung daran, was das im Klartext heißen könnte. Denn ich ahne nicht, daß mit diesen dürren Worten etwas umrissen ist, das uns keine vierundzwanzig Stunden später das Tor zur Hölle öffnen wird. Taub für differenzierende Zwischentöne, begreife ich im Moment nur das eine: Wir haben grünes Licht!

Auf beiden Schiffen bricht frohgestimmte Betriebsamkeit aus. Die Nachricht, daß die Wikinger Startvorbereitungen treffen und abreisen werden, ganz plötzlich, heute noch, geht mit dem Tempo eines Steppenbrands durch Isafjördur. Unter Anteilnahme einer größeren Volksmenge, inklusive Fernsehen und Honoratioren, ziehen wir das Segel hoch. Was natürlich im Grunde sinnlos ist und nur der Schau dient, denn in diesem verwinkelten Hafen, abgeschirmt von Bergen und dem hohen Gebäude der Fischfabrik, herrscht bis auf tückische Fallböen kein brauchbarer Wind, mit dem WIKING SAGA davonsegeln könnte. Aber nach den Vorstellungen unseres Fernsehteams Alex und Werner, die mal wieder die Regie übernommen haben, muß unser Auslaufen von Island besonders künstlerisch in Szene gesetzt werden. Nach geschlagenen zwei Stunden sind sie erst zufrieden. Es ist 19.45 Uhr, und mir droht ein Nervenzusammenbruch. „Können wir jetzt?"

„Wir können", sagt Alex gelassen.

Meine Hände umfassen die Pinne, Peter und Jürgen greifen zu den Riemen, die schon in den Pforten stecken. Autos hupen, Sirenen heulen, Nebelhörner tuten, die Leute johlen und winken. Derart angefeuert und bejubelt, schrammen wir knapp um die letzte Mauerecke, auf der das Hafenfeuer thront. Dann die Riemen rein, ran an den Wind und mit malerisch geblähtem Segel der offenen See entgegen ... Das wäre natürlich toll. Aber so bilderbuchmäßig klappt es leider nicht. In dem schmalen Fjordarm zieht es wie in einem Tunnel, und zwar von seiner Mündung her auf den Hafen zu. Wenn der Wind wenigstens gleichmäßig wäre, könnten wir die kurze Strecke bis in den eigentlichen Isafjord mit wenigen Zickzackschlägen schaffen. Doch in so engen Schläuchen ist nichts berechenbar; ständig wechselt, weil von den Bergen abgelenkt, die Windrichtung. Als wir beim Wendemanöver in Ufernähe kommen, springt plötzlich eine Bö über den Bergsattel und drückt unser Schiff auf die Ufersteine zu, ein gefährliches Riff, das uns häßlich entgegenbleckt. Ich höre mich ungewohnt laut schreien: „Schmeiß das Fall los! Klar bei Riemen!"

Peter und Jürgen sind mit einem Sprung am Mast, und schon rutscht die Rah samt Segel herunter. „Ruder an!" fahre ich fort, aber das ist natürlich schon überflüssig. Die beiden wissen sowieso Bescheid und legen sich mit aller Kraft in die Riemen. Bloß – da haben wir's wieder – zwei Wikingerstärken reichen einfach nicht aus, um ein Gewicht von fünf Tonnen gegen den Wind zu bewegen. Die Felsbrocken sind noch zwanzig Meter entfernt, und wir treiben unvermindert darauf zu.

Was für ein Segen, daß Eugen seine Augen immer überall hat. Wir haben noch keine Hand für das Walkie-talkie frei gehabt, da dampft SHANGRI-LA schon mit schäumender Bugwelle heran. Vorn steht Alex, ausnahmsweise keine Kamera, sondern den rettenden Tampen in der Hand, der in hohem Bogen herüberschwirrt und auf unsere Planken plumpst. Ich stürze aufs Vorschiff, um dem Drachen die Schlinge um den Hals zu werfen, während die Ruderer den Rückwärtsgang einlegen.

Das war knapp. Die felsigen Kanten des Isafjords wären fast unsere Endstation geworden. Aber SHANGRI-LA zerrt den Drachen an gespannter Leine hinaus in die Fjordmitte, wo endlich ein kräftiger Stoß Thors Backen aufbläst. Von dem Würgeband wieder befreit, stiebt WIKI davon.

Voraus liegt, harmlos blau, die Grönlandsee.

Aus Peters Tagebuch:

Donnerstag, 29. August, 19.45 Uhr: Wir laufen aus. Das Wetter ist gut, die Stimmung ebenso. Wir sind ausgeruht, haben uns noch mit einer warmen Mahlzeit gestärkt. Die Klamotten sind trocken (noch), alles an Bord ist gut festgelascht.

Um 22.00 Uhr peilen wir das letzte Feuer querab. Ein Schiffswrack liegt auf den Felsen, noch ziemlich neu. Das stimmt mich sehr nachdenklich. Ich bin nach außen ruhig, aber innerlich sehr erregt. Wie wird dieser Törn verlaufen? Der Wind nimmt zu und kommt aus Nordost. Die Vorhersage stimmt also.

Es wird kalt, aber ich habe mich mit mehreren Kleidungsschichten warm angezogen. Es fängt an zu regnen – das Tiefdruckgebiet hat uns! Der Wind wird stärker, die See beginnt sich aufzufalten. Wir müssen unbedingt reffen. Ich stelle mit Entsetzen fest, daß meine Jeantex-Jacke nicht an Bord ist. Weiß der Teufel, wo sie steckt. Ich nehme Burghards Jacke, er zieht später meine Wattejacke an.

156

Es regnet jetzt in Strömen, der Wind wird zum Sturm. Wir binden zwei Reffs ein. Es ist unglaublich schwierig, bei dem Wellengang am Vorschiff zu arbeiten, denn das Salzwasser macht den Boden glatt wie Eis. Ich ziehe mir den Survivalanzug an in der Hoffnung, damit das Beste anzuhaben. Reinfall: Er ist total undicht. Das Wasser läuft nur so herein. Ich bin sauer, möchte ihn über Bord werfen, habe aber nichts anderes. Meine Unterwäsche und auch die anderen warmen Sachen sind klatschnaß. Alle Handschuhe triefen vor Salzwasser, es arbeitet sich schlecht mit kalten Händen. Ich fange an zu frieren.

Inzwischen tobt die See, die Wellen werden zu großen Bergen. Es ist unglaublich, wie gut WIKI läuft. Wir fahren Wasserski! Die Pumpe muß ständig bewegt werden. Es geht höllisch ab, SHANGRI-LA kommt nicht mehr hinterher.

Ich weiß zwar, WIKI kentert nicht so schnell. Trotzdem habe ich gehörigen Respekt vor den Wellen bekommen. Ich wollte schon immer einen Sturm auf dem offenen Meer erleben, jetzt habe ich ihn. Mit dieser Einstellung fällt es mir nicht so schwer, mit dem Problem fertig zu werden. Sorge macht mir nur, ob das Ruder und die Tampen halten. Froh bin ich über die Stabilität des Mastes, er ist goldrichtig.

An Backbord taucht ein riesiger Buckelwal auf, ich schätze ihn auf zwanzig Meter Länge. Mein Gott, ist das ein Riesentier! Wir sind leider viel zu schnell, als daß wir ihn länger betrachten könnten. Hinter uns donnert eine Schaumwalze nach der anderen heran, einige steigen von achtern ein. Ich nehme es inzwischen gelassen hin und gehe gleich an die Pumpe. Burghard sitzt an der Pinne. Ich mache mir Sorgen um ihn, denn er sieht nicht gerade glücklich aus. Vielleicht sorgt auch er sich um das Schiff – oder vielleicht ist er nur erschöpft.

Wir machen Meile um Meile. Über Sprechfunk erfahren wir von der SHANGRI-LA, daß wir ein Rekordetmal gefahren haben: 170 Seemeilen! Inzwischen sind die Wellen länger und steiler. Ich habe oft das Gefühl, als würden wir einen langen Berg hinauffahren. Eine Wasserwalze steigt ein, wirft mich zu Boden. Bloß festhalten! Das Zelt droht unter der Wucht zusammenzubrechen. Ein Wunder – es hält. Aber die Plicht ist kniehoch voll Wasser, alle Leinen schwimmen durcheinander. Dann ein Gurgeln, und das Wasser verschwindet unter dem Fußboden. Die Konserven in der Bilge fangen an, Musik zu machen. Was bleibt mir übrig, ich muß sofort wieder an die Pumpe, zähle die Pumpenhübe. Inzwischen läuft mir Wasser in den Kragen. Verdammt unangenehm!

Jetzt fängt die Rah an zu schlagen. Sie prügelt den unschuldigen Mast richtig durch. Auch das noch! Meine eiskalten, klammen Hände schmerzen – wir holen das Segel nicht herunter, sondern beschließen, einfach die Brassen zu fieren. Es scheint zu klappen. Aber von Zeit zu Zeit schlägt die Rah doch wieder gegen den Mast. Es tut mir jedesmal weh. Und dann kommt doch was von oben runter... Durch die Schläge der Rah an den Mast hat sich das aufsteckbare Topplicht aus der Verankerung gelöst und ist ins Wasser gefallen. Es geht alles viel zu schnell, im Handumdrehen ist es aus meinem Blickfeld verschwunden. Diese Gegend hier ist zum Glück kaum befahren, da können wir es uns wohl leisten, ohne Licht weiterzufahren.

Ich versuche mir auszurechnen, wann wir wohl da sein könnten. Bisher hat keiner von uns ein Auge zubekommen, und das ist unseren Gesichtern deutlich anzusehen. Die dicke Salzkruste in den Augenhöhlen entstellt das Gesicht noch mehr. Aber soviel ist sicher: Wir müssen mindestens noch eine weitere Nacht ohne Schlaf durchstehen...

Unter der Persenning ist es am schlimmsten, weil du nichts siehst, weil nur Gehör und Gleichgewichtssinn mitkriegen, was passiert. Beklommen sondierst du das Rauschen und Tosen der Brecher, die dich mitsamt den glitschigen Holzplanken und dem tropfnassen Unterschlupf himmelwärts stemmen. Dann wieder der Fahrstuhlsog in Kopf und Magen, wenn das Boot in den Abgrund des nächsten Wellentals kippt. Wenn weiße Schaummassen über die Plane fliegen und in Rinnsalen den Weg bis unter die Luftmatratzen finden, wenn salziges Atlantikwasser in alle Ritzen gurgelt. Und wenn du nicht weißt, ob das Boot diesmal nicht doch kopfüber geht.

Unser spartanisches Zelt, eigentlich dazu gedacht, uns ein Mindestmaß Schutz vor Nässe, Wind und Kälte zu bieten, schützt vor gar nichts mehr. Es schürt nur die Angst. Keiner hält es lange darunter aus, aller Müdigkeit, aller Zerschlagenheit zum Trotz. Ohnehin rollt man bei dem hohen Seegang bloß auf den Gummiwülsten der nassen Luftmatratze herum und steigert sich in zunehmende Verzweiflung, weil die zu Eisklumpen erstarrten Hände und Füße jede Entspannung unmöglich machen. Irgendwie ist es besser, das Gesicht des Feindes zu sehen, mag es auch noch so furchteinflößend sein. Also kriecht man lieber wieder hervor und krallt sich am Dollbord fest, schlotternd in den schneidenden Böen. Es gibt keine Chance, sich aufzuwärmen, auch keine heiße Brühe. Was zwischen die Zähne kommt, hat ausnahmslos Kühlschranktemperatur. Am besten ist man noch mit der Ruderwache dran. Zwar klagt inzwischen jeder über eine schmerzhafte Verspannung der rechten Schulter durch das einseitige Reißen an der Pinne, aber die körperliche Betätigung bringt den Kreislauf wieder etwas auf Trab. Und vor allem: Du kannst dir wenigstens einbilden, mit der Ruderpinne dein Geschick selber in der Hand zu halten...

Alle düsteren Prophezeiungen scheinen sich zu bestätigen: Erst die Dänemarkstraße wird der wahre Härtetest, der Prüfstein für uns. Wo der wärmere Irmingerstrom von Süden, ein Ausläufer des Golfstroms, und der eisige Ostgrönlandstrom aufeinanderprallen, bedarf es gar keines Sturms, um einen brodelnden Hexenkessel aufzurühren. Chaotische Kreuzseen wühlen das Meer auf, peitschen es zu einem kochenden Bannkreis der Verdammnis. Jetzt, Isafjördur liegt erst einen Tag zurück, weiß ich: Jedes bißchen mehr könnte hier schon zuviel sein.

Ich bin tief beunruhigt. Was, wenn es noch weiter aufbrist? Hätten wir nicht doch in der Sicherheit von Isafjördur weiter abwarten sollen? Aber hätte das Sinn gehabt? In diesen Breiten, die unablässig die berüchtigten Islandtiefs fabrizieren, herrscht nie ein harmloses Lüftchen – oder nur alle Jubeljahre. Jetzt ist es ohnehin zu spät für jedes Wenn und Hätte. Jetzt fragt sich nur noch: Wie vielen Windstärken hält ein offenes kleines Drachenboot überhaupt stand, wo und wann stößt es an seine Grenzen? Die Anwort ist ein tausendjähriges Geheimnis. Wir schicken uns gerade an, es herauszufinden.

Immerhin, es weht konstant von Osten. Hoffentlich bleibt das so lange, wie die Hamburger Wetterfrösche behauptet haben. Aber was, wenn der Wind zu früh auf West dreht? Nein – ich muß aufhören, mich mit diesen Ungewißheiten zu zerfleischen! Es gibt nur einen Weg: nach vorne, auf Gedeih und Verderb. Zurück ist nicht drin, denn eines kann der Drache, den wir reiten, eben nicht: gegen so starken Wind aufkreuzen. Die Dänemarkstraße ist für uns eine Einbahnstraße Richtung Westen.

Auf Ruderwache, an dem erhöhten Platz im Heck, versuche ich, SHANGRI-LA auszumachen, unseren tröstlichen Schatten. Die Vereinbarung, möglichst Sichtkontakt zu halten, ist unter diesen Bedingungen natürlich nur ein Witz. Von Zeit zu Zeit entdecke ich die Mastspitze des Kats für einen flüchtigen Augenblick. Kurz taucht sein Deckshaus aus den Wellenkämmen, um sofort wieder in der Versenkung zu verschwinden. Denen da hinten geht es auch nicht besonders gut. Natürlich schaffen sie es nicht, uns einzuholen. Rasch vergrößert sich der Abstand, und nach einigen Stunden sehen wir sie nicht mehr. WIKING SAGA ist allein, die sprichwörtliche Nußschale in einem Universum grauer, tosender Nässe. Wir sind auf uns selber gestellt. Irgendwo da draußen hat die SHANGRI-LA-Crew ihrerseits alle Hände voll damit zu tun, ihre eigene Schlacht zu schlagen, allerdings unterstützt durch die Navigationstechnik des zwanzigsten Jahrhunderts. Einige Seemeilen entfernt kämpft sich unser flaches Holzboot durch eine andere Epoche der Seefahrt.

In der anbrechenden Dunkelheit tritt ein, was ich seit Stunden fürchte: Der Wind legt zu. Die Stärke genau zu bestimmen, fehlt uns die Möglichkeit, aber acht Beaufort müssen es mindestens sein. Das Grollen der See ist unheilvoll laut geworden. Noch mächtiger und steiler bauen sich die Wellen aus Nordost gegen die alte Westdünung auf. Die Wasserwalzen rollen von achtern heran, gurgeln unter dem Heck durch, eilen voraus, zerplatzen zu einem weißgeäderten, seifig wogenden Schaumteppich. Wir rauschen bergauf und bergab. Der drohende Drachenkopf unseres seltsamen Surfbretts scheint die Meeresgötter nicht zu beeindrucken. Längst haben wir Schwimmwesten und Sicherheitsgurte angelegt. An eine Bergung wäre nicht entfernt zu denken, falls einer von uns über die Kante ginge, zumal es dunkel wird und unser Rettungskreuzer irgendwo damit beschäftigt ist, sich selber zu retten. (Später soll sich herausstellen, daß wir mit dreizehn Knoten der SHANGRI-LA davongejagt sind.)

Die Gischt fliegt uns um die Ohren. Alles hat die See durchdrungen, verschmiert, zerbröselt. Öffnet man eine Backskiste, kommt einem nichts als eklig verklumptes Zeug entgegen. Als ich mich zur nächsten Ruderwache ins Heck hangele und Peter hohlwangig, mit triefenden Klamotten zum Zelt wankt, ist mir so mulmig wie noch nie während der ganzen Reise. Wie würde sich erst ein Orkan auswirken, wenn sich das Meer schon jetzt gebärdet, als blase es von allen Seiten zugleich? Ich kann mich nur noch an der Pinne festkrallen, ein Däumling, der in einem offenen Holzschuh dem Ozean ausgeliefert ist. Und immerzu wird diese Pantine mit eisigem Wasser vollgeschüttet, ohne daß man sie mittels Umkippen einfach entleeren könnte. Aber jetzt eine Kenterung – das wäre die endgültige Katastrophe. Dann lieber die ständige Gymnastik an der Pumpe.

Immer öfter fühle ich die Blicke der beiden anderen fragend auf mir ruhen. Ist das nun ein voller Sturm, oder kann es noch schlimmer kommen? So'n Weltumsegler, denken sie, der wird wohl wissen, was los ist und was er tut. Und er will schließlich auch selber heil ankommen, genau wie der Pilot, auf dessen Überlebenswillen sich die Zuversicht der Fluggäste stützt, wenn die Tragflächen wackeln. Also sage ich: „Sieht gut aus", und hoffe, überzeugend zu klingen. „Alles halb so wild... Hab' schon Schlimmeres erlebt..."

Habe ich ja auch, aber nicht im offenen Boot. Mein Herz schlägt bis zum Hals, ich darf es mir nur nicht anmerken lassen. Ich möchte fluchen und schreien, doch wenn hier einer keine Nerven zeigen darf, dann ich.

Immer wieder verrenke ich schmerzgeplagt den Hals nach hinten, um die von achtern kommenden Seen aussteuern zu können, bis ich endlich merke, wie blödsinnig das ist, eine völlig sinnlose Verausgabung. Ich kann einfach nicht schnell genug reagieren. Und ich muß mich des blanken Entsetzens erwehren, so haarsträubend hoch türmen sich die grauschwarzen Wasserberge hinter dem Heck auf. Nur eine einzige Kreuzsee, die uns auf dem falschen Fuß erwischt, und schon nehmen wir den direkten Weg zu den Wikingern. Schau nach vorn, kommandiert etwas in meinem Hirn, schau nur nach vorn, bloß nicht zurück...

Und dann passiert es, gerade als ich an der kalten Bockwurst würge, die Peter mir aus einer frostigen Konservendose gereicht hat. Jede Wurst meines Lebens wird mich wieder daran erinnern, denn noch nie in all meinen Jahren auf See habe ich so etwas erlebt. Bis ins Mark trifft mich das unheimliche Dröhnen, das unser Boot erschüttert. Im selben Augenblick ergießt sich ein Schwall eisiger Gischt in meinen Nacken. WIKI schnellt mit einem Satz vorwärts – und wird wie von der Hand eines Riesen herumgerissen. Mit einem Knall kommt das Segel back. Aber erst als ich wahrnehme, daß unser Drache am Bug den anrollenden Brechern die Zähne entgegenbleckt – dort, wo eben noch achtern war –, glaube ich es wirklich: Wir sind um hundertachtzig Grad herumgerissen worden, von einem gewaltigen Kaventsmann, der genau unter unserem Heck zusammengebrochen ist. Schon hebt der folgende Brecher unseren Bug in die Höhe, und wir schießen bergab.

Womit sich dieser scheinbar endlose Moment in mein Gedächtnis brennt, sind Peters entgeistert aufgerissene Augen, die ins Leere starren. Jürgen krabbelt aus dem Zelt, und wir verharren wie vereist.

Als mir die Ruderpinne in den Bauch knallt und das Schiff sich weiterdreht – quer zum Seegang –, kommen Jürgen und Peter fiebrig in die Gänge und werfen die Schoten los; das Segel weht horizontal aus. Schicksal, Glück, was auch immer: Die nächsten Seen, die uns seitlich erwischen und über die Kante spucken, sind nicht ergiebig genug, um uns in diesem verwundbaren Zustand den Rest zu geben. Das Wendemanöver gelingt, und einige wild

162

hämmernde Herzschläge später haben wir WIKING SAGA wieder auf Kurs, wie es sich gehört: mit der Nase nach vorn.

Von nun an werden wir die Angst, unseren gespenstischen Begleiter, nicht mehr los. Wie ein körperhaftes Wesen hockt sie drohend zwischen uns an Bord, die Angst vor dem einen Brecher, der uns wie nebenbei in die Tiefe befördern kann. Die Stunden dehnen sich in endlosem Schrecken, und dann macht die Dunkelheit alles noch schlimmer. Unsere Sinne sind bald überreizt, denn unablässig versuchen wir, das Geschehen um uns zu analysieren. Wird es seit fünf Minuten nicht besser? Hat nicht der Wind etwas nachgelassen? Gibt es nicht Anzeichen, daß die See sich beruhigt? Aber in Wahrheit bleibt alles beim alten, die ganze Nacht hindurch. Es ist die zweite ohne Schlaf und die erste, in der wir anfangen, gegen Halluzinationen zu kämpfen und die Seele in ein absonderliches Grenzland abgleitet.

Meine gespenstische Halluzination hat einen Namen: Åsgeir Thorvaldsson. Wieder höre ich seine warnende Stimme. Merkwürdig. Ist das die Art, wie man verrückt wird? Mein Gehirn stellt das Denken ein. Der Sinn dieser Expedition ist mir ebenso entfallen wie die Erinnerung an mein Zuhause, an meine Freunde und meine sonstige Welt. In dieser Nacht, in der ich am Ruder sitze, auf und nieder geschleudert, zerweicht vom Gischtregen und bis in die Knochen frierend, führe ich einen gespenstischen Disput mit Åsgeir Thorvaldsson, dessen Vorname mir schon damals wie ein dunkles Omen klang... Da sitzt er nun vor mir auf einer Seekiste, wie ich ihn zuletzt in seinem Büro in Vestmanna gesehen habe. Wie sicher er sich seiner Sache war... Immer diese überlegene Miene, mit der er seinen allwissenden Kopf schüttelte: „Grönland? Das schafft ihr niemals! Nicht mit diesem Boot. Das ist Selbstmord. Ihr seid keine Wikinger. Und weißt du auch, wie viele von ihnen untergingen? Ein großes Grab ist die Dänemarkstraße..."

Damals wußte ich nicht sehr viel zu erwidern. Aber jetzt geb' ich's ihm, hier, mitten im finsteren, heulenden Inferno der Dänemarkstraße, wo ich Åsgeirs Schatten zu meinem persönlichen Feindbild erkoren habe: „Du wirst dich wundern, Alter! Wir

163

gehen nach Grönland – mit eben diesem Boot! Und dann grüße ich die Eskimos von dir. Okay, es hat uns einmal etwas aus der Bahn geworfen, aber wir sind immer noch da! Immer noch halbwegs *auf* dem Wasser – und wir schaffen es!"

Wenn er das wüßte, dieser imponierende alte Kerl, daß seine Provokation alles ist, worauf sich mein Überlebenswille in dieser Nacht fixiert... Und nur dieser ungebrochene Wille ist es, der mich daran hindert, in gefährliche Passivität zu verfallen.

Die ersten Eisberge

Um zwei Uhr morgens löst mich Jürgen am Ruder ab. Als ich die windgepeitschte Zeltplane zurückschlage, bietet sich mir ein Anblick, der mich mehr erschreckt und verstört als die entfesselte See. Da kauert ein gestandenes Mannsbild am Boden, zusammengekrümmt wie eine hockende Mumie, die Augen geschlossen und die Stirn mit den Händen bedeckt. „Peter", flüstere ich, „was ist mit dir?"

Dem fahlen, salzverkrusteten Gesicht, eingeschnürt in die Kapuze, gelingt ein mattes Grinsen. „Keine Sorge, keine Sorge..." Nein, mit ihm sei alles soweit in Ordnung. Er habe nur versucht, in dieser Haltung zu schlafen. „Man muß sich ganz klein machen, verstehst du, um so wenig wie möglich an Körperwärme zu verlieren." Und die Hände, die ließen sich vielleicht am Gesicht wärmen, ein bißchen...

Mich erfaßt plötzlich hilfloses Mitleid. Mitleid und Selbstzweifel. Was in aller Welt habe ich mir nur gedacht? War es nicht vermessen, auf diese Weise den Nordatlantik herauszufordern? Und was mute ich diesen beiden Männern zu, die ihr Leben lang keine Gelegenheit hatten, auch nur die Ostsee zu überqueren? Ich setze ihr Leben aufs Spiel. *Ich* tue das, denn sie konnten es nicht wissen. Aber wußte ich es denn so genau? Die Wahrheit ist: Selbst nach zehn Jahren Segelei auf den Meeren der Welt hatte ich keine Vorstellung davon, daß Seefahrt auch so aussehen kann: auf Tuchfühlung mit der Wasseroberfläche, nicht selten bis zu den

164

Waden im Atlantik. Die beiden hätten Grund genug, auf mir herumzuhacken, mich des Wahnsinns und der Fahrlässigkeit zu bezichtigen. Statt dessen sind sie es, die mich immer wieder aufmuntern und ermutigen. Selbst in der haarigsten Situation höre ich von ihnen kein Wort der Klage.

Peter wird mir später erzählen, daß auch er sich mit einer Art mentalem Rettungsanker gegen die Panik gewehrt habe, kein Feindbild wie mein Åsgeir Thorvaldsson, sondern etwas Positives. Ständig habe er sich den gemeinsamen Urlaub ausgemalt, den er seiner Frau für die Zeit nach der Expedition versprochen hatte. „Ich mußte einfach überleben", sagte er, „wie hätte ich sonst mein Wort halten können?"

Wir quälen uns durch einen weiteren Tag, dessen Stunden zäh zerbröckeln. Am frühen Abend dann taucht dieses seltsame graue Ungetüm über dem Meer auf, das Peter zu dem Ausruf „Laaand..." veranlaßt. Die Erkenntnis, daß es sich um einen Eisberg handelt, hat beträchtliche Unruhe zur Folge. Mit steifgefrorenen Fingern werden Fotoapparate herausgefummelt. Der erste Eisberg bedeutet für Peter und Jürgen nicht nur eine Premiere in ihrem Leben, sie verbinden damit augenblicklich auch den Begriff „Gefahr". Und das stimmt, denn wo Eisberge auftauchen, sind ihre tückischen kleinen Ableger nicht weit, die Growler, die oft nur wenig über die Wasseroberfläche ragen. Mir allerdings fällt eine Zentnerlast von der Seele: Eis! Demnach muß Grönland in erreichbarer Nähe sein. Was hinter den weißen Giganten kommt, ist Land, sind geschützte Fjorde, ist Sicherheit.

Aber kann es überhaupt schon soweit sein? Welcher Tag ist heute? Ich habe den Überblick verloren.

Wahrhaftig steht wenig später ein schneebedecktes Gebirge auf der Kimm. Vielleicht haben wir es nicht gleich bemerkt, jedenfalls ist es auf einmal da – wie ein gemaltes Alpenpanorama mit hohen, spitzen Gipfeln, scheinbar zum Greifen nahe. Doch dieser Eindruck ist eine Täuschung, hervorgerufen durch ein typisch arktisches Phänomen: die extreme Transparenz der Luft.

Kaum haben wir den ersehnten Anblick zittrig mit einem Schlückchen Rum gewürdigt, da knarrt Eugen, unverhohlen müde, wieder ein Lebenszeichen über Funk zu uns herüber und holt uns auf den Boden der Tatsachen zurück: Das Traumbild ist noch an die 150 Meilen entfernt! Jürgen will nicht glauben, daß man so weit sehen kann. Man kann, und wir werden noch Stunden brauchen, um diese Küste zu erreichen. Diese letzten Stunden werden die eigentliche Geduldsprobe. Man meint, es sei vorbei, und dann zieht es sich noch endlos hin.

Der Wind flaut spürbar ab, je näher das Land kommt, nur die Dünung beruhigt sich nicht so schnell. Wir schütten die Reffs aus. Zum Glück ist die Nacht nicht sehr dunkel, was das Ausschauhalten erleichtert. Bald sind die Eisberge nicht mehr zu zählen, aber wir sind ohnehin nicht in der Lage, zwei und drei zu addieren. Endlich, es muß nach Mitternacht sein, kommt SHANGRI-LA unter Motorhilfe auf. Da stehen sie alle an Deck, eingemummelt wie die Weihnachtsmänner, und winken.

„Dreißig Meilen bis Angmagssalik!" ruft Eugen. Wir würden heulen, wenn unsere Kraft noch dazu reichte. So nicken wir bloß, durchgesalzen wie aus der Heringstonne, blaugefroren, ge-

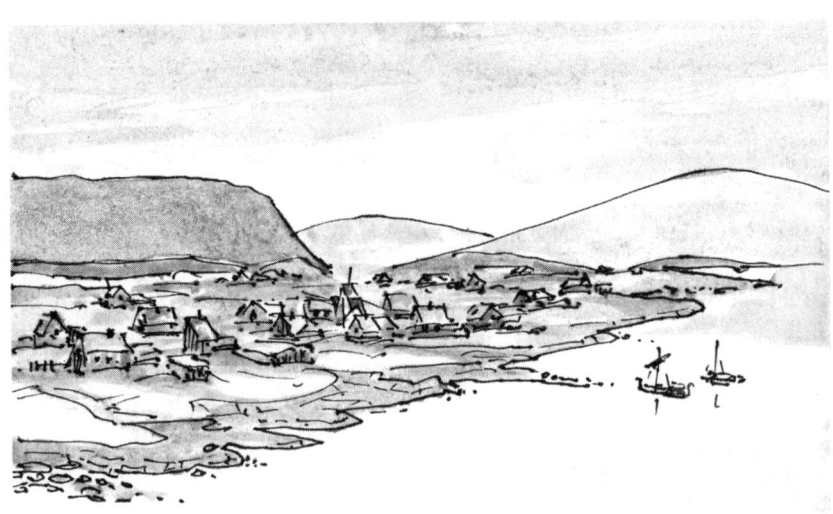

schwächt vor Kälte und Übermüdung. Jede Bewegung ist eine ungeheure Anstrengung, das Bewußtsein getrübt. Alle meine Wahrnehmungen kommen mir seltsam verzerrt vor.

Der Wind ist jetzt völlig eingeschlafen. Ich greife mit schmerzenden Fingern nach einem Tampen und winke damit, das verabredete Zeichen, daß sie uns schleppen sollen. Die Leine fliegt herüber, der Drachen bekommt sein Halsband, und dann lassen wir uns willenlos in den Fjord ziehen. Gleich wird alles vorbei sein – gleich. Wir werden schlafen, nichts als schlafen. Es ist drei Uhr morgens, als die paar Lichter von Angmagssalik zu sehen sind. Wir sind in Grönland.

4 EIN FEST FÜR DIE AUGEN: GRÖNLAND

In Angmagssalik krähen keine Hähne. Es sind die Hunde, die in der Frühe das Dorf wecken, die Huskies, die an langen Ketten vor den kleinen Häusern gehalten werden. Eigentlich hört man ihr Jaulen sogar die ganze Nacht hindurch, wenn man nicht gerade wie wir den Schlaf der Toten schläft.

Die meisten von uns sind in dieser Nacht so weit abgetaucht, daß sie überhaupt nichts mitkriegen. Erst gegen elf Uhr vormittags rühren sich die zusammengerollten Figuren und sind bereit, einen ersten Blick auf den Ort zu werfen, dem bei der Ankunft jede Beachtung verweigert wurde. Auch die Grönländer, die trotz der ungewöhnlichen Stunde am Hafen waren, hatten wir unhöflicherweise nur am Rande wahrgenommen. Wir waren gerade noch imstande gewesen, uns in die Arme zu fallen und der Emotion dieses Augenblicks mit einigen gestammelten Sätzen Ausdruck zu verleihen. Dann hatten wir irgend etwas Heißes zu uns genommen, und danach weiß ich nichts mehr.

Als ich die Augen aufschlage, ist es wie das glückliche Erwachen aus einer Narkose: noch ziemlich mitgenommen, aber erfüllt von dem seligen Gedanken, daß die Atlantiküberquerung geschafft ist. Ich hab's überstanden. Ich liege in meiner Koje auf der SHANGRI-LA, und der Duft von frisch aufgebrühtem Kaffee strömt aus dem Salon...

Wir reißen die Luken auf und starren benommen auf ein Wunder. Draußen prangt, friedlich, sonnig und beschaulich, eine Landschaft wie von einem Werbeplakat für Grönlandurlaub:

168

Holzhäuschen in allen Buntstiftfarben, ohne ersichtliche Planung, aber höchst malerisch in der Gegend verteilt, ein Miniaturhafen mit klarem, reglosem Wasser, in dem sich die Fischkutter und die mächtigen Schneegipfel Ostgrönlands idyllisch spiegeln. Das ist Balsam für unsere hart geprüften Gemüter, ein Bild von ungewohnter Schönheit, in dessen Betrachtung wir eine ganze Weile versinken. Das Außenthermometer steht bei zehn Grad Celsius, in ganz geschützten Ecken kann man sich sogar des Pullovers entledigen, und niemand, der nicht selbst schon der Erfrierung entronnen ist, wird diesen Genuß ermessen können.

Regenerieren ist angesagt, und das erfordert als erstes eine Generalentsalzung. Kleidung, Decken, Säcke und Kisten – alles muß mit dem Wasserschlauch gründlich ausgespült werden. Bei diesem Großreinemachen offenbart SHANGRI-LA, daß sie ebenfalls Extremes durchgemacht hat. In den Backskisten im Cockpit steht das Seewasser bis zum Rand. Ich kann mich kaum erinnern, wann der Kat in früheren Jahren soviel auf die Mütze gekriegt hat, und Eugen sagt, etwas Derartiges sei auch ihm noch nicht untergekommen.

Aus den Kleidern läßt sich der Atlantik an einem Vormittag entfernen, aus unseren Köpfen nicht. Da muß noch eine Menge verarbeitet werden. Tagelang werden unsere Gespräche immer wieder zurückkehren zu diesen sechzig Stunden, die einer Ewigkeit gleichkamen und in uns allen ihre Spuren hinterlassen haben. Und ich erspare mir keine Vorwürfe, keine selbstquälerische Analyse sämtlicher Maßnahmen, angefangen bei der Frage, ob wir Island so überstürzt hätten verlassen sollen. Und als wir mittendrin waren in der Misere – habe ich da wirklich alles beherzigt, was ich für die Sicherheit tun konnte? Hätte es zu einer so kritischen Situation kommen müssen? Noch im nachhinein beschäftigt uns vor allem das schreckensvolle Ereignis, das uns die Kontrolle über das Schiff verlieren ließ. Wäre in dem Moment eine weitere See mittschiffs eingestiegen, mit zwei, drei Tonnen Wasser – wir säßen jetzt nicht hier.

Und dennoch: Hat WIKI sich nicht auf unglaublich bravouröse Weise bewährt, mit ihrem Freibord von nur 65 Zentimetern eine Hochseetauglichkeit unter Beweis gestellt, die ihr niemand zutrauen wollte? Unsere Hochachtung vor jenen Menschen, die solche Schiffe vor unendlich langer Zeit konzipierten, ist ins Unermeßliche gestiegen. Wir haben allen Grund, nicht nur ihre Qualitäten als Konstrukteure zu bewundern, sondern auch ihre Seemannschaft. Die Wikinger müssen über mehr als fünf Sinne verfügt haben. Zweifellos besaßen sie Instinkte, die heute nur noch durch Elektronik ersetzt werden können. Aller Bemühung um Authentizität zum Trotz trennen uns Welten von ihnen. Vor allem unterscheidet uns von ihnen die Möglichkeit, mit dem Betreten der SHANGRI-LA tausend Jahre hinter uns zu lassen. Wir machen uns nichts vor: Ohne den Luxus, immer wieder zu den gewohnten Wohltaten unserer Zeit zurückkehren zu können, würden wir eine solche Reise niemals durchhalten.

Heute ist bei uns allen infolge der jüngsten Strapazen das Trachten nach Entschädigung besonders ausgeprägt. Jeder giert am Nachmittag nach etwas Süßem zum Kaffee, und als wir den dänischen Kuchenbäcker im Dorf entdeckt haben, bricht in der Mannschaft eine geradezu epidemische Naschsucht aus. Damit nicht genug. Ich finde, wir haben uns eine besondere Prämie verdient, denn alle weiten, gefährlichen Seestrecken dieses Jahres sind nun abgehakt, vor uns liegen bis zum Winterquartier in Nanortalik nur noch harmlosere Küstenabschnitte. Das sollte Grund genug sein, schon mal unser Überleben zu feiern.

„Wie wär's denn", schlage ich vor, „wenn wir mal so richtig schön essen gingen und uns verwöhnen ließen, zu Lasten der Bordkasse?"

Gegenstimmen werden nicht laut, die Idee löst allgemeine Begeisterung aus.

Richtig schön essen gehen? Aber wir sind in Angmagssalik, fällt mir ein, 1500 Einwohner, eine von insgesamt zwei abgeschiedenen Gemeinden an der 3000 Kilometer langen Ostküste Grönlands. Ein Kaff, dessen Bevölkerung aus Fischern und Robbenfängern besteht. „Sagen wir mal so", schränke ich vorsichtshalber ein, „ein Schlemmerparadies sollten wir hier vielleicht nicht erwarten."

Und das ist es auch wahrhaftig nicht, das Hotel Angmagssalik, einziges Haus am Platze, wo wir für den Abend einen Tisch bestellen und wo die Preise gepfefferter sind als die Steaks; die Bohnen sind zwar giftgrün, aber wäßrig. Schlechter habe ich, offen gesagt, selten gegessen, aber wer erwartet schon kulinarische Glanzstücke in Ostgrönland? Angmagssalik ist selbst für grönländische Verhältnisse der wilde Osten, wo das Leben so rauh ist wie das Klima. Sogar im Sommer, der – meist mit frappierender Plötzlichkeit – die Wiesen zu einer kurzen, aber exzessiven Blüte bringt, spürt man stets die Nähe des Winters, entweder des letzten, der gerade vorbei ist, oder des nächsten, der schon in den Nächten lauert. Die Hundeschlitten werden deshalb auch gar nicht erst in den Schuppen verstaut, man braucht sie ja sowieso bald wieder.

Im wilden Osten der Eisschüssel

Begreiflich, daß hier ein Menschenschlag von kantigem Naturell gedeiht. Die Leute der Arktis brauchen in aller Regel etwas länger zum Auftauen als die Bewohner milderer Gegenden. So sehen wir uns zum ersten Mal nicht von einer Menschentraube umlagert, sondern eher mißtrauisch und aus kühler Distanz beäugt. Neben einem Kutter namens BLÅSIDE sind wir als Nachbarn sogar unerwünscht und werden barsch aufgefordert, uns gefälligst auf einen anderen Liegeplatz zu verziehen. Soviel Ungastlichkeit darf nach meinen Erfahrungen aber nicht als typisch grönländisch gelten und bleibt denn auch die unrühmliche Ausnahme. Wir nehmen's nicht persönlich. Peter meint lakonisch, die Inuit hätten's ja auch früher nicht so gut mit den Wikingern gekonnt.

Daß man keine hohe Meinung hat von den zwei fremden Booten, von denen eins seltsamer aussieht als das andere und die zusammen ein sehr merkwürdiges Gespann abgeben, ist offensichtlich. Zuweilen beugen sich ein paar kritische Gesichter über die Kaimauer, lassen die Blicke einmal abschätzend von vorn bis achtern über die WIKING SAGA schweifen, um sich dann mißbilligend abzuwenden. Nein, zum Fischfang oder zur Jagd taugt so ein Kahn bestimmt nicht, also taugt er überhaupt nichts.

In der Tat sind diesmal eher wir die Zuschauer und Beobachter, denn hier kann man noch einen Hauch des traditionellen Eskimolebens erhaschen, das anderswo schon völlig der Zivilisation zum Opfer gefallen ist. Wie ihre Ahnen vor ewigen Zeiten gehen die Inuit noch immer der Robbenjagd nach, nur daß jetzt schnelle Boote mit knatternden Außenbordern Kajak und Paddel ersetzen. Ständig herrscht im Hafen ein Kommen und Gehen vieler kleiner und ziemlich lauter Boote, die meist mit ein oder zwei Mann besetzt sind.

Einmal, als ich die Kamera zücke und auf ein anlandendes Boot richte, das mit fünf erlegten Robben beladen ist, sehe ich mich plötzlich einem Schwall wüster Beschimpfungen und eindeutigen Drohgebärden ausgesetzt.

„Das würde ich wirklich lieber lassen", bemerkt trocken eine fremde Stimme hinter mir. Ich drehe mich um und staune über den ersten Einwohner von Angmagssalik, der mich in freundlichem Tonfall anspricht. „Wenn du Selbstmord begehen willst", fährt der Mann wohlwollend fort, „zieh' dir am besten noch'n T-Shirt von Greenpeace über. Ich kenne ein paar Kerle, die sehen dann rot."

„Danke für den Hinweis."

„Keine Ursache", grinst der Typ und stellt sich vor, mit einem Namen, der allerdings so außerirdisch klingt, daß ihn sich keiner von uns merken kann. Wir werden ihn „Tuborg" nennen, und wer sich mit Biermarken auskennt, ahnt schon, wieso. Tuborg gehört zu der in Grönland häufigen Spezies, deren Dauerglimmer dank eines stets in Reichweite befindlichen Sechserpacks Bier aufrechterhalten wird. Von dieser Schwäche abgesehen, erweist er sich als ein brauchbarer Fremdenführer und Mädchen für alles. Der quirlige Grönländer hilft, wo Hilfe vonnöten ist, baut Brücken, wo Gräben der Unkenntnis klaffen, und scheint überhaupt die Achse zu sein, um die ganz Angmagssalik sich dreht. Kurz: Er ist das, was wir in fremden Häfen immer am nötigsten brauchen. Ihm ist es zu verdanken, daß wir diesem nicht gerade entgegenkommenden Ort doch noch ein paar nette Seiten abgewinnen.

Tuborg ist Ingenieur. Sagt er jedenfalls, und das könnte zumindest sein außerordentliches Faible für Papier und Bleistift erklären. Tuborg zeichnet, wann und wo sich etwas zeichnen läßt. Einen Stift zum Kritzeln hat er immer zur Hand, und wenn einmal der Papierblock fehlt, dann findet er garantiert irgendeinen brauchbaren Ersatz. Tischdecken bringt man vor diesem unermüdlichen Künstler besser in Sicherheit. Mit unserer Seekarte von Ostgrönland ist uns das leider nicht schnell genug gelungen, so daß sich jetzt schwer sagen läßt, ob es sich bei der vermeintlichen Küstenlinie nicht doch um eine der schwungvollen Schleifen von Tuborgs Graffiti handelt.

Was, frage ich mich, macht ein Ingenieur in Angmagssalik? Allem Anschein nach das, was die anderen auch machen: mit dem Boot zur Robbenjagd düsen. Ansonsten sieht man ihn

mal mit einem Lieferwagen Bauholz durch die Gegend kutschieren, mit dem Gabelstapler Fischkisten von hier nach dort rücken oder mit Hammer und Nagel Bootsplanken ausbessern. Und da Tuborg sich an diesem Ort für so ziemlich alles zuständig fühlt, hat er denn auch die Betreuung der Wikinger übernommen.

Unter seiner Führung spazieren wir durch und um das Dorf, und das bei richtigem Ansichtskartenwetter. Wer sagt denn, daß man in Grönland frieren muß? Wir machen uns in Jeans, Hemd und leichtem Schuhwerk auf den Weg. Es ist herrlich und „ganz anders, als ich mir Grönland vorgestellt habe", freut sich Peter. Die Berge prangen in lauer Luft unter einem azurblauen Himmel, und auf den Wiesenhängen grünt und blüht, zirpt, schwirrt und summt es. Wir haben Anfang September, aber in Grönland scheint Frühling zu sein.

Auf dem Friedhof allerdings blühen nur knallige Plastikblumen, dafür aber gleich das ganze Jahr. Beim Studieren der Inschriften auf den Grabsteinen stutzen wir. „Ziemlich kurzfristige Verfallsdaten", murmelt Jürgen. In der Tat sieht es so aus, als ob die durchschnittliche Lebenserwartung der Grönländer sich seit Erik dem Roten nicht wesentlich erhöht hätte.

„Ja ja, die saufen sich hier alle zu Tode", erklärt Tuborg trübe und setzt seine Bierdose an. Auch beim Fischen gehe schon mal einer über die Kante, und außerdem sei die Luft recht bleihaltig. „Manche haben aber auch Glück und laufen mit 'ner Kugel im Bauch weiter herum."

Wie gesagt, hier ist der wilde Osten. Jedes Jahr, berichtet Tuborg, werde die Einwohnerzahl der Siedlung um zehn bis fünfzehn Personen gewaltsam reduziert. Im Suff, versteht sich. Nüchtern würde keiner so was tun, bloß wann sind die Leute schon mal nüchtern? Mittwochs vielleicht. Da ist der Vollrausch des letzten Wochenendes langsam ausgeschwitzt, und der nächste hat noch nicht begonnen.

Schaut man sich in Angmagssalik um, wundert einen das gar nicht: Schießprügel, wohin das Auge blickt. Für jedermann greifbar bleiben Gewehre nachts in den Booten liegen, lehnen hier und dort an Hauswänden, und selbst kleinste Knirpse laufen mit der Knarre durch die Straßen, um sie vielleicht dem Vater nachzubringen. Gewehre sind Werkzeuge, so notwendig und vertraut wie Angelhaken und Netze. Und ebenso selbstverständlich werden sie auch benutzt. Die Polizeiakten und die Gräber von Angmagssalik zeugen davon. Wir wenden uns mit Schaudern ab und spazieren Richtung Hafen zurück.

Für und wider die Robbenjagd

Eugen erklärt, ihm gehe eigentlich am meisten das Robbenschlachten gegen den Strich. Das ist ein Stichwort, bei dem Tuborg sich zur Ehrenrettung der Inuit aufgerufen fühlt. „Ich will euch was sagen, diejenigen bei euch in Deutschland, die uns die Robbenjagd am liebsten ganz verbieten wollen, die haben wirklich null Ahnung von unserem Leben!" Erstens sei Seehundfleisch schon immer ein wichtiger Bestandteil des kargen Speisezettels der Grönländer gewesen – laut Statistik ißt jeder Einwohner des Landes davon hundert Kilo pro Jahr –, und zweitens sei man nach wie vor auf den Handel mit Fellen angewiesen, besonders an einem Ort wie Angmagssalik. „Oder seht ihr hier vielleicht irgend etwas, wovon wir sonst existieren könnten?"

Der Fischfang allein bringt es nicht. Würde die Seehundjagd verboten, meint Tuborg, bliebe ihnen nichts als die Sozialhilfe, die ohnehin schon für viele Inuit direkt in die Verwahrlosung führt. Die Jagd, durch die viele Generationen in der Arktis überlebten, sei als Überbleibsel einer uralten Tradition wichtig für das Selbstwertgefühl dieses Volkes. „Sie ist fast das einzige", sagt Tuborg feierlich, „was uns noch zur Erhaltung unserer Selbstachtung geblieben ist."

Und dann erklärt er noch, was manchen Tierschützer in deutschen Landen vielleicht nachdenklich stimmt: „Weiß man bei euch überhaupt, daß eure ganze Anstrengung zum Schutz der Robben praktisch das Gegenteil zur Folge hat?" Der Markt für Robbenfelle ist fast zusammengebrochen, seit die grausamen Methoden der kanadischen Robbenschlächter ganz zu Unrecht auch die Grönländer in Verruf gebracht haben, die keiner Robbe bei lebendigem Leib das Fell über die Ohren ziehen, sondern sich stets der Schußwaffe bedienen, was ihnen aber nicht erspart hat, mit in den Sog des Boykotts gezogen zu werden. Um seinen Staatsbürgern auf der arktischen Insel nicht die Lebensgrundlage zu entziehen, habe sich das Mutterland Dänemark aber nun verpflichtet, die Felle zu einem subventionierten Preis abzunehmen. Der sei jedoch extrem niedrig, und um halbwegs über die Runden zu kommen, müsse ein Jäger jetzt die dreifache Anzahl Robben erlegen.

„Das", sagt Tuborg, „haben die Tiere nun von euren Schutzmaßnahmen."

Mag der ideelle Wert der armen Robbe als Symbol eines freien, unabhängigen Jägerlebens auch hochgehalten werden – daß ihr materieller Wert gesunken ist, wird uns deutlich, als wir im klaren Hafenwasser unter unseren Booten sieben Seehundkadaver entdecken. Tuborg bestreitet energisch, daß man die Tiere einfach weggeworfen habe. Vielmehr handle es sich um Fleischvorrat für die Schlittenhunde, aufbewahrt im eiskalten Wasser, das offenbar den Kühlschrank ersetzt. Bei genauerem Hinsehen stellen wir fest, daß die toten Tiere in der Tat an kleinen Muringtonnen festgebunden sind, von denen sie nach Bedarf entnommen, zerlegt und den struppigen Huskies vorgeworfen werden. Womit sollte man sie sonst ernähren, die in Rudeln gehaltenen, unverzichtbaren Schlittenhunde? Kartonweise Dosenfutter könnte sich niemand leisten in Angmagssalik.

„Man muß einfach aufhören", denkt Eugen laut, „alles nur durch unsere schwarz-rot-gold gefärbte Brille zu sehen." In der Tat verschieben sich unsere Perspektiven im weltfernen Angmagssalik, dessen zungenfeindlicher Name von einer kleinen Lachsart stammt, die in der vorgelagerten Bucht besonders zahlreich vorkommt. Es ist gerade hundert Jahre her, seit diese Siedlung von dem dänischen Marineoffizier Gustav Holm entdeckt und aus ihrer steinzeitlichen Verborgenheit geholt wurde. Bis dahin lebte die kleine Eskimogemeinschaft wie auf ihrem eigenen Stern, ohne jeden Kontakt zur Außenwelt. Zwar gab es vage Hinweise der Wikinger, daß auch an der Ostküste irgendwo „Skraelinger" lebten, doch wer hätte sie suchen und finden sollen in der unendlichen Weite des Landes?

Zweifellos ist es dieser Abgeschiedenheit zu verdanken, daß Inuitbrauchtum hier noch in einem Maße erhalten geblieben ist wie nirgendwo sonst in Grönland. Noch immer wird bevorzugt die oft schreiend bunte Tracht getragen, Denkweise und Verhaltensmuster verraten ihre Verwurzelung in uralter Tradition. Fremde, die verändernde Einflüsse ausüben könnten, tauchen selten auf an der unwirtlichen Ostküste und hinterlassen bei den Einheimischen bestenfalls obskure Eindrücke.

So öffnen sich uns nur langsam und zögernd die Türen von Angmagssalik. Es ist einzig Tuborgs Vermittlung zu danken, wenn wir schließlich hier und dort einmal über die meterlangen Außentreppen steigen und einige Blicke in die knallbunten Häuschen werfen dürfen. Nicht ohne Stolz läßt sich ein Speckstein

schnitzer über die Schulter sehen, als er mit Raspel und Feile kunstvolle Tierfiguren fertigt. Aber wenn etwas der Gewöhnung bedarf, so ist es die mangelnde Sauberkeit. Zu den adretten Puppenstubendörfern Dänemarks bietet die Provinz Grönland das totale Kontrastprogramm. Was einem hier an speckiger Unordnung und schreiender Unhygiene ins Auge fällt oder in die Nase steigt, erreicht mitunter die Brechreizschwelle.

„Mann, Mann, was'n Dreck ..." bemerkt Jürgen fassungslos. Tuborg ist prompt beleidigt. Gerade jetzt, findet er, sei doch wirklich alles schön aufgeräumt und gesäubert. Einmal im Jahr nämlich, gleich nach der Schneeschmelze, findet das Großreinemachen statt, sobald im Frühjahr die Sonne steigt und sämtliche Abfälle, die im Winter wahllos ins Freie geworfen und vom Schnee gnädig zugedeckt wurden, wieder zum Vorschein kommen. Dann, gibt Turborg zu, stinke es tatsächlich so fürchterlich, als wohne man direkt auf der Müllhalde.

Ich finde den Unterschied auch jetzt nicht groß. Der Übergang des Ortes zur nahegelegenen Müllkippe, die einen idyllischen Fjordhang bedeckt, ist sozusagen fließend. Man könnte meinen,

Angmagssalik haben den letzten schlimmen Piteraq noch nicht ganz überwunden, jene Naturkatastrophe, die vor gut zwanzig Jahren die Ortschaft verwüstete. Piteraq nennen die Leute hier einen Fallwind, der sich meist im Winter mit der Wucht eines Hurrikans von der Eiskappe auf die Küste herunterstürzt. Windgeschwindigkeiten von 280 bis 300 Stundenkilometern sind dabei keine Seltenheit. An jenem Unglückstag, dem 10. Februar 1970, wirbelte der große Piteraq Häuser, Menschen und Tiere wie Federn durch die Luft. Teile der Stadt wurden zu Kleinholz zerschlagen, und manche Dinge fand man einige hundert Meter höher auf den Bergen wieder.

Mir kommt es fast so vor, als habe man den Unrat der letzten zwanzig Jahre einfach zu den Überresten von damals geworfen. Die Dorfgerüche lassen auf längere Verwesung schließen, auch wenn der Wind mal nicht den fauligen Rauch von der eigentlichen Müllkippe herüberträgt. Silke stellt übrigens mit Bedauern fest, daß man für die Deponie das beste Baugrundstück des Ortes geopfert hat: Toplage, mit Weitsicht über den Fjord. Aber wie gesagt, alles ist Ansichtssache. In Grönland läuft eben nichts so, wie der Rest der Welt es erwarten würde.

Die Ölfässer von „Blue Ice One"

Unterdessen sind wir den fünften Tag in Grönland, die Schrecken der Sturmfahrt sind allmählich verarbeitet, und wir sollten bald ans Weiterreisen denken. Aber Tuborg meint, die Zeit für einen Ausflug in die Umgebung sollten wir uns doch noch nehmen. Er schlägt Ikateq vor. Der ehemalige amerikanische Luftstützpunkt sei eine höchst interessante Ruine und liege „gleich um die Ecke". Wir halten das für eine gute Idee. Mit seinem schlimmen Bleistift fügt Tuborg unserer Seekarte eine weitere spiralförmige Markierung hinzu: „Genau da ist die Pier. Sieht ziemlich ramponiert aus, hält aber noch. Da könnt ihr ruhig dran festmachen."

„Gleich um die Ecke" dauert geschlagene siebeneinhalb Stunden, fast einen vollen Arbeitstag. Wir denken schon, wir hätten Ikateq verfehlt, aber dann ist da diese seltsame, schnurgerade Terrasse zu sehen, die sich einen düsteren Berghang entlangzieht. Peter weiß sofort: „Da ist eine Landebahn!" Kurz darauf gibt sich auch die von Tuborg beschriebene Holzpier zu erkennen, die sich, schief vor Altersschwäche, kaum noch auf den Stelzen zu halten scheint. „Riskieren wir's", meint Eugen. „Der schiefe Turm von Pisa steht schon viel länger."

Wir machen fest, und wider Erwarten fällt nichts um. An Land rührt sich keine Seele, und überhaupt wirkt die ganze Ecke nicht sonderlich einladend. Ikateq bedeutet „dunkles Wasser", und dunkel ist die gesamte Kulisse. Ein düsterer Ort, dessen nähere Inspektion wir uns für morgen vornehmen, denn heute entsprechen die Lichtverhältnisse nicht den Wünschen unseres Kamerateams. Wir vertrödeln den Abend und gehen zeitig schlafen – an der Pier einer Geisterstadt, einsam und öde, am Fuß unheimlicher Berge.

Ist es ein Wunder, daß mich an solch einem Ort ein Alpdruck plagt? Mir träumt in dieser Nacht, wir seien auf ein Riff gelaufen. Ein Angsttraum, der in Wahrheit ein halber Wachtraum ist, ein wirres Konglomerat unterbewußter Wahrnehmungen. Ich schrecke hoch. Als ich die Augen aufschlage und verstört in die Dunkelheit starre, ist zu meinem Entsetzen das knirschende Geräusch aus meinem Traum immer noch zu hören: ein kratzendes Schurren unter dem Rumpf, dann ein dumpfer Stoß.

„Burghard! Bist du wach?" Eugen ist schon aus dem Schlafsack gesprungen und geistert mit der Taschenlampe herum, in deren Schein sich die Bescherung offenbart: Wir sitzen auf Grund. Davon hat Tuborg nichts gesagt, daß dieses sehr flach auslaufende Ufer die Pier bei Ebbe trockenfallen läßt.

„Was nun?" fragt Werner mit großen Augen.

„Kein Grund zur Panik", beschwichtige ich, und Eugen fügt beruhigend hinzu: „Bis jetzt ist die Flut noch immer wiedergekommen. Irgendwann schwimmen wir wieder auf."

SHANGRI-LA ist ein alter Wattvogel, der schon in vielen flachen

Tidensänden gesteckt hat. Mit zwei Beinen ist das ja auch relativ problemlos. WIKING SAGA hingegen, von ganz anderer Bauart, übt zum erstenmal das Trockenfallen – und zwar in einer Schräglage, zu der sie sich auf See glücklicherweise nie hinreißen läßt. Wir müssen sie abfendern. Eine Stunde später ist das Wasser ganz abgelaufen, und die ungleichen Schwestern ruhen einträchtig nebeneinander auf dem Sand. Nach einer Inspektion in Gummistiefeln rund um das Schiff sind wir beruhigt: Die Rümpfe haben keinen Schaden genommen.

Am nächsten Tag erklimmen wir die windschiefe Pier, um diesen Ort in Augenschein zu nehmen. Nur noch fünfzig Menschen, eine Handvoll Inuitfamilien, hausen am Rand des einstigen Flugplatzes. Ikateq ist eine der kleinsten Siedlungen der Ostküste, aber das war nicht immer so. Während des Zweiten Weltkriegs wurde fast über Nacht ein riesiger Komplex aus Landebahn, Hangars, Tankanlagen und Wohnbaracken – die Airbase „Blue Ice One" – aus dem Boden gestampft, Stützpunkt für die Bomber, die zum europäischen Kriegsschauplatz flogen. Zweitausend US-Soldaten – mehr als damals Grönländer an der gesamten Ostküste lebten – brachten mit, was ihnen zum American Way of Life unentbehrlich schien, und machten den arktischen Frieden zunichte. Als Blue Ice One später überflüssig wurde, packten sie die Koffer und verschwanden so plötzlich, wie sie gekommen waren. Was nicht in die Koffer hineinging, blieb zurück – also fast alles. Danach konnte das „dunkle Wasser" nie mehr werden wie vorher.

Es mag noch begreiflich sein, daß Hallen und Wohngebäude nicht mit abtransportiert werden konnten. Andere Dinge aber hätten sich wohl entsorgen lassen. Wir wandern über Schotterstraßen durch ein Tal, dessen Horizont mit Gebirgen aus Ölfässern verbaut ist. Abertausende Ölfässer, rostig und verbeult, so weit das Auge reicht. Sie bedecken den Berghang, den wir erklimmen. Von der Höhe blicken wir über wellige Täler, die angefüllt sind mit – Fässern. Hier und dort glänzen ein paar teerschwarze Öltümpel in den Senken wie traurige Fettaugen, die aus einer gepeinigten Landschaft blicken.

Nieselregen unterstreicht noch die Trostlosigkeit dieses wüsten Schauplatzes. Tief senken sich die Wolken als graue Vorhänge vor die Berggipfel, und wir patschen weiter durch den Matsch des gigantischen Schrotthaufens – sieben gelbe Farbtupfer in tropfendem Ölzeug. Die Ausdehnung von Blue Ice One war gewaltig. Bauland gab's ja auch bis zum Horizont, also übte man keinerlei Zurückhaltung. Gemessen an grönländischen Verhältnissen stand hier eine Großstadt, die, nachdem das Leben vor fünf Jahrzehnten aus ihr gewichen war, nun allmählich skelettiert. Der Kühlschrank Arktis hat den Verfall verzögert.

Es sind recht konträre Gedanken und Empfindungen, die der triste Anblick bei uns auslöst. Empörend, sagt Silke, der Natur Wunden zuzufügen, die selbst nach so langer Zeit nicht vernarben können. Peter, leicht verspielt wie immer, findet es vor allem toll, daß noch immer Luft in den Autoreifen der plumpen, verrosteten Vorkriegsmodelle ist. Und ich – ich sehe mit einem Hoffnungsschimmer zartes Wollgras aus klebrigen Öllachen sprießen und grüne Ranken die verbeulten Fässer umklammern. Die Natur ist trotz allem stärker, sie braucht nur ihre Zeit. Am liebsten würde ich die Ärmel aufkrempeln und ihr dabei helfen, diesen Auswurf des Wahns zu beseitigen.

Zurück in Angmagssalik, hören wir über Ikateq so viele Meinungen wie Leute, die wir darauf ansprechen. Immerhin, meint der Bäcker, locke der Schrotthaufen ja doch vereinzelt Touristen an, die ein paar Kronen dalassen. Ein Schandfleck sei die Ruine, schimpft der nächste. Also weg damit? Nun ja, kommt die Einschränkung, aber nur, wenn die Amerikaner selber die Müllabfuhr übernehmen. Kurz: Mit Ikateq ist es wie mit allem in Grönland – man kann darüber reden. Aber was letztlich geschieht – oder auch nicht –, darüber entscheiden die jeweiligen Umstände, nämlich der Schnee, das Eis, der Wind, die Ferien oder was sich sonst verantwortlich machen läßt.

Zauberhafte Luftspiegelungen

Unterdessen droht das Wochenende. Unheilvolles Vorzeichen ist ein Boot mit zwei „Gröl-ländern" an Bord, die, bereits sämtlicher Sinne verlustig, im Affentempo durch den Hafen düsen. Wenn ich zu etwas keine Lust habe, dann hier zwischen die Fronten des Bürgerkriegs zu geraten, der in grönländischen Dörfern Freitagnacht auszubrechen pflegt und bis mindestens Sonntagabend wütet. Es wird also Zeit, uns und die Schiffe aus der Schußlinie zu bringen. Und Thor muß ein offenes Ohr für meine Wünsche haben, er schickt uns Nordwind. Wir verschwinden so unauffällig, wie wir gekommen sind, verabschiedet von einem schon ziemlich beduselten Tuborg und seinem Neffen.

Draußen im Fjord wirft Eugen die Schleppleine los. „Macht's gut, ihr Normannen! Jetzt müßt ihr wieder allein klarkommen!"

Unser aufgetuchtes Segel rauscht herunter, und Thor, sonnengelb auf braunem Grund, bläht die Backen. Jetzt geht's südwärts, vierhundert Seemeilen an der Küste entlang – einer Küste, die mit nichts auf der Welt zu vergleichen ist. Wir sind auf der Straße der Eisgiganten, die im Ostgrönlandstrom zum Kap Farvel segeln. Soweit nicht allzu heftige Fallwinde uns davon abhalten, wollen wir möglichst dicht unter Land bleiben. Es ist eine gewaltige Leitplanke, die uns rechter Hand begleitet – bis zu dreitausend Meter hohe, granitgraue Gebirgsketten. Und links gibt es nichts als Eisberge, Growler und, wenn das Pech es will, Nebelfelder. Ich habe noch keine Allee gesehen, die bedrohlicher gesäumt gewesen wäre.

Wenn in Grönland alles vom Wetter redet, so keineswegs deshalb, weil es an anderen Themen mangelt, sondern weil kaum etwas für so spannende Unterhaltung sorgt wie das unberechenbare Klima. Die Witterung kann unvermittelt ein erbitterter Feind werden, aber ebenso sprunghaft wandelt sie sich wieder zum friedfertigsten Freund. Sie provoziert heillose Ängste oder grenzenlose Bewunderung, gleichgültig läßt sie nur einen unheilbaren Ignoranten. In den nun folgenden Tagen zeigt uns das Wetter das Beste, was die große Eisschüssel zu bieten hat. Dieselbe

Landschaft, die vor kurzem noch wie eine mißratene Schwarz-
weißkopie aussah, erstrahlt auf einmal wieder in der Qualität
eines farbigen Hochglanzbildes; wir berauschen uns an einem
märchenhaften Segeltörn, lauschen verzückt dem Raunen des
Windes, weiden uns an den glasklaren Konturen der Berge, dem
Gleißen der Eisgiganten und dem tiefen Blau des Himmels. Alle
sind sich einig: Die Ostküste Grönlands ist schlicht eine Ansamm-
lung von Superlativen.

Die Crew der WIKING SAGA ist wie ausgewechselt. Nichts erinnert mehr an die grauen, verfrorenen Mäuse, die vor etwa einer
Woche erschöpft an diese Küste trieben. War ich wirklich vor
kurzem soweit, daß ich aufgeben wollte? Habe ich tatsächlich im
stillen geschworen: in Angmagssalik ist Schluß? Was für ein
Unsinn! Und was wäre uns entgangen! Kalaallit Nunaat, wie die
Inuit sagen, das „Land der Menschen", die Schöne des Nordens,
präsentiert sich zu dieser Jahreszeit selbst nachts in hellem Licht.
Sogar in der kurzen Dunkelphase zwischen Mitternacht und drei
Uhr herrscht noch genügend Restlicht, so daß wir die vielen treibenden Eisberge klar ausmachen können. Der Nordwest von
Land her steht durch, und als die Sonne wieder steigt und unse-
ren Holzbottich erwärmt, haben wir 150 Seemeilen geschafft.
Nicht übel! Und der neue Tag hat sich vorgenommen, den voran-
gegangenen noch in den Schatten zu stellen.

Wir fühlen uns willkommen im Zauberreich der Arktis, in dieser Welt aus Glas und Spiegeln, in der die Natur mit ihrer
Schönheit Schabernack treibt. Grönland zieht alle Register seiner
Verführungskünste, und wir verfallen der Faszination eines ver-
wirrenden Schauspiels, das in diesen Breiten bei klarem Wetter
häufig aufgeführt wird: Luftspiegelungen. Der Himmel ist nicht
mehr der Himmel und das Meer nicht mehr das Meer. Was unten
war, scheint oben, und was fern ist, scheint nah zu sein.

Im Logbuch finde ich später diesen zweiten Tag nach Angmagssalik mit nur einer knappen Anmerkung verzeichnet: FATA
MORGANA. Der Rest ist Sprachlosigkeit. Für eine eingehende Be-
schreibung fehlten dem Chronisten die Worte, was verzeihlich ist.
Es ist einfach verblüffend zu sehen, wie die Ordnung der Dinge

WILLKOMMEN IN DER WELT DES WASSERSPORTS...

...und damit auch beim **Delius Klasing Verlag, Europas größtem Wassersportverlag.** Ob Sie sich für eine Prüfung vorbereiten, Ihre nächste Reise planen, Ihre Kenntnisse vertiefen oder sich einfach nur gut unterhalten wollen, bei uns finden Sie alles rund um Ihr Hobby...

Ein umfangreiches Angebot an **maritimer Literatur, ausgewählte Videofilme und innovative Softwareprodukte** gehören zum Verlagsprogramm. Außerdem erscheinen im Delius Klasing Verlag die führenden Wassersportzeitschriften **YACHT, BOOTE und SURF.**

Sie möchten **Informationen** über unser aktuelles Angebot? Dann füllen Sie einfach diese Karte aus und wir schicken Ihnen **kostenlos unsere Gesamtverzeichnisse sowie ein Probeheft Ihrer Wahl!**

DELIUS KLASING
www.delius-klasing.de

Antwort

Delius Klasing Verlag
Postfach 10 16 71

D- 33516 Bielefeld

Ja, schicken Sie mir kostenlos die
Gesamtverzeichnisse:

O Wassersport (Delius Klasing/Edition Maritim)

O Video, Soft- & Funware

Außerdem senden Sie mir bitte ein aktuelles
Probeheft:

O *yacht* - die führende Segelzeitschrift

O **boote** - das führende Motorboot-Magazin

O *surf* - das führende Windsurfing-Magazin

Ich bin speziell interessiert an folgenden Themen:

O Segeln O Motorbootfahren O Surfen O Tauchen

Meine Anschrift:

Name

Straße

Wohnort

Telefon

Schneller geht´s per Fax: 05 21 / 559-117
oder per Telefon: 05 21 / 559-295
Mo.-Do. 9-18 Uhr, Fr. 9-15 Uhr

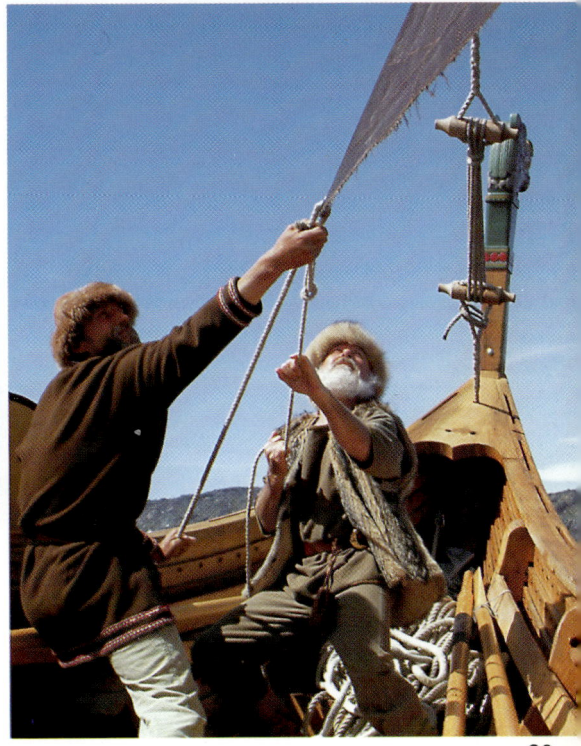

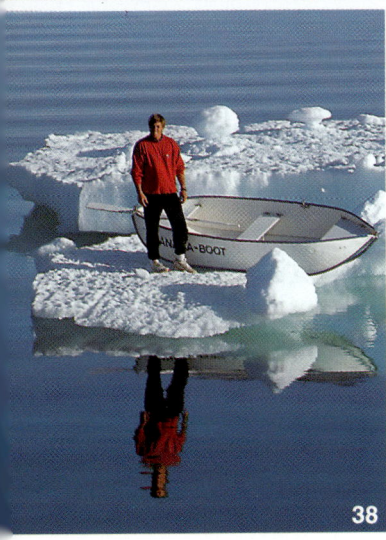

37

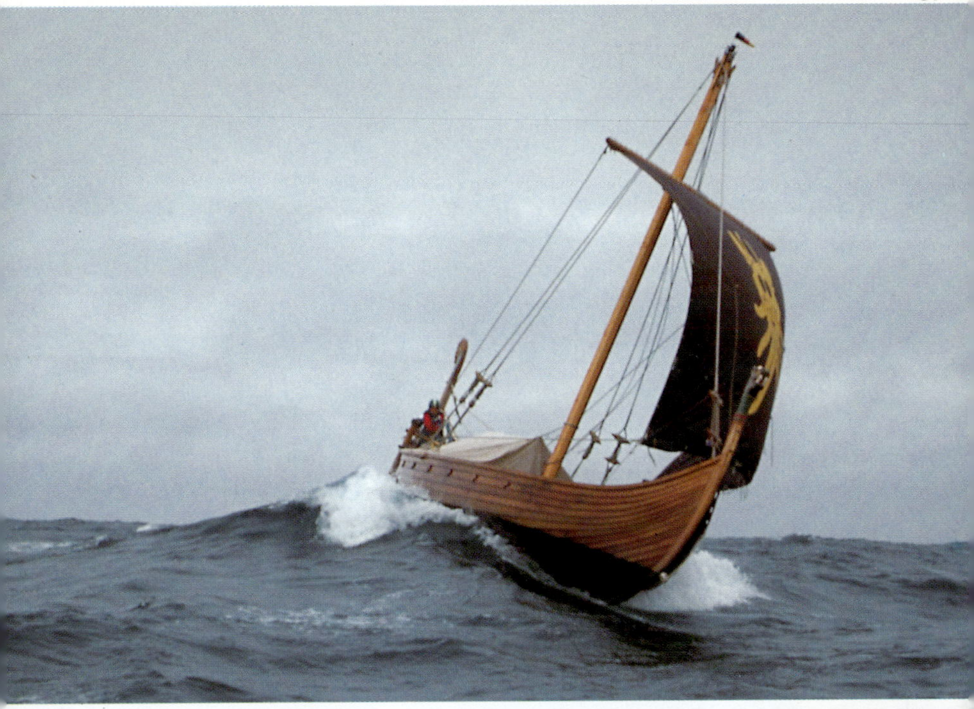

38

39

37 Sei kundig, dein Wogenroß zu reiten: WIKING SAGA im Surf.

38 Jan Brandt aus Florida vor seiner Verwandlung zum Wikinger.

39 Klar zur Wende!

40 Wehrhafte Neuzeit-Wikinger.

41 Türkisgrünes Packeis versperrt
uns das Fahrwasser.

40

42

42 Mutprobe: nach drei Minuten
wird es gefährlich.

43 Mit dem Sonnenschattenkompaß konnten die Wikinger die
geographische Breite bestimmen.

Luftgetrockneter Proviant
zwischen den Wanten.

44

45

46

45 500 Meilen voraus liegt
   Vinland.

46 Ein Relikt aus dem Mittelalter vor der Skyline von
   Manhattan.

47 „Wikinger" heißen uns in New
   York willkommen.

47

aufgehoben wird, nur weil die warmen Luftmassen des Festlands sich über die kalten der Grönlandsee schieben, wobei an ihrer Grenzfläche die Lichtstrahlen reflektiert werden. So jedenfalls erklärt es die Wissenschaft, daß in der Ferne plötzlich Gebilde über dem Horizont erscheinen, die normalerweise darunter liegen. Vor unseren staunenden Augen verwandeln sich Eisberge in flimmernde Luftschiffe, die schwerelos über der See schweben. Dabei wechselt ihre Gestalt, manche teilen sich zu tanzenden Einzelwesen, die sich später wieder zusammenfügen. Nichts ist mehr, was es scheint, der Horizont ist in Auflösung begriffen. Eben noch begrenzt deutlich eine dunkle Landzunge unser Blickfeld, eine Gebirgsbarriere, die ins Meer greift. Doch auf einmal zerfließen ihre Konturen, und das Land verschwindet. Ich kneife die Augen zu und schaue noch mal hin: weg! Einen Wimpernschlag später steht das Gebirge wieder da, wo es hingehört. Sprachlos verfolgen wir die Taschenspielertricks der Natur, wie Kinder offenen Mundes einem Zauberer zuschauen. Es ist fast zuviel verlangt, sich dabei noch auf die Navigation zu konzentrieren. Doch Ablenkung kann jetzt gefährlich werden.

Nur einen Moment starren wir zu lange in die Ferne, schon reißt uns ein gehöriger Schlag gegen den Steuerbordbug aus den Träumen und schubst uns aus dem Gleichgewicht. Ein dicker Eisbrocken hat dem Drachen eins vor die Brust versetzt. Als die Scholle sich dreht und abtreibt, sehen wir lauter kleine Holzsplitter auf ihrer weißen Kante kleben. „O Mann, das kann aber ins Auge gehen!" sagt Peter erschrocken. „Ausguck halten, Leute, bloß Ausguck halten!" In der Tat wimmelt es hier von potentiellen Unfallgegnern. Noch dazu verläuft dieser 400-Meilen-Abschnitt entlang einer Küste, die nahezu unbewohnt und unbewacht ist. Gern hätte ich vor dieser Etappe noch konkretere Informationen eingeholt als Tuborgs Hieroglyphen auf unserer Karte. Auf die Frage, ob er nicht jemanden wüßte, der die Küste bis zum Kap Farvel schon befahren hat, schleppte Tuborg einen dunkelgegerbten Inuit an Bord; aber wie sich herausstellte, kannte der nur die 35 Meilen bis Isortoq, seinem Heimatdorf. Als ich ihn nach Bunkermöglichkeiten, Ankerplätzen und dergleichen auszuquetschen versuchte, tischte er uns eine ungemein spannende Geschichte von vier Eisbären auf, die er angeblich persönlich zur Strecke gebracht hatte. Das war nicht sonderlich hilfreich. Da schien mir denn doch der Arctic Pilot, das Handbuch aus vergangenen Jahren, am zuverlässigsten. Und im übrigen war wieder mal der sechste Sinn gefragt.

Gegen Mittag beginnt der Wind langsam einzuschlafen. Von seinen letzten langen Atemstößen geschoben, gelangen wir noch bis dicht unter himmelhohe Granitmauern, die nahezu senkrecht ins Meer abstürzen. Dann kommt ein Fjordeingang, wie mit dem Beil in die Felsen gekerbt, der an ein riesiges offenes Scheunentor erinnert. Dort drinnen wird es schon irgendwo einen Platz zum Verschnaufen geben. Am Fuß der Felswand erstirbt allerdings auch der letzte Windhauch, kein Lüftchen kräuselt mehr das Wasser, glatt wie ein auf Hochglanz polierter Spiegel verdoppelt es das Bild der kahlen graubraunen Schlucht. Totale Flaute – das bedeutet, wir sind mal wieder auf den Diesel der Shangri-la angewiesen. Wiki, auf bewegter See ein echtes Sprinttalent, ist ohne ihren natürlichen Antrieb hilflos, dann fehlen ihr zehn stramme Ruderer.

Da dümpeln wir also mit flappendem Segel, Peter steht am Mast, den Tampen am ausgestreckten Arm bereit, und Eugen ist schon unterwegs. Wir finden einen Ankerplatz wie von der Wunschliste. Kurz vor dem Ende des Fjords ragt eine Felsnase wie ein Wellenbrecher ins tiefe Wasser. Dahinter verbirgt sich eine ideale Bucht, unbewegt, wie von einer glattgespannten Hochglanzfolie bedeckt. Unsere Steven zerschneiden die spiegelnde Fläche, als sei noch nie ein Boot darübergeglitten. Und in der Stille der Bucht klingen unsere Stimmen so eigenartig hohl, als kämen sie aus einem Lautsprecher. Shangri-las Bügelanker geht über die Kante, Wiki schmiegt sich schutzsuchend an ihre orangerote Flanke, und die Normannen klettern wieder hinüber ins Jahr 1991, in ihr mobiles Hotel. Appetitlich duftet es aus dem Eingangsschott der Wohnküche, als wir, uns die klammen Hände reibend, dankbar aus dem Mittelalter zurückkehren.

„Ach, geht es uns doch gut", seufzt Peter, „und das mitten in der Wildnis!"

In der Tat scheint dieses Labyrinth verschwiegener Fjorde jeder menschlichen Zivilisation entrückt zu sein, verlassen oder noch niemals berührt. Und doch finden sich hin und wieder Spuren einer früheren Besiedlung – nicht der Wikinger, denn sie waren Bauern, und für ihre Viehwirtschaft, die große Weideflächen erforderte, kam die wüste, unzugängliche Fels- und Gletscherwelt Ostgrönlands nicht in Frage. Hier konnten sich nur nomadisierende Jäger behaupten, die sich über etliche Generationen der feindlichen Umwelt angepaßt hatten. Die quadratisch ausgehobenen Erdmulden, die wir beim Landgang entdecken, waren einst von dicken Stein- und Grassodenmauern umgeben und sind Überreste einer alten Inuitkolonie. Auf sehr ähnliche Art bauten zwar auch die weißen Nordmänner ihre Höfe im Südwesten Grönlands, aber diese Ruinen hier weisen Merkmale auf, die nur den Eskimos zu eigen waren: Hohe, senkrecht aufgestellte Steine neben den Hütten dienten als Trockenständer für die Umiaks, ihre aus Leder gearbeiteten Transportboote. (Deren anstrengende Fortbewegung seltsamerweise Frauensache war, weshalb man sie „Frauenboote" nannte.)

Der Siedlungsplatz, auf den wir stoßen, ist in keinem Reiseführer verzeichnet, und in Peters Adern erwacht prompt Entdeckerblut: „Stellt euch mal vor, wir sind vielleicht die ersten, die allerersten, die das hier vorfinden! Wäre doch möglich, wer weiß..."

Wer weiß? Dieses Land besitzt tausend Verstecke, um seine Geheimnisse erfolgreich gegen die Blicke der Welt zu verteidigen. Vielleicht haben an noch unbekannten Stellen der Kong Frederik VIs Kyst, wie dieser Küstenabschnitt offiziell heißt, Menschen gelebt, als vom dänischen König Frederik noch keine Rede sein konnte.

Der Abend in unserer verborgenen Bucht bleibt ruhig und windstill. Wir sammeln trockenes Nadelholz (sibirische Baumstämme wurden schon immer an die Gestade Grönlands gespült) und entzünden ein Lagerfeuer. Knisternd fliegen die Funken in den Abendhimmel, und während die majestätischen Granitzacken über uns langsam dunkler werden, brutzeln frisch gefangene Dorsche in der Pfanne. Wir genießen das einfache, aber köstliche Mahl unter freiem Himmel. Stunden wie diese vergißt man nie, sie vermitteln ein Gefühl tiefen inneren Einklangs mit der Natur. Eine große Würde geht von dieser Landschaft aus, diesen mächtigen Bergen, schweigenden Schluchten und spiegelnden Wassern. Es ist ein Land, das die Gedanken und Empfindungen gleichsam von Unrat befreit und die Seele läutert.

„Nach Grönland segeln, wo es so kalt ist? Dahin würden mich keine zehn Pferde kriegen. Was willst du denn da? Da ist doch überhaupt nichts los." Solche und ähnliche Kommentare hörte ich oft in den Yachtklubs und anderswo, wenn mein Expeditionsvorhaben zur Sprache kam. Nein, es ist nichts los in Grönland. Zumindest nichts, was das Gros der Menschheit unter Unterhaltung versteht. Statt Reizüberflutung bietet Grönland Labsal für die Sinne, ein Fest für die Augen, und es kann zur Passion werden. Wie viele schöne, wilde Landschaften habe ich schon gesehen, doch selbst die Patagonischen Kanäle am Kap Hoorn oder das Fjordland von Neuseeland waren nur Miniaturausgaben vom wilden Osten dieser arktischen Insel. Hier soll nichts los sein? Leuchtende Eispaläste, von keines Menschen Hand berührt, paradieren zu Tausenden über die tiefblaue See, und manchmal kann man sogar den Augenblick ihrer Erschaffung miterleben, wo die kilometerbreiten Gletscher des Inlandeises über die Küstenberge bis ins Meer hängen. Nirgendwo ist Grönland so faszinierend wie hier, wo es sich dem Menschen am erfolgreichsten verweigert.

Gastfreundliches Hölleneck

Aus Peters Tagebuch:

Freitag, 13. September. Nach dem Frühstück waschen und baden wir uns in einem Wasserfall. Es ist hübsch kalt, aber doch angenehm. Der Himmel ist blau, die Sonne scheint, es ist windstill. Eine niedrige, aber üppige Vegetation wächst hier, eine richtige kleine Oase zwischen den Felsen. Sehr schöne Blümchen. Ich denke an Üt-chen, wie immer, wenn ich Blumen sehe. Gern würde ich ihr diese hier schenken. Ich freue mich sehr über jedes Pflänzchen in dieser kargen Wildnis.

Draußen vor dem Fjord kommt Nebel auf und bleibt uns auch während der Fahrt treu. Nicht sehr günstig für uns. Und immer wieder Eisberge, Eisberge, Eisberge. Unser Ziel ist Tingmiarmiut, eine dänische Wetterstation. Es wird 18.30 Uhr, bis wir ankommen. Die Ansteuerung ist schwierig, lauter winkelige Passagen, die wir im Schneckentempo durchfahren. Felsriffe, die bis dicht unter die Oberfläche reichen können. Dann endlich die Station! Ich freue mich, aber vergebens. Kein Empfang, kein Hundegebell, alles tot. Die Station ist verlassen. Als einzige Einladung baumeln an der Pier noch Festmacherleinen.

Es sieht sehr trostlos aus. Nur ein Gebäude ist noch gut erhalten, ansonsten morsche Holzbaracken, ein geknickter Antennenmast, Ölfässer mit Einschußlöchern. Letztere lassen darauf schließen, daß hier nicht nur der Zahn der Zeit genagt hat. Ein paar vorbeigekommene Grönländer müssen „wilde Sau" gespielt haben. Wir staksen neugierig durch die Baracken, die für hiesige Verhältnisse wahrscheinlich luxuriös eingerichtet waren. Sie hatten Duschen, Toilettenbecken, Büromöbel. Aber auf dem Teppichboden hat jemand ein Lagerfeuer gemacht und eine Robbe gebraten; die Knochen liegen noch herum.

Wir begutachten das Tanklager. Die großen Öltanks sind abgelassen worden. Von ihnen zieht sich eine breite, schwarzbraune Spur wie frischer Asphalt bis zum Ufer hin. So entsorgt man hier Öl: einfach das Ventil mit dem großen Handrad öffnen – fertig.

Dann läuft die Soße über die Ufersteine in den Fjord. Das hier ist ja noch schlimmer als die alte US-Basis in Ikateq! Zwei Gebäude sind bis auf die dicken, unbrennbaren Isomatten abgefackelt. Entweder hat da einer den Feuerteufel rausgelasen, oder der Robbenbraten ist angebrannt. Auf den Isomatten finden wir allerhand in grönländisch eingeritzt. Aber wer kann schon wissen, was „ingerlalluarumaarlusi" heißt? Jürgen interessiert sich für die Einschußlöcher in den Dieselfässern und findet dabei noch zwei unversehrte. Die werden gleich beschlagnahmt. Ich selber werde in der Werkstatt fündig, da liegen noch Messingschrauben, Isolierband und Elektrokabel herum. Diese Sachen sind im Ersatzteillager der SHANGRI-LA besser aufgehoben. Und auch sechs wunderbare Schaumstoffmatten nehmen wir mit. So war unser Besuch in Tingmiarmiut doch nicht ganz umsonst.

Morgen wollen wir sehr früh aufstehen und die nächste Nacht möglichst durchfahren. Allmählich ist die Zeit gegen uns.

Mittlerweile macht sich so etwas wie Endzielstimmung breit. Mit jeder Stunde, die uns der Südspitze Grönlands näherbringt, scheinen die Pferde deutlicher den Stall zu wittern. Doch erst, wenn das Kap hinter uns liegt und die Südwestschären erreicht sind, können wir aufatmen. Gnade uns Gott, wenn uns hier über Nacht ein früher Wintereinbruch überrascht, was um diese Zeit nicht undenkbar ist. Im Eiskeller Grönlands einzufrieren, das könnte die Expedition um ein weiteres Jahr verlängern, denn es wäre fraglich, ob die Wärme des kommenden Sommers ausreicht, so früh entstandenes Wintereis aufzutauen und die Ostküste wieder schiffbar zu machen.

Wir müssen also jetzt Meilen sammeln, um jeden Preis dem drohenden Winter zuvorkommen. Wieder draußen auf der Straße der driftenden Eisriesen werden wir deshalb in dem träge fließenden Verkehr zu ungeduldigen Dränglern und eiligen Überholern. Zum Glück ist bei klarem Wetter auch in der Nacht die Sicht gut genug, daß wir den weißen Kilometersteinen ausweichen können.

Am frühen Vormittag des 16. September stehen wir am Prins-

Christians-Sund, dem „Prinzen", wie die Grönländer sagen: ein schmaler, kanalartiger Wasserweg, der den Südzipfel der Insel quer durchschneidet und Schiffen die Außenrunde um Kap Farvel erspart. Der „Prinz" ist für uns das Tor zum Wikingerland, denn an seinem westlichen Ausgang öffnet sich das ausgedehnte Gebiet aus geschützten Fjorden und Schären, das einst Österbygd genannt wurde, die „Ostsiedlung", gegründet von Erik dem Roten; strenggenommen müßte sie Südwestsiedlung heißen. Ob zu damaligen Zeiten die durchgefrorenen Atlantiksegler den gleichen Weg wie wir wählten oder das Kap umschifften, wird sich mit letzter Sicherheit wohl nie klären lassen. Wahrscheinlich haben sie beide Passagen gekannt und sich vielleicht je nach Wetterlage für die eine oder andere entschieden.

Mich packt freudige Erregung, denn hier werden Erinnerungen wach. Wir sind in Gefilden angekommen, die ich bereits kennen und lieben gelernt habe, als ich mich 1986 mit der SHANGRI-LA auf Heimatkurs befand. Gespannt halte ich Ausschau nach einem roten Fleck, der bald oben auf den Felsen an der linken Seite der Sundeinfahrt auftauchen müßte. Und da ist es: Hell's Corner, das Hölleneck, die dänische Relaisstation, die ich noch in feucht-fröhlicher Erinnerung habe. Was war das doch für ein uriger Haufen, der uns damals dort oben unter seine Fittiche nahm! Sechs kernige Typen aus Dänemark, die für einige Jahre ein Leben am Ende der Welt miteinander teilten. Ob sie wohl noch da sind? Plötzlich habe ich Sorge, auch an diesem Ort nur einen Schrotthaufen vorzufinden.

Doch nein, Hell's Corner, diese verschachtelten Gebäude auf einem Felsplateau in windiger Höhe, gekrönt von einem Antennenwald, ist nach wie vor in Betrieb. Wir erfahren es schon auf See. Vor der Mündung des Sundes kommt SHANGRI-LA auf einmal längsseits gerauscht, Eugen fuchtelt mit den Armen und brüllt: „Stellt euch vor, die warten schon auf uns! Ich hab' über UKW Kontakt aufgenommen. Sieht ganz so aus, als ob da oben schon was zum Trinken kalt gestellt wird!"

Kaum daß Eugen sich wieder gefangen hat, dröhnt schon ein Schlauchboot um eine Felsnase und prescht uns in eleganter Kurve entgegen, an Bord eine Reihe roter Overalls. Ich kenne keines der Gesichter, die da um die Wette feixen, als hätten sie schon länger keinen Besuch mehr in ihrer Einöde gehabt. Einer ruft in klarem Deutsch: „Immer rüber mit der Leine, wir holen euch an die Pier!"

Nichts lieber als das. Andernfalls müßten wir wieder SHANGRI-LA in Anspruch nehmen, denn aus der engen Röhre des Sundes drückt uns ein sehr starker Strom entgegen. Wir haben gerade gemerkt, daß wir so ziemlich auf der Stelle treten.

Als ich den winzigen Hafen am Fuß des Berges erblicke, habe ich den Eindruck, daß die Zeit stehengeblieben ist. Alles sieht noch genauso aus wie an jenem Tag vor fünf Jahren, als ich SHAN-GRI-LA an dieser Pier vertäute. Einige Versorgungsboote liegen vor Anker, auf der Kaianlage wartet das übliche Gerümpel an Kisten und Material auf Aufräumung, und gleich am Wasser stehen die Tanks und der große Lagerschuppen, neben dem das Seil des Lastenaufzugs nach oben auf den Berg führt. Mir schwindelt heute noch bei dem Gedanken an meine erste Fahrt in dieser Holzkiste, die, für Personen eigentlich streng verboten, von der Besatzung der Station unbekümmert als Fahrstuhl mißbraucht wurde. Wie sich herausstellt, ist es auch mit dieser leichtsinnigen Gewohnheit beim alten geblieben. Alles ist wie früher – bis auf die Belegschaft. Die Gesichter sind neu, doch es sind die gleichen Typen wie damals: wetterfeste Kerle mit diesem Schuß Abenteurerblut, ohne den man auf diesem Außenposten nicht bestehen kann. Wer es hier aushält, ist hart im Nehmen, aber auch großzügig im Geben.

Wir werden empfangen wie alte Bekannte – und das sind wir anscheinend auch. Als wir ansetzen, unsere Reise zu erklären, winken sie lässig ab. Wir können ihnen nicht viel Neues erzählen, auf dem Hölleneck weiß man bereits Bescheid. Der Wind scheint die Kunde vom Nahen eines Wikingerschiffs vorausgetragen zu haben, sogar schon um die Ecke, auf die andere Seite der Insel. Der Touristikmanager von Julianehåb hat sie bereits mehrmals telefonisch genervt und wissen wollen, ob von uns schon etwas zu sehen sei. Man erwarte uns baldmöglichst in Nanortalik.

Das hört sich ja spannend an. Aber erst einmal in der Station hoch über dem „Prinzen" angekommen, mögen wir an Weiterfahrt noch nicht denken. Viel zu verlockend sind die Düfte, die der Stationsküche entströmen und lang entbehrte Genüsse versprechen. „Hier kriegt man ja direkt 'ne Pfütze auf der Zunge", seufzt Eugen. Und was zu Mittag aufgetischt wird, erfüllt in der Tat die sehnsüchtigsten Erwartungen: zarter Rinderbraten mit Gemüse, ein anständig gezapftes Bier und warmer Kuchen. Für abends wird schon frischgebackenes Brot aus dem Ofen geholt. Wir schwelgen. Am Nachmittag folgt ein exzessives Duschritual, der Strahl wird auf heiß gedreht, daß es dampft, und in der Waschmaschine rotieren unsere Klamotten, vom Salz des Atlantiks befreit. Hell's Corner, für seine Besatzung ein Härtetest in windumtoster Ausgesetztheit, kommt uns vor wie das leibhaftige Paradies. Ein paar Wochen, meint Jürgen, würde er es hier ohne weiteres aushalten, bei Vollpension versteht sich. Woran natürlich nicht zu denken ist. Einen zweiten Schlemmertag genehmigen wir uns zwar noch, aber dann macht uns ein Anruf aus Nanortalik Beine.

Ich vernehme Nicos wohlbekannte und lange nicht gehörte Stimme am Telefon. Nico Hansen, der Mann aus Flensburg, der irgendwann in seinem Leben mal in Grönland hängenblieb und mir seinerzeit in Nanortalik zum unermüdlichen Helfer und verläßlichen Freund geworden ist. Unter seiner Obhut konnte einst SHANGRI-LA unbeschadet in Grönland überwintern, und so soll es diesmal mit beiden Schiffen geschehen.

„Wunderbar, daß ihr da seid", sagt Nico. „Ich wollte nur wissen, wann wir mit den Vorbereitungen anfangen sollen. Wie lange braucht ihr noch?"

„Vorbereitungen? Soll das etwa ein größerer Bahnhof werden?"

„Ach, weißt du, der Touristenheini will euch ein bißchen für seine Zwecke ausschlachten. Aber wie ich unsere Leute hier kenne, spielen bestenfalls zehn mit."

„Wir wollen auch gar keinen Zirkus. Mir ist nur wichtig, daß die Boote bald an Land gehievt werden können."

„Deshalb rufe ich ja an. Wann soll ich also die Slipanlage frei-halten?"

Ich schätze kurz die restliche Wegstrecke ab. „Für übermorgen, so in den frühen Abendstunden."

„Geht in Ordnung", sagt Nico. „Bis dann."

Nico war schon immer einer, den überhaupt nichts aufregen kann. Aber wir regen uns jetzt langsam auf. Die Tatsache, daß das Ziel – lange nur eine Hoffnung, ein Traum – nun in greifbare Nähe rückt, macht uns ganz kribbelig. Andererseits fällt es nicht leicht, diesen Hort der Gastlichkeit zu verlassen. Zum Trost packen uns die Burschen von Hell's Corner die Vorratskammer mit frischem Obst und Gemüse und zwei Kästen Bier voll.

Am Morgen muß erst die Eisbarriere geöffnet werden, die über Nacht die kleine Hafenbucht verschlossen hat. Für die Männer vom Hölleneck ist das eine gewohnte Übung. Zuerst bin ich skep-tisch, ob das Manöver klappen wird, denn der Growler hat das Format eines Einfamilienhauses. Als die sechs Leute mit dem Schlauchboot gegen das Eismonstrum pressen, da röhrt zwar der 70-PS-Motor gequält auf, aber weiter tut sich nichts. Oder doch? Millimeterweise und in Zeitlupe gewinnt David den Kampf gegen Goliath. Als die Bresche gerade so weit offen ist, daß ein fünf Me-ter breiter Katamaran hindurchschlüpfen kann, drückt Eugen auf die Tube, und SHANGRI-LA brummt, den Drachen wie ein folg-sames Hündchen an der Leine, ins freie Wasser.

Draußen binden wir uns los, denn der Wind hat auf Ost ge-dreht, und WIKI kann aus eigener Kraft durch den Sund segeln. Die Freunde von der Station begleiten uns bis weit in den „Prin-zen" hinein und umkurven WIKI noch, als ihr Adlerhorst längst außer Sichtweite ist. Erst knipsen sie ihre Fotoapparate heiß, und als sie sich dann doch zum Umkehren entschließen, ballern zwei dieser Käuze hallende Salutschüsse aus ihren Gewehren in die Luft. Ein letztes Winken, und wir können noch lange den weißen Schaum erkennen, den das Schlauchboot in der kurzen, steilen See vor sich herschiebt.

Der „Prinz" gleicht einem Tunnel, mit Wänden aus unbehau-enem, dunklem Granit. Und es ist verdammt zugig in dieser

194

Röhre. Egal, ob der Wind aus Ost oder West weht, stets preßt er sich wie mit der Luftpumpe durch die schmale Passage. Jetzt kommt der Druck von achtern, was zur Folge hat, daß WIKI wie die Feuerwehr an den Felswänden und Gletscherzungen vorbei durch die Schlucht jagt. Von wegen übermorgen in Nanortalik! Wenn das in der Nacht so weitergeht, schaffen wir es glatt bis morgen. Allerdings sollten wir's auch nicht übertreiben. Was kann denn noch passieren? Einfrieren werden wir auf diesem Binnenwasserweg nicht mehr. Deshalb entschließen wir uns zu einer letzten Übernachtung am westlichen Ausgang des „Prinzen". Hier liegt die kleine Eskimosiedlung Augpilagtoq, was die Dänen etwas nuschelig „Äbbilädog" aussprechen.

Wikinger sind sexy

In Äbbilädog habe ich schon einmal übernachtet, bei grauenhaftem Wetter, und es ist mir als ausgesprochen reizloses Nest im Gedächtnis geblieben. Damals, erzähle ich den anderen, hätten wir angesichts der totalen Öde der Gegend sogar auf einen Landgang verzichtet. „Werden wir ja sehen", meint Jürgen, und ich merke, daß ich meine Leute allmählich plage, weil jeder zweite meiner Sätze anfängt mit: „Damals war hier..." oder: „Ich glaube, hier gab es..."

In der Tat erweist sich Augpilagtoq als genau das, was es vor fünf Jahren war: ein Kaff, in dem man nicht begraben sein möchte. Im Schatten riesiger Berge liegt es in eine düstere Ecke des Innenfjords geklebt. Na egal, um die Leinen anzubinden und die Augen zuzumachen reicht es. Jeder Konversation mit Einheimischen steht ohnehin die Sprachbarriere im Weg. Zwar sammelt sich das ganze Dorf an der Pier, und die Einwohnerschaft von rund zweihundert paßt vollzählig auf den Anleger. Alle steigen einmal neugierig in die WIKING SAGA, aber niemand spricht englisch, und so können wir auf unverständliche Fragen nur unverständliche Antworten geben. Die Inuit finden das so ermüdend wie wir und verkrümeln sich nach und nach wieder über die Felsbuckel zu ihren Häusern.

Wir haben uns gerade im Gedenken an Hell's Corner ein Feierabendbierchen gegönnt und werfen von der Pier aus einen Rundblick auf die Umgebung, da nähern sich kichernd zwei angeheiterte Inuitmuttis.

„Wir kriegen noch mal Besuch", sagt Jürgen und ahnt nicht, daß der Besuch besonders ihm gilt. Die Damen haben schon mächtig geschluckt, und so schüchtern, wie sie tun, sind sie gar nicht. Ihr Interesse gilt diesmal nicht dem Schiff, sondern den strammen Wikingern. Silke und ich ergreifen die Flucht in die Kajüte, durch deren Fenster wir eine unterhaltsame Szene beobachten. Peter und Jürgen draußen auf der Pier, mit den freizügigen Bräuchen des Landes nicht vertraut, sehen sich überrascht einer weiblichen Offensive ausgesetzt, wobei Jürgens ansehnliche Bizeps ihm zu den größeren Chancen verhelfen. Eine der beiden Ringelrobben hält ihm ihre halb leergenuckelte Flasche unter die Nase, und die freundlich kehligen Laute müssen wohl so was wie eine Aufforderung zum Bruderschaftstrunk sein. Jürgen erstarrt in Verteidigungsstellung, und Peter verkündet an seiner statt: „Danke, aber so was trinken wir leider nicht."

„Genau", pflichtet Jürgen ihm rasch bei und tastet sich einen Schritt rückwärts. Doch diese Erklärung bleibt ohne Wirkung. Unbeirrt zeigen ihre beiden Verehrerinnen in unverblümter Zeichensprache, was sie sich vorstellen, und ihre Gesten wüßte man sogar am Amazonas zu deuten. Vielleicht ist hier frisches Blut willkommen, jedenfalls: Da oben im Häuschen könnten die zwei starken Männer übernachten, schön kuschelig im Bettchen...

Jürgen ist jetzt gelinde Panik anzusehen. „Ich müssen schlafen!" verkündet er in Gastarbeiterdeutsch. „Allein! Ich müde, viel müde! Ich nun gehen!" Doch als Antwort erntet er nur ein freudiges Kichern. Des Vorgeplänkels leid, gehen die Mädels von Augpilagtoq zu Handgreiflichkeiten über. Während eine dem Riesenbaby die Flasche geben will, krallt die andere sich besitzergreifend an Jürgen fest und prüft schon mal, was in seinen mächtigen Oberarmen steckt.

Da wird auch dem furchtlosesten Wikinger angst und bange. Entsetzt wirft Jürgen die Arme in die Luft und tritt hastig, von Peter schützend flankiert, den Rückzug auf die SHANGRI-LA an. Tür auf, nichts wie rein, Tür zu – und eine Lachsalve erschüttert den Salon. Die ungestümen Schönen von Augpilagtoq sorgen an diesem Abend für Unterhaltungsstoff, bis das Licht ausgeht.

Am Morgen ist um halb sechs Wecken. Wir werfen die Leinen los, bevor Augpilagtoq ausgeschlafen hat und weitere Überraschungsangriffe starten kann, denn der Verklicker oben am Mast zeigt die passende Windrichtung an. Vor dem Wind spurtet der Drache durchs letzte Stück des „Prinzen", und am Vormittag liegt vor uns die offene Labradorsee. Es geht um die Ecke nach Steuerbord, wobei das Segel neu getrimmt werden muß, denn den jetzt seitlich einkommenden Wind setzt WIKI sofort in noch mehr Knoten um. Die Wassersäule an der Ruderkante zeigt es deutlich an. Fast könnte man am Ruder Markierungen zum Ablesen der Geschwindigkeit anbringen.

Früher als gedacht liegt Frederiksdal querab, das südlichste Dorf Grönlands, und damit passieren wir auch die erste Wikingersiedlung. Denn einst hieß dieser Ort Herjolfsnes und war für die Island- und Norwegenreisenden erste beziehungsweise letzte Anlaufstation. Die Leute von Herjolfsnes, heißt es, gelangten zu beträchtlichem Wohlstand durch die mit Bedacht gewählte Schlüsselposition und ihre Beherbergungsdienste für landende Mannschaften. Der Hof verfügte über eine der größten Hallen, die man in wikingischen Häusern entdeckte, und in späteren Jahren sogar über eine eigene Kirche. Herjolfsnes hat sich für die Erforschung der Nordländer-Epoche als eine der aufschlußreichsten Grabungsstätten entpuppt, in der sogar Kleidungsstücke aus jener Zeit erhalten blieben. Doch hier zu verweilen hätte für uns nicht viel Sinn, denn alle sehenswerten Fundstücke liegen längst im Kopenhagener Nationalmuseum.

Gegen Mittag, Nanortalik kann nur noch einen Katzensprung entfernt sein, ruft Eugen über Funk, er werde jetzt mal vorausfahren, um die Lage zu peilen. SHANGRI-LA dieselt davon. Auf den allerletzten Meilen wird es still an Bord der WIKING SAGA. Jeder gibt sich ganz seinen aufgewühlten Gefühlen hin. Wir haben geschafft, was niemand für möglich hielt. Nun ist es nicht mehr vermessen, den Blick nach Backbord über die Labradorsee schweifen zu lassen, dorthin, wo unsichtbar, aber nicht mehr unerreichbar, Amerika wartet: Leif Erikssons Vinland.

Zum Empfang Salut und schulfrei

Seit zwei Stunden ist SHANGRI-LA unseren Blicken entschwunden, vorausgeeilt nach Nanortalik, wo Silke bestimmt schon den Schampus kalt und unser Filmteam die Kameras in Position gestellt hat. Diesmal ist es WIKI, die zu spät kommt. Ausgerechnet auf der Zielgeraden hat uns der Wind im Stich gelassen. Eine schwache Brise haucht mit wenig Erfolg unseren Thor an, und mühsam krebsen wir dahin.

„So was Dummes aber auch!" mosert Jürgen. „Warum hat uns Eugen nicht gleich mitgenommen?"

„Mann!" kontert Peter. „Wie kämen wir uns denn vor, wenn wir am Haken über die Ziellinie gingen? Das wäre ja noch schöner."

Aber da, o Wunder, geben auf einmal die Schoten in den Belegklampen wieder knarrende Geräusche von sich, und das Segel streckt den Bauch raus. Endlich! Mit halbem Wind kommt der Drache auf Touren. „Na also", sage ich gerade befriedigt, da taucht im selben Moment das rote Schlauchboot auf, einen Kometenschweif weißen Schaums hinter sich herziehend, der Höchstgeschwindigkeit verrät. Das ist doch unser Boot?

„Mir scheint, die haben uns vermißt. Das ist Eugen mit der Gummiwurst", sagt Peter scharfsichtig.

Augenblicke später drosselt ein völlig exaltierter Eugen den Außenborder neben uns und brüllt atemlos im Telegrammstil die neuesten Meldungen: „Leute! Heller Wahnsinn! Der Bär ist los! Das ganze Dorf steht kopf – ein Riesenempfang! Macht euch auf einen großen Auftritt gefaßt! Los, los, umziehen, die wollen richtige Wikinger sehen. Beeilt euch!"

Völlig überrumpelt wechseln wir ungläubige Blicke. Von so etwas war doch überhaupt keine Rede, als Nico anrief.

„Eugen, du willst uns verkohlen", mutmaßt Peter. Aber ich kenne den Skipper schon länger, der könnte nie Schauspieler werden. Was Eugen von sich gibt, darf man gewöhnlich für bare Münze nehmen, weshalb er sich jetzt auch fast in seiner Ehre getroffen fühlt: „Was glaubst du denn? Nun macht schon! Worauf wartet ihr? Laßt das Ölzeug verschwinden und rein in die Verkleidung! Und holt alle Requisiten raus. Burghard, überleg' dir schon mal 'ne kleine Rede an den Bürgermeister."

Auch das noch. Hektik bricht aus wie vor einer großen Premiere, die ohne Generalprobe stattfinden muß. Während WIKI in Paradefahrt auf den Hafen von Nanortalik zuhält, springen ihre Insassen aufgescheucht durcheinander, jedenfalls zwei davon, denn ich belle vom Ruder aus nervös Regieanweisungen an die

Akteure, die sich Minuten vor der Vorstellung abmühen, in die Kostüme zu kommen, und hastig Schwerter, Helme und Trinkhörner aus den Seekisten reißen.

Da rückt auch schon eine kleine Armada von Fischerbooten aus Nanortalik an. „Das Empfangskomitee! " strahlt Eugen.

„Deine Kappe sitzt auf halb neun", sagt Jürgen zu mir. Aber das ist jetzt egal; Wikinger, die von See kommen, müssen nicht so geschniegelt aussehen wie in einem Hollywoodfilm. Der Rest läuft nun aber tatsächlich ab wie im Kino. WIKI rauscht mit dem besten aller Winde auf die breite Hafeneinfahrt zu, und dort, bei der Fischfabrik, stehen mehr Menschen, als ich je in Grönland auf einem Haufen gesehen habe. Das ganze Volk scheint auf den Beinen zu sein. Und wie eine Girlande hängt ein Flugzeug zur Feier des Augenblicks in großer Höhe weiße Kondensstreifen ans blaue Firmament.

Der erste, den ich erkenne, ist Nico Hansen, der mit seinem Boot die kleine Flotte anführt und uns mit den anderen das Geleit gibt. Unverändert sieht er aus, immer eine Spur zu ernst, aber das ist nur äußerlich. Nico winkt, was die Armmuskeln hergeben. Von der Pier brandet uns Applaus und Gejohle entgegen.

„Einfach irre", stammelt Peter gerührt.

Wir legen ein Anlegemanöver hin wie aus dem Bilderbuch, und drei ehrlich ergriffene Wikinger springen auf die Pier. Wochen später werde ich in Deutschland die Filmaufnahmen sehen, mit denen Alex und Werner diese Minuten verewigt haben, und ich werde bestürzt sein über unser Aussehen. Über die hohlen Gesichter, die dunklen Augenringe, die struppigen Haare und Bärte. Drei verlotterte Wilde, wie die Geister schiffbrüchiger Wikinger dem Meer entstiegen. Ein paar hundert Jahre früher, und ein ganzes Eskimodorf hätte vor uns Reißaus genommen. Aber die Leute von Nanortalik haben offenbar starke Nerven, sie bereiten uns unter Beifallklatschen, Händeschütteln und Umarmungen einen unvergeßlichen Empfang.

Nico, Frau Juliane und die beiden Töchter drängeln sich durch die Menge, und Nico wedelt mit einem Stapel Post. Aber der muß, obwohl sehnsüchtig beäugt, bis später warten. Denn schon hat der Bürgermeister mit wehenden Manuskriptblättern das eilends herbeizitierte Feuerwehrauto erklommen (welches über den einzigen Lautsprecher von Nanortalik verfügt), um seine Begrüßungsansprache über den Hafen zu schmettern. Auf grönländisch. In unseren Ohren klingt das wie eine Aneinanderreihung von Knack- und Zischlauten, aber wir können uns ja denken, um was es geht. Mitten hinein dröhnt ein ohrenbetäubender Donnerknall, der die Menge zusammenzucken läßt. Dann noch mal und noch mal. Alle Köpfe drehen sich um, und ich entdecke drei kleine Kanonen, von denen Qualmwolken aufsteigen. Sie schießen doch tatsächlich Salut für uns! Der Bürgermeister macht gute Miene zur lautstarken Unterbrechung und fährt fort. Anschließend fühlt er sich verpflichtet, dieselbe Rede auf dänisch zu wiederholen, was uns auch nicht viel hilft und die Aufmerksamkeit der Zuschauer sichtlich strapaziert. Als sich zuletzt noch der Feuerwehrchef als Dolmetscher anbietet und das Mikrophon übernimmt, um auch eine deutsche Version zum besten zu geben, fangen die Schulkinder an, mit den Schwertknäufen zu spielen und an unseren Klamotten zu zupfen.

„Mach's kurz!" raunt Silke, als mir mit einladender Geste das Wort erteilt wird. Das habe ich auch vor. Ich beschränke mich darauf, dem Herrn Bürgermeister ein Trinkhorn zu offerieren und ein zweites mit bewegenden Dankesworten zum Toast zu erheben – in dem nicht abwegigen Glauben, so etwas käme in Grönland immer an. Aber der Geehrte wirft einen mißtrauischen Blick in das ungewohnte Gefäß, und einer der Offiziellen, leidlich des Englischen mächtig, übersetzt: „Er möchte wissen, was da drin ist."

„Met!" gebe ich bereitwillig Auskunft. „Der Honigwein der Wikinger, nahrhaft und gut gegen Gebrechen aller Art. Und mit den nötigen Prozenten für gute Laune!"

Der Dolmetscher senkt die Stimme: Der Herr Bürgermeister sei Präsident der Anti-Alkohol-Liga und die gutgemeinte Geste daher vielleicht nicht ganz angebracht. Mein Gott, denke ich mit Schweißperlen auf der Stirn, dabei muß es sich aber um den kleinsten Verein der Welt handeln. Was bleibt mir übrig? Ich trinke für ihn einen Schluck mit, bedanke mich nach allen Himmelsrichtungen und gebe die WIKING SAGA zur Besichtigung frei.

Die ist allerdings schon unaufgefordert von der Dorfjugend geentert worden, und ich sehe Peter bereits damit beschäftigt, lauter kleine Hände aus unseren Privatsachen herauszuhalten. Zweitausend Leute, meldet der Nachrichtensprecher im Radio, seien zum Empfang des Wikingerschiffes am Hafen gewesen. Demnach müssen zu den fünfzehnhundert Einwohnern Nanortaliks noch Leute aus abgelegenen Siedlungen gestoßen sein. Kaum zu glauben. Nico behauptet, mit dieser Großveranstaltung nichts zu tun zu haben, allein der Tourismusmanager habe die Werbetrommel gerührt. Wie auch immer, am dankbarsten sind die Kinder, die den ganzen Tag schulfrei haben, um sich ein Stück Landesgeschichte lebensnah einprägen zu können.

Wir selber sehen uns einem durchorganisierten Festprogramm ausgeliefert: Um zwölf Uhr Mittagessen im Hotel Kap Farvel mit

allem, was in Nanortalik Rang und Namen hat, um zwei Uhr offizieller Festakt im Kulturhaus, mit großer Kaffeetafel in der Turnhalle und unter Teilnahme so vieler Leute, wie hineingehen. Lange Tische biegen sich unter gleichmäßig verteilten Kuchenbergen, mit deren Herstellung man wohl vorsorglich schon in der letzten Woche angefangen hat. Der Nachmittag vergeht mit einer Folge von Ansprachen, den Darbietungen einer Volkstanzgruppe und dem krähenden Gesang eines Kinderchors.

Am Abend geben sich die Leute auf der SHANGRI-LA die Klinke in die Hand, und wir lassen höflich durchblicken, daß uns ab morgen nur noch eines am Herzen liegt: die Schiffe aus dem Wasser zu bringen und unsere Sachen zu packen. Nico, umsichtig wie eh und je, hat bereits Vorsorge für das Aufslippen getroffen. Wir brauchen nur noch die Boote leerzuräumen, und das geschieht nun unverzüglich, denn wir bekommen unseren Rückflug für Dienstag, den 24. September. Das ist schon in fünf Tagen. Als sollten wir zur Eile angetrieben werden, fängt es an zu schneien. So etwas nennt man perfektes Timing – keinen Tag zu früh sind wir in Nanortalik eingetroffen.

Karton um Karton, gefüllt mit sämtlichem losen Inventar und säuberlich beschriftet, wandert in Nicos Schuppen, und am Samstag nach dem Frühstück kommt der große Moment: WIKI und SHANGRI-LA werden unter viel Gezirkel aufs Trockene gehievt. Bis zum Abend hat SHANGRI-LA ihren alten Stammplatz in der Dorfmitte eingenommen, gleich neben dem Kulturhaus, und WIKI ruht auf Nicos Grundstück am Stadtrand, den Vordersteven, wie es sich gebührt, in die Bucht gereckt.

Am Montagmorgen nehmen wir mit übernächtigten Gesichtern Abschied von Nico und Juliane. Die COLO, der Kutter eines kleinen, unablässig grinsenden und kettenrauchenden Inuit namens Johannes, bringt uns nach Narssarssuaq, wo wir spät abends bei Vollmond festmachen. Unsere letzte Nacht in Grönland verbringen wir, auf Kojen und Notliegen verteilt, im schwülen Dieselmief der COLO-Kajüte: eine zermürbende Nacht mit mehreren Unterbrechungen. Erst kommt polternd Alex' Kamerastativ den Niedergang herunter und erschlägt fast Johannes, der darunter auf einer

Bank schläft. Kaum hat sich die Aufregung gelegt, rollen wir von den Liegen, weil die COLO plötzlich Schlagseite hat. Der Kutter hat sich durch die Tide unter der Pier verklemmt. Beim Lösen reißt dann noch die Scheuerleiste ab, und wir sind alle reif für Aspirin.

Um fünf Uhr heizt Johannes mit höllischem Lärm den Dieselofen an, bis er glüht. Aus Angst, in die Luft zu fliegen, schläft nun keiner mehr ein. Als wir um sieben Uhr anfangen, uns fertig zu machen, sagt Peter: „Und jetzt will ich nur noch nach Hause."

Noch einmal verwöhnt uns das Wetter in Grönland. Es ist sonnig und warm, als wir am Vormittag zu Fuß zum Flughafen gehen.

5 EINE WIKINGER-HOCHZEIT

Teils fasziniert, teils sorgenvoll starren fünf Wikinger aus den schmalen Flugzeugfenstern auf die riesigen Treibeisfelder, die wie ein mottenzerfressener weißer Teppich auf dunkelblauem Grund tief unten liegen. Dabei haben wir schon Mitte Juni 1992, und die ostgrönländische Küste ist noch gar nicht in Sicht! Aber wir sind ja vorgewarnt. „Das war ein Jahrhundertwinter", hat Nico am Telefon gesagt. „Ihr werdet Probleme kriegen mit dem Eis." Wenig später kommt das gewaltige Küstengebirge Grönlands in Sicht – und davor Packeis, so weit das Auge reicht. Im letzten Jahr segelte unser Wikingerschiff hier unbehelligt zwischen vorgelagerten Inseln, Fjorden und Buchten, in diesem Jahr würden wir dafür einen Hundeschlitten brauchen. Wie sollen wir hier durchkommen?

Sorgen mit Crew und Geld

Auch hinter uns liegen Probleme, aber Probleme ganz anderer Art, die uns den Winter über in Deutschland beschäftigten. Schon bald nach der Landung in Kopenhagen schien Grönland, schien die Expedition WIKING SAGA ein weit zurückliegender Traum zu sein. Die Heimat empfing uns mit einem naßkalten Schmuddeltag, vollgesogen mit schmutzigem Nieselregen, der die glashellen Bilder von Gletschern und Bergen zu verwischen begann. Wir saßen im Stau auf der Autobahn, kaum daß wir, von Sonderburg kommend, nach achtzehnstündiger Reise die dänisch-deutsche

Grenze passiert hatten. Nur muffige Gesichter überall, so grau und trostlos wie das herbstmüde Land. Zu dem Zeitpunkt wußte ich noch nicht, daß diese Ernüchterung noch mehr Verdruß für mich ankündigte.

Natürlich freute sich jeder von uns auf das warme Wohnzimmer und darauf, seine Lieben wieder in die Arme zu schließen. Doch wie schnell uns der Alltag auffraß, sollten wir erst merken, als wir uns nach Wochen zum ersten Mal zusammentelefonierten. Peter und Jürgen mußten ihre Jobs in Schwerin wieder aufnehmen, Eugen hatte das Weihnachtsgeschäft seiner Firma zu dirigieren, und Alex und Werner mußten schon bald erneut die Koffer packen, für einen Drehtermin in Rußland.

Für Silke und mich begann ein aufreibendes Rotieren. Wir mußten versuchen, das zu erreichen, was uns vor Beginn der Expedition nicht mehr möglich gewesen war: die Finanzierung des Unternehmens abzusichern. Silke koordinierte daheim die Termine, die ich auf meiner Tournee durch Firmenetagen, Redaktionen, Messen und Vortragssäle einzuhalten versuchte. Aber schon bald entdeckte ich an mir gewisse Ähnlichkeiten mit Don Quichote, diesem Typ, der es mit Windmühlenflügeln aufnehmen wollte. In der Tat, mehr als Wind schien bei meinen Anstrengungen einfach nicht herauszukommen, und das, obwohl die Expedition des letzten Sommers doch ein Erfolg gewesen war, der sich sehen lassen konnte.

Dann und wann glomm ein Hoffnungsschimmer auf. Einmal schien der lang gesuchte Sponsor endlich die Hand auszustrecken, von Summen in willkommener Höhe war die Rede, ein Vertragsentwurf kam zustande. Aber beim nächsten Termin war der begeisterungsfähige PR-Manager leider seines Postens enthoben, und sein Nachfolger zeigte keine Neigung, sich mit meinem Projekt zu befassen. Und wie um das Gesetz der Serie zu bestätigen, häuften sich auf einmal die Hiobsbotschaften. Um Weihnachten erkrankte Jürgen so schwer, daß an seine weitere Teilnahme im nächsten Sommer nicht zu denken war. Auch Alex und Werner mußten aussteigen. Sie hatten zwar einen wunderschönen Film über unsere Reise zuwege gebracht, der in zwei Folgen von N3 gesendet wurde, aber die Fortsetzung war im Etat der Produktionsfirma leider nicht vorgesehen.

All das brach innerhalb von 14 Tagen wie eine Schreckenslawine über mich herein. Einen Seemann kann ja angeblich nichts erschüttern, doch soviel Gegenwind war schon eine harte Zerreißprobe. Ich fragte mich allen Ernstes, ob WIKING SAGA und SHANGRI-LA, bei Nico Hansen in Grönland immerhin in bester Obhut, wohl vergeblich auf die Rückkehr der Wikinger warten würden.

Neue Zuversicht faßte ich erst wieder, als Eugen und Peter, zur Krisensitzung herbeigeeilt, unisono erklärten: Mit uns kannst du rechnen, wir sind dabei – und wenn es Haus und Hof kosten sollte. In diesem Moment wußte ich, das Projekt war noch nicht verloren. Daß Silke nicht mehr sicher war, ob sie diese Strapazen noch einmal auf sich nehmen konnte, begriff ich nur zu gut. Seekrankheit, ständige Unbequemlichkeit und nie gekannte Ängste im tobenden Atlantik – ich hatte ihr wirklich viel zugemutet. Als sie mir wortlos ihre Tagebuchaufzeichnungen zu lesen gab, wurde mir erst klar, daß ich damit unsere Beziehung aufs Spiel gesetzt hatte. *Er hat es gewußt,* stand da in fahriger Handschrift, hingeworfen im höllischen Sturm der Dänemarkstraße, *er hat genau gewußt, in welche Gefahr er mich bringt. Und er hat es dennoch getan, obwohl zu Hause meine zwei Töchter auf mich warten, die mich vielleicht nie wiedersehen. Das ist verantwortungslos...*

Ich wußte nicht, welchem Umstand ich es zu danken hatte, aber Silkes Zorn auf mich war irgendwo in der Weite des Atlantiks verraucht und zurückgeblieben. Sie gab mir ihr Ja-Wort, trotz allem. Wir heirateten auf dem Standesamt in Lübeck und beschlossen, die kirchliche Trauung im Sommer nachzuholen – in der letzten verbliebenen Wikingerkirche auf Grönland. Für diesen Zweck konnte Silke ja auch einfliegen!

Wie Unglück stets neues Unglück anzuziehen scheint, verhält es sich wohl umgekehrt auch mit dem Glück. Denn jetzt kam wieder Schwung in das Projekt. Wochenlang hatte ich gegrübelt, wer Jürgens Platz einnehmen könnte, und verzweifelt nach mindestens einem neuen Rudersklaven für die WIKING SAGA gesucht, sogar per Annonce. Aber alle, die sich meldeten, waren bestenfalls für die Sparte Erlebnistouristik geeignet, denn das Maß an Komfort und Sicherheit, das die Kandidaten von mir erwarteten, konnte ich ihnen auf einem offenen Wikingerboot nicht bieten.

Ja, und dann klingelte eines Tages einfach das Telefon, und ich vernahm überrascht eine schon lang nicht mehr gehörte Stimme aus dem fernen, warmen Florida: „Hallo, erinnerst du dich? Auf den Bahamas! Wir haben mal bei den Berry Islands zusammen getaucht." Der Anrufer war Jan Brandt, ein unternehmungslustiger gebürtiger Hamburger, der überwiegend in den USA lebte. Ich hatte ihn als einen sportlichen, handfesten Kerl vor Augen. Er war nun fertiger Meteorologe und Umwelttechniker, aber an seine Dissertation wollte er sich erst nach einer schöpferischen Pause machen. „Jetzt gönne ich mir ein Jahr zum Luftholen", sagte Jan, hielt kurz inne und fragte dann wie beiläufig: „Könnt ihr vielleicht noch einen Wikinger brauchen?"

Mir war zwar völlig schleierhaft, wie sich mein Problem bis nach Florida herumgesprochen hatte, aber das war ja nun Nebensache. Wir brauchten dringend einen Wikinger. Dennoch reagierte ich wegen der Erfahrungen mit den bisherigen Aspiranten zunächst zurückhaltend. „Am besten", sagte ich, „du kommst mal nach Deutschland. Dann können wir ja darüber schnacken."

„Geht in Ordnung, ich bringe meine Sachen gleich mit."

„Moment, Moment! Überstürzen wollen wir nichts. Vor einer endgültigen Entscheidung wäre da noch allerhand zu klären."

„Schon gut", sagte Jan, „du bist nicht verpflichtet, mich mitzunehmen. Falls wir uns nicht einigen, trampe ich nach Spanien und mache die Kolumbusregatta mit." Sprach's und hängte ein. So einfach sind die Dinge, wenn man nur jung genug ist.

Drei Wochen später klingelte es wieder bei uns, diesmal an der Haustür, und Jan Brandt bugsierte eine pralle Reisetasche in unseren engen Flur. Als er nach Mitternacht wieder aufbrach, tat er es mit Helm und Wikingerhemd unterm Arm. WIKIS Besatzung war wieder komplett.

Beinahe gleichzeitig gelang es uns, die Crew der SHANGRI-LA ebenfalls neu aufzufüllen. „Wie wäre es denn mit Helmut?" dachte Eugen eines Tages laut nach. Silkes Schwager Helmut wäre doch ein richtiges Allround-Talent und hätte bestimmt die geeigneten Bastlerhände, um auf einer Segelyacht brauchbar zu sein. „Stimmt ja", wandte ich ein, „aber der Mann ist Lehrer von Beruf und wird kaum ein paar Monate lang seinen eigenen Unterricht schwänzen können."

Dieses Problem löste sich jedoch von selbst, als Helmut eines Tages anrief und uns fröhlich mitteilte, daß er neuerdings glücklicher Pensionär sei und ein freier Mann – mit 52 Jahren; seine Dienstjahre im Ausland seien ihm doppelt angerechnet worden. Helmut war wild entschlossen, mit uns auf Expedition zu gehen. „Nicht unbedingt auf dem Wikingerboot", schränkte er ein, „das überlasse ich anderen. Aber auf der SHANGRI-LA wüßte ich mich schon nützlich zu machen. Und keine Sorgen wegen meiner Beinprothese, so'n Holzbein kann sehr brauchbar sein. Zum Beispiel kann man es beim Anlegen als Fender über die Kante halten, das macht in jedem Hafen Eindruck."

Helmuts Humor war seine beste Empfehlung. Die Sache mit dem Bein, das man ihm als Student bei einem Motorradunfall abgefahren hatte, wäre mir gar nicht so schnell eingefallen. Es wurde ein abendfüllendes Telefongespräch, und als ich auflegte, konnte die Personalakte geschlossen werden. Wieder waren wir zahlenmäßig zwar nur die Minimalbesatzung, doch einige Freunde – wie etwa Carlo Gloy, der Wikingerpapst aus Dänemark –, die ihren Besuch in Grönland schon angekündigt hatten, würden uns eine zusätzliche Hilfe sein.

Als sich das Frühjahr ankündigte, steckte die umbesetzte Truppe in eifrigen Reisevorbereitungen. Für die Finanzierung mußte noch einmal eine Zwischenlösung gefunden werden, doch das konnte uns ebensowenig aufhalten wie die schon gewohnten Bemerkungen jener unvermeidlichen Zweifler, die einfach nicht begriffen, wieso wir schon wieder nach Grönland wollten, „wo es doch so grauenhaft kalt ist". Seltsamerweise hat die größte Insel der Welt bei uns eine schlechte Presse. In den Köpfen vieler Leute scheint sie mit dem Nordpol identisch zu sein – ein eisiges Vorurteil, das nicht aufzutauen ist. Die Sache mit dem Eis und der ewigen Grabeskälte habe ich schon manches Mal in die richtige

Relation zu rücken versucht, nur um zu merken: Das intensive Grün der grönländischen Täler (woher hat die Insel wohl ihren Namen?) und die üppige Blumenpracht der Sommerwiesen, die erfüllt sind vom Summen der Insekten, all das nimmt mir in Deutschland keiner ab. Aber wie dem auch war – wir jedenfalls flogen so schnell wie möglich wieder zum „Nordpol".

Erwachen aus dem Winterschlaf

Noch aber herrscht Winter in Grönland. Bald schweben wir über das weiße Tischtuch, das Inlandeis. Dann legt sich unser Vogel, dessen Schatten sich scharf auf der hellen Fläche abzeichnet, in eine Linkskurve, verliert an Höhe und landet in Narssarssuaq, der „großen Ebene", dem ehemaligen US-Stützpunkt Blue West One im Zweiten Weltkrieg.

Schon auf der Gangway begrüßt uns Grönland mit seinem Eishauch, der Wind schneidet durch unsere Hemden bis auf die Haut, in der noch der deutsche Frühsommer steckt. „Mein Gott, da frieren einem ja die Ohren ab!" Eugen spricht aus, was alle denken. Und mit einem Blick auf den zugefrorenen Eriksfjord fragt Peter: „Wie kommen wir denn von hier weiter?" Daß Nico uns bei diesen Eisverhältnissen nicht mit seinem Kutter abholen kann, ist mittlerweile allen klar.

Kaum betreten wir die kleine Abfertigungshalle, kommt uns ein junger Däne entgegen. „Seid ihr die Wikinger? Also, hier sind fünf Tickets für die Fähre Disco, sie läuft in einer Stunde aus nach Narsaq. Dort wartet Nicos Tulup auf euch." Natürlich, Nico Hansens helfende Hand reicht bis in den hintersten Fjordwinkel. Er wird in den kommenden Tagen für uns Telefonzentrale sein, Reparaturwerkstatt, Auskunftsbüro und Versorgungszentrum. Ohne ihn wäre sie gar nicht vorstellbar, unsere Vorbereitung zur Weiterreise.

Bald schiebt die Disco meterlange Eisschollen durch den kleinen Hafen von Narssarssuaq, dann quetscht sie sich in die enge Fahrrinne, die erst zwei Tage zuvor von der Marine gebrochen wurde. Und eine Stunde später, in Narsaq, werden wir erneut von einem Dänen erwartet, diesmal mit einem Lieferwagen, der unsere sechzehn Gepäckstücke (immerhin hatten wir im Flieger 210 Kilo Übergewicht) zum Hafen bringt, wo Nicos TULUP schon seit einem Tag auf uns wartet.

Aber noch werden die Leinen nicht losgeworfen, zuerst essen wir kräftig und zünftig im nahegelegenen Hotel – man hat ja Zeit in diesem Land. Danach werden die vielen Taschen unter Deck verstaut, und jeder sucht sich eine Koje, denn acht Stunden dauert die Fahrt nach Nanortalik – normalerweise. „Aber der Winter...“ sagt Skipper Ole und setzt mit einem tiefen Seufzer hinzu: „Der Winter will einfach nicht weichen.“

„Eis bis zum Abwinken“, stellt Peter nach dem Auslaufen fest. „Da können wir uns auf eine lange Nacht gefaßt machen.“

Es wird nicht nur eine lange, sondern auch eine laute Nacht. Sie dauert zwanzig Stunden, obwohl unter Nacht eigentlich nur die paar Stunden Dämmerung zu verstehen sind. Schließlich haben wir bald Sommersonnenwende. Ansonsten leuchtet taghell das Eis, das von unzähligen blauen Adern durchzogen ist: offenes Wasser, das Ole im Zickzack-Kurs ausnutzt, um nach Süden zu gelangen. Es rummst und kracht gegen die Bordwand, es knallt und hämmert, poltert und dröhnt. Zum Schlafen kommt keiner in dieser Nacht. Mehr als einmal starrt mich Jan, unser Neuer, mit fragenden Augen an. „Hält das Schiff das wirklich aus?“ Klar, dafür ist es gebaut. Der Steven hat eine zentimeterdicke Stahlnase, Bug und Seiten sind mit Aluminiumplatten verstärkt, die vom Eis so blankpoliert sind, als kämen sie direkt aus der Fabrik.

Übernächtigt gehen spät am nächsten Tag fünf Wikinger an Land und – nanu? – noch vier weitere Passagiere. Wo kommen die denn her? Unterwegs war nichts von ihnen zu sehen gewesen. Sie hatten sich schon vor dem Auslaufen in die Achterkajüte begeben – schlauerweise, denn dort waren die Eisgeräusche bestimmt nicht so laut. Aber jetzt haben wir nur Augen für Nico, der grinsend an der Pier steht. Und neben ihm sein Wagen, der in der nächsten Zeit auch unser Wagen sein wird, und auf dem Beifahrersitz Piwi, der schwarze Hund.

Hauptthema nach der Begrüßung ist natürlich das Wetter, denn tiefverschneite Berghänge erwarten uns. In der Stadt allerdings liegt kein Schnee mehr, zur Schaufel werden wir also nicht greifen müssen, um unsere beiden Schiffe aus dem Winterschlaf zu buddeln. „Wir warten noch auf das Frühjahr", sagt Nico. „Vom Sommer wollen wir gar nicht reden." In nächster Zeit können wir jedenfalls noch nicht aufbrechen, das ist uns klar. Eisbrecherdienste wie die TULUP könnte die SHANGRI-LA nicht leisten, und die WIKING SAGA wäre völlig hilflos. Trotzdem – was uns jetzt am meisten interessiert, sind die Schiffe. Wie haben sie den Winter überstanden? Wir peilen um die Ecke der Fischfabrik, und da steht sie, leuchtend rot wie frisch lackiert: die SHANGRI-LA. Auf der anderen Seite der Insel Nanortalik, neben Nicos Werkstatt, grüßt uns die WIKING SAGA schon von weitem mit ihrem hochgereckten Steven entgegen. Eine erste Inspektion bis in alle Winkel bestätigt Nicos Vorhersage: Nichts fehlt, nichts ist defekt. Die bezechten Wochenend-Vandalen hatten die Schiffe nicht auf ihrer Abschußliste. Nur ein paar Bierflaschen haben klirrend ihr Leben im Cockpit der SHANGRI-LA ausgehaucht, aber das ist in Grönland kaum erwähnenswert. Im übrigen sehen die Schiffe tatsächlich so aus, als hätten wir sie erst vor wenigen Tagen verlassen. Der Kühlschrankeffekt der Arktis läßt das Material eben nicht so leicht vergammeln.

In den ersten Tagen liegen die Temperaturen noch um den Gefrierpunkt, und es wird kräftig gezittert. Aber nachdem unsere Heizung auf der SHANGRI-LA installiert ist, kommt so etwas wie Sommerwärme auf, jedenfalls innerhalb des Schiffes. Nun wird geschleppt, gezimmert, gesägt, gemalt, gestaut. Zwei Garagen voll Bootszubehör müssen auf den Schiffen verteilt werden. Wer weiß, wie schwer ein Anker mit Kette ist oder ein Dieselfaß mit zweihundert Litern, der kann sich vorstellen, daß uns ein Wagen mehr als willkommen ist. Noch vor dem Frühstück hören wir draußen Wagentüren klappen. Aha, das Auto. Schlüssel steckt, alles klar. Wir karren Schlauchboot und Fischernetze, Seesäcke mit Ölzeug und Stiefeln, Tauwerksrollen und Tauchausrüstung quer durchs Dorf.

212

Am Spätnachmittag kommt Peer von seinem Fischkutter ange-
schlurft: Er möchte doch gern sein Auto wiederhaben, er will jetzt
nach Hause. Wieso, das ist doch Nicos Wagen? Nein, der hat
einen anderen Typ. „Aber ich hab' ja gesehen, daß ihr ohne Auto
aufgeschmissen seid", sagte Peer. „Da hab' ich euch meinen hin-
gestellt." Das ist Grönland. Wer seinen Terminkalender permanent von der Natur diktiert bekommt, nimmt alles gelassener, ist
dem Mitmenschen gegenüber aufgeschlossener. Der Nachbar hat
schließlich die gleichen Probleme – da geht man sie besser gemeinsam an.

An solchen Erlebnissen, die bei meinen Freunden lange
Diskussionen auslösen – „man stelle sich das in Deutschland vor,
du nimmst einfach den Wagen des Nachbarn" –, mir aber schon
zur Selbstverständlichkeit geworden sind, merke ich, wie sehr
mir dieses Land mit seiner Wuchtigkeit, aber auch mit seiner
Menschlichkeit ans Herz gewachsen ist. Jeden Morgen zeigt es
ein anderes Gesicht. Meine geliebten Tropen sind dagegen viel
gleichförmiger. Grönland kann so eklig sein wie ein Novembertag
in Hamburg, grau in grau, mit richtiger Selbstmordstimmung.
Aber schon am nächsten Tag strahlt es wieder Fröhlichkeit aus:
mit Sonne und stahlblauem Himmel, bunten, wie frisch gemalten
Häusern und Bergen, die in der klaren Luft zu schwimmen scheinen. Dann folgt wieder ein ganz anderer Tag, der sich schon
durch das Klappern der Fallen am Mast ankündigt: Wind kommt
auf. Aber was heißt hier Wind? Es pfeift von der Eiskappe so
schneidend kalt herab, daß man glaubt, die Zähne frieren zusammen und die Schleimhäute fangen an zu knistern. Aber gleich
darauf gibt es einen stillen Tag, klar wie Kristall. Nicht das kleinste Riffelmuster trübt den Wasserspiegel, der so glatt daliegt
wie mit Folie überzogen. Oder Nebel: In kühlen, feuchten Schwaden wallen die weißen Bänke wie nasse Tücher vom
Meer heran. Die Berge hüllen sich in feine Schleier und lassen ihre Konturen nur ahnen. Doch es kann auch so kommen:
Die Wolkendecke hängt tief, wie mit einer Sense sind die Berge
waagrecht abgeschnitten. Der Theatervorhang ist halb her-
untergelassen, und aus dem Gebirge, das normalerweise einem

ungleichmäßigen Sägeblatt gleicht, ist ein einziger großer Tafelberg geworden.

Grönland gibt sich eben täglich, manchmal sogar stündlich, anders. Man wandert durch ein saftig grünes Tal, die Luft steht, die Sonne heizt mit ganzer Kraft. Das Thermometer zeigt zwanzig Grad, Schweiß perlt von der Stirn, Mütze, Pullover und Wollhemd wandern in den Rucksack. Das T-Shirt ist jetzt die richtige Wanderkleidung. Aber dann, in einer kleinen Senke, faucht von einer Anhöhe mit Meeresblick die Seebrise herunter, als hätte jemand einen Gefrierschrank aufgemacht. Also schnell wieder Hemd, Pullover, Wollmütze und Jacke an, die an der Hüfte baumelt. Das ist Grönland: ein Land der Übergänge. Mal brutal und hart, mal samtweich und kaum spürbar, aber immer kompromißlos.

„Welch ein trostloses Land!" hörte ich am Flughafen in Narssarssuaq einen stöhnen, der mal eben von Island für drei Tage herübergedüst war. Und er hatte ja recht: für den Kurzurlauber, der nach den ersten verwunderten Blicken auf die verschneite Bergwelt nichts Imposanteres mehr entdeckt, ist alles weitere trostlos: die gleichförmigen Ortschaften, die spärliche Vegetation, die uniformen Menschen. Aber dem, der viel Zeit und Aufgeschlossenheit mitbringt, eröffnet Grönland den Blick in eine großartige Welt: eine Welt, die süchtig machen kann, immer neue Bilder aufzuspüren.

Im Schatten des Premierministers

Gewaschen, gekämmt, im besten Zwirn, marschiert die Abordnung der Expedition WIKING SAGA zum Stadtoberhaupt von Julianehåb. Um drei Uhr nachmittags ist dort Empfang, und wie vermutet wird es hochoffiziell. Zugegen sind vier Vertreter der Stadt und der Bürgermeister, der ja „eigentlich in Ferien ist", wie er leicht vorwurfsvoll erklärt. Nach dem Austausch von Höflichkeiten kommen wir zur Sache und bitten um die Erlaubnis, in der Kirchenruine von Hvalsey zu heiraten, ganz nach altem Wikingerbrauch, aber natürlich mit einem hiesigen Pastor. Es wäre

214

schön, wenn die Bevölkerung daran teilnehmen, ja das Fest zu ihrem eigenen machen würde. Fotos von dem Ereignis könnte man für die Tourismusförderung nutzen, bieten wir an.

Der Bürgermeister findet das eine tolle Idee, nur leider sieht er dabei ein politisches Problem. „Unser Ex-Premierminister hatte den gleichen Einfall", eröffnet er mir. „Auch er will dort heiraten, am 9. August." Es soll nach langer Zeit wieder eine Premiere für die Kirchenruine werden, und nun wollen wir ihm zuvorkommen? Zwei Maschinen für die Gäste aus Island hat er schon gechartert. „Das Ganze ist noch geheim, ‚top secret', aber ich lasse es Sie in ein paar Tagen wissen, ob wir offiziell teilnehmen können."

Dann wird noch einmal Kaffee nachgeschenkt, und es gibt Schweizer Taschenmesser für die Crew, Bierkrüge mit Eisbären darauf für die beiden Skipper. Damit sind wir entlassen. „Also, ich weiß nicht", sage ich draußen, „das mit der Wikingerhochzeit finden die wohl nicht so gut."

Und so ist es auch, wie wir in den nächsten Tagen merken. Wir sprechen darüber mit Geschäftsleuten, Beamten, Hoteliers und Fischern und hören immer wieder: „Oh, wie schön!" Aber unserer Einladung folgen? Ja, da ist doch der Premier, der will am 5. oder 9. oder 19. August ebenfalls... Eigentlich ist ja alles noch streng geheim. Aber wie bei Geheimnissen so oft, erfreut sich auch dieses größter Popularität. Die generelle Meinung ist: „Macht was ihr wollt, aber auf unsere Unterstützung rechnet nicht." Sie wollen es sich mit einem Parlamentarier nicht verderben.

Dabei geht es nicht ohne die Leute aus Julianehåb. Der Ort der Hochzeit, die alte Kirchenruine von Hvalsey, liegt am Igalicofjord, gut zwei SHANGRI-LA-Stunden entfernt in der Natur. Dort gibt es nichts außer einem Bächlein, einer kleinen Anlegepier und ein paar angetriebenen Holzpaletten. Vom Chemieklo bis zum Müllsack, vom Generator für die Musikanlage bis zur Grillkohle fürs Feuer muß alles per Boot hingekarrt werden. Vergebens haben wir gehofft, daß sich vielleicht ein städtisches Fest mit unserer Feier kombinieren ließe. Na gut, machen wir unser Ding eben allein, und wer kommen will, mag kommen!

Zehn Plakate mit herzlicher Einladung zum Mitmachen werden an strategischen Plätzen des Ortes verteilt – zwei Tage später sind sie verschwunden. Aber die Zeit hat gereicht, um unsere Wikingerhochzeit zum Stadtgespräch werden zu lassen. Einen sehr erfreulichen Besuch statten wir der Pastorin Kristin ab. Der netten rundlichen Dame im Outfit einer Volkshochschulmutti waren wir schon öfter im Ort begegnet, wo sie in derben Schuhen, den Rucksack umgeschnallt, freundlich nach allen Seiten grüßte. Sie ist von unserem Vorhaben begeistert, denn es verspricht, ein tolles Abenteuer zu werden, und des Abenteuers wegen ist sie ja von Dänemark nach Grönland umgezogen. „Aber die Predigt kann ich nur auf dänisch halten", schränkt sie ein. „Mein Englisch reicht nicht."

Macht nichts. Wir besprechen den Ablauf der Trauung: christlich, aber im Wikingerlook. Daß wir sogar den Jesus Christus aus Jellinge in Dänemark, holzgeschnitzt nach dem Fund auf dem dortigen Runenstein, mitgebracht haben, läßt die Pastorin fast ausflippen vor Freude. Dort stammt sie nämlich her. Sie geht mit uns zu einem kleinen Raum neben ihrer Kirche, wo sie Altarkerzen, Gesangbücher und ähnliches aufbewahrt. „Hier finden wir noch tolle Dekoration für euren Altar." Spricht's und tritt mit voller Kraft gegen die Tür in Höhe der Klinke, daß es kracht. Dabei lacht sie herzlich und erklärt, während sie den Schlüssel ins Schloß schiebt: „Mit dieser Tür haben alle Probleme, nur ich nicht!" Jetzt weiß ich, unsere Pastorin ist goldrichtig, die paßt in diese Welt und besonders hierher nach Grönland.

Das findet auch Braut Silke, die inzwischen aus Deutschland eingeflogen ist. In nächster Zeit wird's eng an Bord. In Narssarssuaq steigen bald Wilma, Otti, Claudia, Lothar und Carlo bei uns zu und verteilen sich auf die beiden Boote. In den nächsten zwei Wochen wird in Schichten gegessen; geschlafen wird auf den Bodenbrettern im Salon der SHANGRI-LA und auf WIKI, unter dem als Zelt aufgespannten Segel.

Ein paar Fjorde stehen noch auf dem Sightseeing-Programm, dann werden alle von den Hochzeitsvorbereitungen angesteckt. Zu diesem Ereignis sind die Freunde aus Deutschland ja in erster

Linie gekommen. Aber noch mehr Landsleute treffen in Julia-nehåb ein, und der Küstenklatsch trägt diese Neuigkeit bis zu uns in den Igalicafjord: Da ist zunächst die MARCO POLO, die luxuriöse Freizeitherberge eines Verlegers aus Hamburg. Sie verlor am Kap Farvel beide Ruder und hinkte mit beiden Motoren und Bug-strahlruder im Zickzack zur Werft nach Julianehåb, wo neue Ruder, aus Hamburg eingeflogen, montiert werden müssen. An Bord der Motoryacht ist auch Tom Dierks, Chefredakteur der Zeitschrift *Segeln*, bei der ich meine Laufbahn als schreibender Segler einst begann. Die Wiedersehensfreude ist auf beiden Sei-ten groß.

Und dann ist da noch die pechschwarze Ketsch OLIHAMO, Hei-mathafen Emden. Skipper Klaus hat sie für drei Monate gechar-tert und berichtet von bestem Wetter seit Lübeck und raumen Winden bis Grönland. Wir staunen, wie gnädig der Nordatlantik sein kann. Die OLIHAMO kennt nur sein Sonntagsgesicht, uns be-scherte er im letzten Sommer den grauen Alltag.

Drei Yachten und ein Wikingerschiff voll Hochzeitsgäste, alles zusammen rund dreißig Leute – da dürfte die Steinkirche von Hvalsey ja mit Deutschen gut gefüllt sein. Eine einsame kleine Wikingerhochzeit wird es also nicht geben.

Die erste Trauung seit 1408

Der große Tag naht, an dem seit der letzten beurkundeten Trau-ung im Jahre 1408 zum ersten Mal in der Wikingerkirche von Hvalsey wieder geheiratet werden soll. Es ist der 25. Juli, ein Sonnabend, und der bisher schönste Tag in Grönland, mit blank-gefegtem blauem Himmel und strahlender Sonne. Dazu eine leichte Brise, die die Mücken fortscheucht. Zum Glück, denn wenn es in den letzten Tagen Verdruß gab, dann waren diese Plagegeister daran schuld, die in Grönland den Sommer einsum-men. Sie umschwärmen den Wanderer in dicken Trauben wie da-heim die Bienen den Imker. Wir hatten unsere liebe Not mit ihnen, wenn wir Treibholzstämme schleppten und zersägten, um zünftiges Kirchengestühl zu bauen. Oder wenn wir Grassoden stachen und Steine schichteten für den Räucherofen der Wikinger. Bierkästen und Grillwürstchen, Pappteller und Müllsäcke, dazu Holzpaletten als Tische verteilen wir über den Berghang von Hvalsey, auf dem in den letzten tausend Jahren nur Schafe, Ziegen, Rinder und Pferde geweidet haben. Ihre Hinterlassenschaften lassen auf eine gute Verdauung schließen, und die Kirchenruine scheinen sie sich zum Stall erkoren zu haben. Das hielt bisher Besucher von ihr fern. Ein Blick durchs Portal – „pfui, hier stinkt's" –, und damit war der Besuch erledigt.

Viel zu sehen gibt's hier wirklich nicht, obwohl der Reiseführer die Ruine das besterhaltene Bauwerk der Wikingerzeit nennt. Die Abmessungen des romanischen Gotteshauses betragen sechzehn mal acht Meter, die eineinhalb Meter dicken Mauern wurden aus Feldsteinen errichtet und haben eine maximale Höhe von fünfeinhalb Metern. Dazu ein paar Fensterhöhlen und zwei vom Zahn der Zeit schiefgenagte Giebel, das ist schon alles. Um die Kirche viele Erdwälle, mit Steinen durchsetzt – solche Siedlungsplätze findet man an vielen Fjorden der alten Ostsiedlung der Wikinger.

Das Sehenswerte an der Hvalseykirche aber ist die Anordnung der Steine. Auf das Rechteck des Grundrisses sind meterdicke Steinplatten geschichtet, und das Eingangsportal ist mit einer gewaltigen Steinplatte einsturzsicher überbrückt. Wie haben die Wikinger diese gewaltigen Gewichte in die Höhe gestemmt? Und die selbsttragenden, steinernen Rundbögen der Fenster – haben sich die Nordmänner für diese Konstruktion vielleicht einen Römer gegriffen? „Eines steht fest", bemerkt Peter sehr richtig, „das letzte Brautpaar hier hat sich diese Fragen bestimmt nicht gestellt." Schließlich wußten sie, wie die Häuser der Wikinger entstanden waren, wie die Kirche und der gut hundert Meter entfernte Festsaal erbaut wurden. Letzterer ist ähnlich wie die Kirche aus Steinen aufgeschichtet und noch gut erhalten.

Im Festsaal stapeln wir Getränke und Essensvorräte, markieren auch eine große Feuerstelle. Das Fest kann beginnen! Doch halt – noch einmal muß das Brautpaar den Stall ausmisten. Schon Tage zuvor haben wir neben der Kirche einen Komposthaufen angelegt, aber in der letzten Nacht haben wieder Schafe diesen für Menschen heiligen Ort heimgesucht. Daß sie dabei unser sauber gezimmertes, mit Fellen bedecktes Kirchengestühl umgeworfen haben, nehmen wir ihnen persönlich übel.

Morgens gegen elf Uhr liegt der Fjord in tiefstem Frieden da, und von weitem ist nichts zu erkennen, was auf mehrtägige Vorbereitungen schließen läßt. Die Kirchenruine und die umliegenden Gebäudereste strahlen wie seit Jahrhunderten steinerne Unnahbarkeit und Unberührtheit aus. Nur auf den beiden Schiffen, die vor der steilen Uferböschung ankern, ist Hektik ausgebrochen. Da werden Helme poliert, Pfeil und Bogen geordnet, Wikingerschmuck angelegt. Die Braut mit ihrer zur Kammerzofe ernannten Freundin Wilma rauscht mit roten Wangen durchs Schiff. Nach ihrer Meinung klappt plötzlich nichts mehr, aber ihr Stimmungsbarometer steht weiterhin auf sonnig und schön.

Eine Stunde später sind die Wikinger in Prunkausstattung vor der Kirche aufmarschiert, aber Silke und ich dürfen noch nicht an Land. Kameramann Lothar führt Regie und hat bestimmt: Das Brautpaar steigt aus dem Wikingerschiff ins Dingi, rudert an Land und wird von den Wikingern in einer kleinen Prozession zur Kirche geleitet. Dort heißt es dann nach altem Brauch Waffen ablegen, denn sie dürfen nicht in die Kirche mitgenommen werden. Am Portal wird die Frau Pastorin das Brautpaar empfangen und zu einem mit Schafsfellen bedeckten Baumstamm führen, wobei aus der Lautsprecheranlage das „Ave Maria" und Choräle ertönen, für Feierlichkeit sorgend. Dieser Ablauf ist mehrfach durchgesprochen, notiert und von allen abgesegnet worden. Jetzt bräuchte also nur noch Punkt für Punkt vollzogen zu werden, dann ist das Programm dank der Mühe und Mithilfe von Freunden, neuen und alten, erfolgreich abgewickelt.

Ja, in Deutschland vielleicht. Aber wir sind in Grönland, wo jedes Vorhaben von der Natur bestimmt wird. Wer sie nicht in sein Kalkül mit einbezieht, wird prompt daran erinnert, wer wirklich die Macht hat im Land. Und so verläuft denn auch unsere Hochzeitsfeier grönländisch einmalig und völlig anders als geplant.

Huckepack zum Altar

Mit dem Schlauchboot der Marco Polo kommt pünktlich um eins die Frau Pastorin angebraust, einen Koffer mit Talar und Gesangbüchern auf dem Schoß. Zwei starke Außenborder beschleunigen diesen Renner auf gut achtzig Stundenkilometer. Deshalb ist unsere gute Kristin Kristonson doch etwas blaß um die Nase, als sie über die Gummiwülste ans steinige Ufer springt. Noch eine Stunde bis zu Trauung. An Bord der Shangri-la sind jetzt nur noch Braut und Bräutigam, die übrige Crew hat als Wikingergruppe vor der Kirche Stellung bezogen, sofort umringt von Grönländern, die aus allen Himmelsrichtungen in ihren kleinen Speedbooten eingetroffen sind. Man könnte meinen, daß die Berge Höhle oder Gänge haben, aus denen die kleinen Flitzer schießen.

Wir beide aber haben für das malerische Bild von Kirche und Fjord kaum einen Blick übrig. Wer jemals geheiratet hat, der weiß, wie man sich eine Stunde vor der Trauung fühlt. Da kommt Nervosität und Hektik auf: Der Braut fehlen plötzlich die ach so wichtigen Schminkutensilien; da wird hier und da noch am Wikinger-Brautkleid gezupft, das daheim an vielen Winterabenden handgenäht wurde; zu allem Unglück muß sich der Brautkranz aus Wollgras, tags zuvor von der Crew gepflückt, über Nacht geweitet haben, denn er rutscht der Braut bis über die Ohren. „Nun mal ganz ruhig", beschwichtige ich, dabei selbst am Klappenrock zupfend und mit den Lederriemen der selbstgenähten, halbhohen Stiefel kämpfend, deren Design aus der Wikingerstadt Haithabu stammt.

Die Ebbe setzt ein. Shangri-la haben wir nur dreißig Meter vom Ufer entfernt verankert, viel zu dicht unter Land, aber es gab ja so vieles auszuladen. Nun rächt sich die schlechte Seemannschaft, denn es hat aufgebrist, und der Wind steht auf Land. Durchs Unterwasserbullauge starren mir hellbraune, bedrohliche Felsklumpen entgegen. Das Echolot zeigt nur einen halben Meter Wasser unter den Kielen – wir müssen handeln, Hochzeit hin oder her. Die Maschine muß gestartet werden und der Anker schnellstens an Deck. Gemeinsam reißt das Brautpaar an der Ankerleine. Oh, die schöne weiße Schürze des Festkleids bekommt Tangflecken... Egal, jetzt ist das Schiff in Gefahr. Ein neues Ankermanöver wird gefahren, weitab von den anderen Booten, die immer zahlreicher ankommen.

An Land hat man unsere Misere längst bemerkt, das Speedboot der MARCO POLO kommt längsseits, um uns abzuholen. Alles klar, jetzt wird es also ernst. Doch der Wind wirft mittlerweile Brandung an den Ufersteinen auf, dort ist ein Anlanden nicht mehr möglich. Deshalb wird das Brautpaar am Kopf des Anlegepontons abgesetzt, wo schon eine größere Anzahl Grönländer mißmutig wartet. Denn noch ist der Ponton nicht so weit trockengefallen, daß wir alle trockenen Fußes über den Steindamm an Land gelangen könnten. Dunkle Augenpaare starren uns erwartungsvoll an. Was nun? Noch fünf Minuten, dann sollen in der Kirche die ersten Lieder geschmettert werden. Wir müssen hinüber, auch wenn die Seen über die Steine waschen.

Also, Herr Wikinger, die Hose runter, zu einem Bündel gerollt und die Lederstiefel um den Hals gebändselt! Die Braut krempelt das eben noch mühselig gebügelte Hochzeitskleid hoch – da wird viel Bein sichtbar -, läßt sich Schwert und Helm ihres Kavaliers aufladen und von ihm huckepack nehmen. „Das schaffen wir nie", wimmert sie.

Beinähe hätte sie recht behalten. Die Steine sind verdammt glitschig, es wird ein Eiertanz. Meine lieblich duftende Last krallt mir die Fingernägel in den Hals, fängt an zu zittern, und nach einem kurzen Stolpern auf halber Strecke muß ich Auszeit nehmen. Kurz durchatmen, ein paar tröstende Worte – und dann schaffen wir es doch. Die gespannt wartende Hochzeitsgesellschaft kreischt auf, applaudiert spontan, und wir hocken uns erst mal ins Gras, um zu verschnaufen.

Unsere Aktion hat auf dem Ponton ein paar Nachahmer gefunden, aber der größere Teil der Gruppe harrt weiter auf das Wunder, daß die Tide ausgerechnet heute schneller abläuft. Doch diesen Gefallen tut sie ihnen natürlich nicht, und die Leute stoßen erst mit Verspätung zur Feier.

Die Braut zieht die selbstgenähten Lederstiefelchen wieder an und zupft das Kleid zurecht; der Bräutigam wappnet sich mit Schwert und Helm, und schon schreiten wir über das Rentiermoos, um Schafskötel kurvend, zur Kirche. Symbolträchtiger hätte dieser Tag nicht beginnen können. Von keiner Kamera festgehalten, von den Freunden kaum bemerkt, bleibt dieser Huckepacktörn in den Ehestand unser ganz privates Erlebnis.

Pünktlich setzt die Musik ein, Frau Pastorin geleitet uns vor den Altar, auf dem der Wind gerade die Kerzen ausbläst, aber zum Glück auch die Mücken verscheucht. Die seefahrende Gemeinde hat auf den Holzstämmen Platz genommen, Helmut greift zur Gitarre, und es wird gesungen, natürlich auf dänisch. Aber das wurde in den letzten Tagen ja geübt. Frau Pastorin hat zwar Lampenfieber, zelebriert aber gekonnt die „ungewöhnlichste und schönste Trauung von Grönland", wie sie später versichert. Wer ein Kostümfest befürchtet hat, wird bald eines Besseren belehrt. Feierlicher und bewegender könnte eine Hochzeit nicht sein. Als sich die Wikinger singend in der uralten Kirche drängen, während die Sonne schräg durch die Steinlücken scheint, da ist mir, als sähen die früheren Bewohner von Hvalsey zufrieden zu. Genauso könnte es damals hier gewesen sein.

Ein grönländischer Festschmaus

Nach der Zeremonie nehmen die Wikinger draußen Aufstellung. Durch das Spalier der wilden Gesellen mit Schwertern, Äxten und Schilden schreiten wir dem Zeremonienmeister Carlo entgegen, der uns auf einer Holzschale Brot und Salz reicht und danach das Methorn. Und nun stürmen die Grönländer auf uns los, ersticken uns fast mit Umarmungen und Küßchen rechts, Küßchen links – wer sagt denn, daß die Leute des Nordens unterkühlt sind?

Die Feuer brennen, die Hochzeitsgesellschaft richtet sich zwischen den eingestürzten Mauern der Wikingerhäuser ein. Aus Treibgut sind Tisch und Stuhl, aus dem Supermarkt Grillwürstchen, Röstzwiebeln, Ketchup und Senf. So haben wir es uns gedacht: ein fröhliches Fest mit Grönländern, bei dem gemeinsam gefeiert wird. Auch wenn die Honoratioren fehlen, das einfache Volk fährt an diesem strahlenden Sonnentag statt zum Fischfang oder zur Jagd lieber zur Wikingerhochzeit. Natürlich ist auch – wie könnte es in Grönland anders sein? – ein wenig Alkohol mit im Spiel. Aber durch Erfahrung gewitzt, haben wir schon früh verbreiten lassen, daß die Methörner leer sind. Es muß auf Leichtbier umgeschaltet werden, und das hat in Grönland ungefähr so viele Volumenprozente wie die Gläserspüle in einer bayerischen Kneipe. Deshalb müssen die Grönländer schon mal heimlich in den Anorak langen, um den Pegelstand der Wärmflasche für kalte, einsame Stunden zu überprüfen. Und deshalb werden wir auch am Ende des Festes, als längst alle Boote in der Dunkelheit verschwunden sind, nur eine einzige Schnapsleiche hinter einem Steinwall finden.

Doch so weit sind wir noch nicht. Helmut, Musiklehrer und Ex-Kollege, bringt mit seiner Gitarre deutsches Liedgut unters Volk. „Wir lagen vor Madagaskar..." und „Rolling Home", so was können unsere Yachtcrews auf Anhieb singen, ohne es vorher geprobt zu haben. Bald fallen die Grönländer mit ihren kehligen Liedern voller Knack- und Zischlaute ein; da bleibt uns nur rhythmisches Klatschen. Und dann das Essen: Da stehen Großpötte mit Undefinierbarem auf den Flammen, da werden aus Plastiktüten glitschige, blutige Klumpen ins Gras gekippt: Robbenfleisch. Es wird auf heiße Steinplatten gelegt, ein paarmal gewendet, und schon ist aus dem hellroten Fleisch schwarzes Leder geworden. Salz und Pfeffer drauf, und hinein mit der Köstlichkeit! Mit langen Zähnen zerren wir an den Streifen, die Lakritzstangen ähneln.

„Falsch, ganz falsch", belehrt mich meine Nachbarin, die Köchin ist im Altersheim von Julianehåb. Mit einem Sichelschlag grabscht sie mir das Feisch aus der Hand, reißt es in kleine Stücke und zieht es durch den Blubber, das Häufchen Fett, das aussieht wie ein mißratener Pudding. Nun erinnert es an einen glänzenden Asphaltbrocken, ist aber durchaus eßbar und macht unglaublich satt. Dazu Heilbutt roh, in Stücke geschnitten, getrockneter Dorsch und Pökelfleisch – kurz, die ganze Proviantpalette für einen zünftigen Wikingertörn können wir durchtesten. Der Renner des Tages aber ist der Räucherfisch von Peter. Räuchern ist nämlich seine Spezialität, und ohne seinen Räucherofen wäre er bestimmt nicht mitgesegelt.

Mit Räucherfischen schuf sich Peter schon zu DDR-Zeiten eine eigene Währung und tauschte sie gegen Dinge, an die Normalverbraucher nicht mal zu denken wagten. Buchenholz, Späne, Sägemehl und ein paar Tüten Geheimpulver hat er vorsorglich eingepackt, und bald zieht der Duft seiner Öfen durch die Ruinen von Hvalsey. Denn heute räuchert er gleichzeitig an zwei Stellen. Nach Wikingerart hat er aus Grassoden und Steinen einen pyramidenförmigen Turm aufgeschichtet, der genausogut funktioniert wie sein durch häufigen Einsatz geschwärzter Blechofen.

Nach ein paar Stunden taucht Peter aus seinen Rauchschwaden auf und präsentiert auf einem Holzbrett eine Anzahl Dorsche, Schollen und Forellen, so goldbraun glänzend wie frisch lackiert. Da staunen die Grönländer nicht schlecht. Etwas so Gutes haben sie nach ihrem Bekunden noch nie gegessen. Peters Fische verschwinden nach kurzem Bewundern so schnell, daß dem Brautpaar nur eine kleine Probe bleibt. Egal – wir haben unseren Spaß, und die Grönländer lachen sich die Augen zu Schlitzen.

Erst zu vorgerückter Stunde dünnt die Gemeinde aus, was sich jedesmal durch das Aufröhren eines Außenborders ankündigt.

Aber der harte Kern bleibt und hört, wie George Zamfir mit seinen Panflöten aus den Lautsprechern eine Stimmung zaubert, die jeden ergreift. Das Lagerfeuer knistert vor sich hin, und an die Stelle ausgelassener Heiterkeit tritt Besinnlichkeit. Vielleicht sind dies gerade die schönsten Stunden, in denen der arktische Sommer für kurze Zeit das Licht ausknipst und die Bergkonturen verschwimmen. Verschwinden können sie nicht, dazu bleibt zuviel Resthelligkeit.

Wir legen neues Holz auf. Für die Lagerfeuer haben wir angetriebene Stämme zersägt, Kiefernstämme mit feinen Jahresringen und uralt. Die Grönländer meinen, sie haben die weite Reise von Sibirien her hinter sich. Zur Wikingerzeit lagen die Küsten im wahrsten Sinne des Wortes knüppeldick voll davon; als die Bestände verbraucht waren, gab's nicht mehr genügend Nachschub – eine der vielen Erschwernisse der ausgehenden Wikingerzeit. Diese harten Burschen – an unserem Lagerfeuer sind sie wieder gegenwärtig und beherrschen unsere Gespräche. Warum und wohin sind sie verschwunden? Hier an diesem Ort, in dieser Kirche, verliert sich ihre Spur.

Zeitlos und mystisch leuchten die alten Mauern über den Fjord, denn wir haben ein Dutzend Fackeln zwischen die Steine gesteckt. Das gibt eine grandiose Kulisse für Wikingerspiele. Otti, der Gaukler der Jarnfara-Gruppe, hat seine Jongleurkeulen mit Kerosin getränkt, und nun sausen und surren die flammenden Fackeln durch die Luft. Bühnenreif ist diese Nummer, schade nur, daß die meisten Grönlander jetzt schon gekrümmt in ihren Booten hocken und auf dem nachtdunklen Fjord ihren bunten Häuschen zustreben.

Mit dem Verlöschen der Fackeln an der Kirche geht ein Tag zu Ende, über den alle, die wir später treffen, sagen werden: „Es war wunderschön." Ein unvergeßlicher, unwiederholbarer Tag im Leben von Silke und mir.

6 AMERIKA, WIR KOMMEN!

Nicht ohne Bedauern sehen unsere Gäste ihrem Aufbruch entgegen, doch wir können sie, ehrlich gesagt, nicht mehr brauchen: Es wird höchste Zeit, Grönland den Rücken zu kehren und Labrador anzuvisieren. Nur zu gerne würde ich die Braut dahin mitnehmen, aber wir müssen sie wie die anderen Hochzeitsgäste zum Flugplatz nach Narssarssuaq bringen. Natürlich machen wir dabei noch einen Abstecher nach Brattahlid am jenseitigen Ufer des Eriksfjords, schräg gegenüber dem Flughafen. „Das ist ja wohl klar", hat Wikingerpapst Carlo Gloy kategorisch verkündet, „daß mich keine zehn Pferde von hier wegkriegen ohne ein Foto von WIKI, wie sie vor Eriks Wohnzimmerfenster liegt!"

Und so geschieht es. WIKING SAGA dümpelt an geschichtsträchtiger Stätte, genau dort, wo alles anfing mit den Wikingern auf

Grönland. Wo ein ungestümer Mann, dessen Wiege im fernen Norwegen gestanden hatte, den ersten Wikingerhof im neuen Land gründete und zum Oberhaupt einer großen Kolonie von Zuwanderern wurde. Jahrhundertelang bildete Brattahlid das politische Herzstück der Gemeinde, neben dem 140 Jahre später errichteten Bischofssitz Gardar im benachbarten Igalicofjord.

Es ist schon ein seltsames Gefühl, auf diesem Boden zu stehen. Womöglich war es genau hier, wo im Sommer des Jahres 1001 jenes Boot vertäut lag, das mit Lebensmitteln und Ausrüstung für eine Expedition ins Ungewisse vorbereitet wurde: eine robuste Knarr, die Leif Erikson einem gewissen Bjarne abgekauft hatte, um damit das geheimnisvolle Land westlich von Grönland zu suchen.

Vater Erik selber, berichten die Geschichtsschreiber, wollte unbedingt auch mit. Doch auf dem Weg zum Anlegesteg strauchelte sein Pferd und warf ihn ab, wobei er sich ein Bein brach. Darin sah er einen Wink der Vorsehung, daß er für derlei riskante Unternehmungen schon zu alt sei. Erik war damals fünfzig Jahre und nach den Maßstäben seiner Zeit im Greisenalter. Also segelten die jungen Leute unter Leifs Führung allein los, und Erik blieb als mißmutiger Patient bei seiner Thjodhild zurück. Mißmutig auch deshalb, weil die Bekehrung seiner Frau zum Christentum dem alten Heiden angeblich allerlei Verdruß gebracht hatte. Die tugendhafte Neuchristin verweigerte ihrem Mann wegen seines überholten Götterglaubens konsequent ihre Bettnische. Aber das ist eine andere Geschichte.

Heute heißt der Ort Qagssiarssuk. 85 Einwohner züchten Schafe, sonst ist nichts los. Von Brattahlid blieben nur verwitterte Grundmauern, jedenfalls sieht es so der laienhafte Besucher. Nicht aber Carlos Gloy, der hier am Ziel seiner Träume ist. Es gibt keinen Stein, zu dem ihm nicht eine passende Geschichte einfiele, bis Silke erklärt, sie werde seinetwegen nicht das Flugzeug verpassen.

Ein letztes Winken auf dem Rollfeld von Narssarssuaq, und der Vogel verschwindet nach Osten. Wir aber kehren schnurstracks noch einmal nach Julianehåb zurück, um unsere Vorräte zu ergänzen, denn nirgendwo gibt es ein so großes Warenangebot wie in dieser „Metropole des Südens" Anschließend geht es hundert Meilen hinauf nach Frederikshåb, dem Sprungbrett über die Davisstraße. Auch die Freunde von der OLIHAMO haben sich hier eingefunden, mit demselben Ziel wie wir: Labrador.

Unser Koch aus Ost-Berlin

Auf diesen Kurzstrecken hat unser Zuwachs bei der SHANGRI-LA-Crew Gelegenheit, sich einzugewöhnen: Jean Molitor aus Ost-Berlin. Ihn haben wir in Nanortalik aufgelesen, wo er eines kalten Morgens herbeigeschlendert kam und uns beim Beladen der Boote zusah. Dieser seltsame Vogel war nicht von hier, das sahen wir sofort. Sein flottes Lederjäckchen und die eleganten Salontreter paßten überall besser hin als nach Grönland. Ein rotes Halstüchlein war offenbar alles, womit dieser Verirrte der Kälte zu trotzen versuchte – vergeblich, wie die hochgezogenen Schultern, die blauen Lippen und die frostrote Nase verrieten. Mit der umgehängten Nylontasche, die nur einen Schlafsack enthielt, glich er einem Student auf Wochenendurlaub.

„Den habe ich schon auf der Fähre gesehen", murmelte Eugen. Und Helmut rätselte, ob der arme Kerl vielleicht den Flieger nach Mallorca suche. Keine Spur, er war ganz gezielt nach Grönland gekommen. Fotograf sei er, sagte Jean, und auf der Jagd nach schönen Nordlandbildern. Daß es hier noch im Juni so kalt würde, hätte er nicht gedacht. Und nach einem Blick auf WIKIS Persenning fragte er, ob er vielleicht für ein paar Nächte darunter seinen Schlafsack ausbreiten könne.

Eugen äugte vielsagend, und ich musterte Jean, diesen erstaunlichen Irrläufer, mit bestimmten Absichten im Hinterkopf: ein schlanker, zäher Kerl mit einem sympathischen, offenen Gesicht und beneidenswert gutem Gebiß. Schätzungsweise zwanzig, aber das war eine Täuschung. Jean zählte schon 32 Jahre. Während ich mich noch für meine Überlegungen schalt, die besser auf einen Sklavenmarkt gepaßt hätten, kam Peter mir schon zuvor.

„Kannst du kochen?" fragte er rundheraus.

„Ähem", machte Jean. „Es geht. Bißchen Reis und so..."

„Laß ihn doch mal versuchen", drängte Peter. „Ohne Silke kriegen wir sonst nie was Anständiges in den Bauch. Wir können doch nicht Küchendienst machen und gleichzeitig werkeln."

„Willst du?" fragte ich Jean.

Er wollte, und wie sich bald herausstellte, hatte er ausgesprochen tiefgestapelt. Jean war ein toller Koch. Und damit wir ihn nicht wieder verloren, bezog er umgehend die freie Koje auf der SHANGRI-LA. Als der Frühlingswind die Eisbarrieren aus dem Hafen geweht hatte, war er sich darüber klargeworden, daß er es bis New York mit uns aushalten konnte. Gut so, wir auch mit ihm.

Ein uralter Kompaß

„Du, wir sollten los, die OLIHAMO läuft auch aus. Ostwind ist angesagt." Zur Verstärkung seiner Aussage fuchtelt Jan Brandt mit der Wetterkarte herum. „Kein Tief in Sicht, und bis ein neues aus der Hudson Bay kommt, sind wir längst drüben."

In der Tat, die Wetterkarte sieht gut aus, aber: „Zuerst rufe ich unser Orakel in Hamburg an", sage ich. „Wenn von dort das Okay kommt, geht's los, vorher nicht."

Die Blicke, die mich treffen, sind eindeutig: Der hat Schiß, besagen sie, zögert das Auslaufen unter einem Vorwand hinaus. Doch die Törnberatung vom Seewetteramt in Hamburg hat sich bisher immer als zuverlässig erwiesen. Warum also ein bewährtes Prinzip ausgerechnet vor der letzten großen Etappe aufgeben?

„Für die nächsten zwei Tage haben Sie Ostwind, aber dann kommt eine Front mit Westwind, ungefähr Stärke acht", höre ich von Herrn Dittmer, dem hanseatischen Wetterfrosch. „Wollen Sie das mit dem Wikingerschiff riskieren?"

„Um Gottes willen, auf keinen Fall!"

„Richtig. Bleiben Sie, wo Sie sind, und rufen Sie mich in drei Tagen wieder an. Dann weiß ich mehr."

Nach dieser Auskunft sinkt die Stimmung auf den Nullpunkt.

Unser frustriertes Team versammelt sich zum Abschied auf der OLIHAMO, wo Skipper Klaus, gastfrei wie immer, deutsches Bier aus den Backskisten zaubert. Mehr zu meiner eigenen Rechtfertigung als zur Information wiederhole ich die Wettervorhersage aus Hamburg.

„Windstärke acht? Ach, das packen wir." Klaus gibt sich zuversichtlich. Und er hat recht. Auch ich würde mit der OLIHAMO, einer siebzehn Meter langen, für das Nordmeer ausgerüsteten Stahlketsch, keinen Augenblick zögern. Aber unsere Eichenschüssel hat nun mal keinen Deckel. Wir bleiben.

Da sitzen also zwei Crews in ein und demselben Ort, aber in zwei völlig getrennten Welten. Dort die begeisterten Gesichter der OLIHAMO-Crew, denen die Vorfreude aus den Augen leuchtet, hier die enttäuschten Mienen meiner Leute, die schon zu lange in diesem tristen Wartesaal rumhängen und denen ich gerade mitgeteilt habe: Ihr seid noch nicht dran, bitte etwas Geduld! Ich aber sitze dazwischen und bin in den nächsten Tagen Zielscheibe für manche Pfeilspitze. Diese Pfeile sind nicht böse gemeint, aber sie treffen doch. Das Wetter ist auch zu schön: stetiger Ostwind und ein reklameblauer Himmel, auf dem unsichtbar die Frage steht: Segler, worauf wartest du?

Ich warte zunächst mal auf dem Berg über der Stadt auf den sich ändernden Sonnenstand. Mit meinem Sonnenschattenkompaß, den ich mit der Wasserwaage genau austariert habe, versuche ich eine punktierte Linie zu erhalten, die der Schatten eines kleinen Stabes in der Mitte der Sonnenscheibe wirft. Das Ganze sieht aus wie eine Sonnenuhr und wurde nach Meinung skandinavischer Experten von den Wikingern zur Kursbestimmung benutzt. Damit konnte man Breitensegeln betreiben, das heißt: Wenn man sich auf einem Breitengrad genau in Ost-West-Richtung fortbewegte, dann mußte der Schatten des Stabes genau der Kurve folgen, die auf diesen bestimmten Breitengrad hin vor Reisebeginn auf den Kompaß gezeichnet wurde. Auf See konnte man so anhand des Sonnenstands genau überprüfen, ob man sich südlich oder nördlich des gewünschten Breitengrades befand. Aber grau ist alle Theorie, ausprobieren heißt die Devise.

Deshalb habe ich auch ganz Frederikshåb mit meinem Raben verrückt gemacht. Nachdem ich eine Prämie von fünfhundert Dänenkronen plus einer Flasche Whisky für die Lieferung eines kräftigen, unverletzten Raben (nicht einer schwarzlackierten Möwe) ausgesetzt habe, fühlen sich einige Grönländer – besonders die mit den abnormen Leberwerten – zum Vogelfang animiert. Aber sie bleiben erfolglos, ihre Netze auf den Müllhalden werden samt ausgelegten Ködern von den paar Raben nur mit spöttischem Gekrächze quittiert. Ihr Nahrungsangebot ist jetzt im Hochsommer so reichhaltig, daß es clevere Rabenvögel gar nicht nötig haben, sich in den Bannkreis dieser lächerlichen Netze zu begeben.

Der alte Färöer Floki Vilgerdarsson, genannt „Rabe Floki", hat seinen Trick mit dem geflügelten Lotsen zwar der Nachwelt überliefert, aber wie er zu seinem mobilen Navigationsgerät gekommen ist, das hat er uns nicht verraten. „Ob wir dann nicht wenigstens ein paar Hühner mitnehmen sollten", meint Peter listig, „weil wir die Käfige doch schon haben?"

„Nichts dagegen, wenn du sie roh essen willst", kontere ich. „Der Kocher bleibt jedenfalls in der Verschlußkiste."

Abschied von Grönland

„Es sieht gut aus." Dieser Ausspruch kommt zwar sonst von Eugen, jetzt aber höre ich ihn aus dem Munde von Herrn Dittmer im Hamburger Seewetteramt. Der sitzt vor seinen Satellitenfotos, Computern und Digitalanzeigen und schaltet damit ein Ampellämpchen für das Wikingerschiff im fernen Grönland auf Grün. Um drei Uhr nachmittags habe ich mit ihm telefoniert, und schon eine Stunde später löst sich querab vom Leuchtfeuer in der Hafeneinfahrt die Schleppleine vom Drachenhals der WIKING SAGA. Auf geht's! Frederikshåb duckt sich hinter die Inseln, die es wie Wehrtürme schützen. „Dieses trostlose Kaff will ich nie mehr wiedersehen", raunt Peter mit so wilder Entschlossenheit, daß ich begreife: Keinen Tag länger hätte ich die Geduld meiner Freunde strapazieren dürfen.

Endlich, endlich segeln wir, auch wenn es nicht viel mehr ist als ein Hauch, den ich sanft hinter den Ohren spüre: Grönlands zärtlicher Abschiedsgruß. Eine alte, gewaltige Dünung hebt das Boot in erstaunliche Höhen und läßt es, weil sie lang ist, behutsam wieder in die Tiefe gleiten, ehe sie sich erneut emporschwingt im Atemrhythmus eines großen Wassers, der Davisstraße. Machen wir uns nichts vor: Diese Dünung ist der stumpfe Rest von einstigen Monsterwellen, die ihre tödliche Energie auf der langen Reise eingebüßt haben. Um keinen Preis der Welt hätte ich in den Stunden ihrer Entstehung in der Nähe sein mögen. Selbst ihre weichen Kuppen, die ein baldiges Verfallsdatum ankündigen, haben noch genug Kraft, um die Granitfelsen wie mit weißen Polierlappen zum Glänzen zu bringen.

Mehr als zwei Knoten Fahrt machen wir bestimmt nicht. Die Silberlöckchen, die sich um den Ruderschaft ranken, plätschern entspannt, während das große viereckige Segel faltige Strahlenbündel zur Rah wirft, die an Backbord angebraßt ist. Wenn mir zu diesem Zeitpunkt jemand prophezeit hätte, daß die Rah bis zur Küste Labradors in dieser Stellung bleiben würde, hätte ich ihn als grenzenlosen Optimisten abgetan.

Und doch wird es so kommen. Aber noch denke ich nicht an die Zukunft. In den ersten Stunden nach dem Verlassen unseres tristen Wartezimmers ertappe ich mich wiederholt dabei, daß ich mich umdrehe und intensive Blicke zurückwerfe. Mir ist, als verabschiedete ich mich für immer von Grönland, der makellosen, nordischen Schönheit. Dies ist allerdings nicht ihr bester Tag. Der Himmel hat sich mit einem gräulichen Tuch zugedeckt, und die Gebirge zerfließen zu einem dunklen, unheimlichen Wall, regungslos und ernst. So ähnlich war es auch, als wir im letzten Jahr, aus der entgegengesetzten Richtung kommend, Grönland zum ersten Mal sahen: Eine wilde, wuchtige Masse wuchs da aus dem Meer empor und baute sich zu einem unüberwindlichen Sperrwerk auf. Hinter den Giganten blinkte es bläulich weiß: Das war der gewaltige Bulldozer des Inlandeises, der uns sein Baggergut entgegenschob. Abweisender war ich noch nie empfangen worden, und auch der erste nähere Kontakt wurde eine herbe Enttäuschung. Grönland und ich, wir mußten uns erst aneinander gewöhnen, aber dann wurde es ein Liebesverhältnis.

So wie damals hat die Insel auch jetzt wieder ihr Visier heruntergeklappt. Schluß, Feierabend, Ende der Besuchszeit. Nach drei Sommern in der Arktis weiß ich dieses Verhalten zu deuten. Im Norden gibt es keine ausgerollten Teppiche für Besucher, dem Gast öffnet sich keine Tür von selbst. Hier gibt es nichts umsonst, Grönland zeigt jedem erst mal die kalte Schulter. Aber wer bereit ist, seine Hand auf diese Schulter zu legen, sie langsam herumzudrehen, wird das warme Gesicht Grönlands sehen. Wie sagte Nico doch so treffend? Grönland mußt du dir hart erarbeiten, es ist eine Aufgabe, eine Herausforderung. Man muß sie annehmen – oder umkehren.

Noch in der Nacht brist es stärker auf, worauf WIKI mit leichter Schräglage und schnellem Schmatzen reagiert. An Schlaf denkt keiner von uns, denn als dunkle Klötze liegen nach Norden ziehende Eisberge im Fahrwasser. Diese Gefahr ist zum Glück weithin sichtbar. Mehr Sorge machen uns die kleinen Splitterriffe, die eine solche Eisinsel begleiten. Aber alles geht gut, schließlich sind die Nächte noch kurz und zwielichtig, und außerdem ist SHANGRI-LA vorausgeeilt. Nach dem Glühwürmchen ihrer Topplaterne ist gut steuern.

Der neue Tag bringt uns Sonntagssegeln, was zufällig auch zum Datum paßt. WIKI spurtet durch die frischen Seen, und SHANGRI-LAS verschwommene Konturen werden merklich schärfer: Der Drache holt auf. Wir wollen unseren Kurs selbst finden, wollen wie Leif Eriksson den Bug nach Westen richten und ohne den Magnetkompaß, der dienstfrei in der Kiste ruht, die Küste Labradors ansteuern.

Mit meinem Sonnenschattenkompaß sitze ich auf der Ruderbank und halte die Holzscheibe wie ein antiker Fackelträger am ausgestreckten Arm vor mich hin. „Ein richtiger Armleuchter", witzelt Peter. So weit, so gut, nur einen Schatten will der kleine Stab nicht werfen, denn die Schichtwolken stapeln sich wie Filterpapier vor der Sonne. Eine Katastrophe ist dies nicht, denn unser Windfähnchen am Mast zeigt beharrlich nach Backbord voraus, und die See paßt zur Windrichtung, also muß es nach Westen gehen. Ob wir zehn Grad weiter südlich oder weiter nördlich halten, ist letztlich gleichgültig, nur laufen muß WIKI, laufen.

Aber daß sich die Sonne in den fünf Tagen unserer Überfahrt kein einziges Mal blicken lassen würde, hätte keiner von uns gedacht. Und daß der Ostwind die ganze Zeit durchsteht, erstaunt uns noch viel mehr. Damit geht ein Wunschtraum in Erfüllung. Die Navigationstechnik der Wikinger wird deshalb noch nicht aufgegeben, sondern mangels Sonne auf spätere Reisen vertagt.

Bordroutine stellt sich ein: zwei Stunden an der Pinne, dann Wachablösung, ein paar Stunden Schlaf, zwei Schaufeln Müsli für die Backentaschen und wieder Ruderwache. Es ist kalt, immer kalt. Das Eiswasser der Davisstraße dringt uns durch Mark und Bein.

Am vierten Tag stößt Jan einen Jubelschrei aus: Eisberg voraus! Der weiße Vorposten eines großen Kontinents verkündet uns mit seiner südlichen Zugrichtung das baldige Ende unserer Überfahrt. Nun beginnt das große Spekulieren: Wo werden wir auf die Küste treffen? Wikinger Leif und sein Vorgänger Bjarne sahen zuerst flache Steine: Helluland, das Steinplattenland, das weit im Norden an der Hudsonstraße liegen muß. Ich glaube nicht, daß wir so weit nach Norden versetzt wurden. Dann hätte Eugen auf der SHANGRI-LA wohl eingegriffen. Aber wie weit südlich stehen wir jetzt? Sicherlich nicht oben an der Einfahrt zur Belle-Isle-Straße, die Labrador von Neufundland trennt. Bis dahin sind es gut sechshundert Seemeilen, und wir haben erst den vierten Tag seit Frederikshåb. So schnell waren wir nicht.

Diese Situation ist mir neu, und ich fühle mich verunsichert. Nur einer weiß genau, wo wir uns befinden, und winkt uns achteraus mit einem weißen Segel, das auf einen roten Punkt zeigt: SHANGRI-LA. Ein merkwürdiges Ausrufezeichen. Aber in dem kleinen roten Punkt sind die beiden Zauberkästen, die einen Segler ruhig schlafen lassen: Satellitennavigator und Funkpeiler. Eugen ist sich klar darüber, wo er sich befindet, aber wir sehen nur

einen Himmel in allen Grauschattierungen, ein Wasser in Blau-
und Schwarztönen und voraus einen eisigen Aquamarin grönlän-
discher Abstammung.

Eines ist Fakt, wie Peter so gerne sagt: Den grönländischen Kü-
stenstrom, der nach Norden setzt, haben wir nach dem ersten Tag
passiert. Die gewaltigen, lautlosen Verkehrsteilnehmer vor Grönlands Küste markierten deutlich diesen Fluß im Meer. Danach
durchsegelten wir eine verkehrsfreie Zone, und jetzt stoßen wir
auf die Gegenrichtung dieser gewaltigen Eisdrift. Angeblich drei
Jahre brauchen die Gletscherkälber Grönlands für ihren arktischen Looping, bevor sie vor Neufundland mit Hilfe wärmeren
Wassers entsorgt werden. Dieses Wissen erlaubt uns jedoch herzlich wenig Rückschlüsse auf unseren Standort. Wer sagt denn,
daß der eisige Labradorstrom eine ähnliche Breite hat wie sein
Gegenüber im Osten? Es ist durchaus möglich, daß wir noch zwei
oder drei Tage zu segeln haben.

Haben wir aber nicht. Jans Adlerauge erspäht in den frühen
Morgenstunden schon wieder Sensationelles: starre, blaßgraue
Streifen, die sich als gebrochene Linie zwischen Himmel und Ho-
rizont schieben: Land, zweifellos Land!

Wälder und Wale

„Sieht genauso aus wie Grönland", murmelt Peter skeptisch.
„Quatsch, Junge, wir sind doch nicht im Kreis gesegelt!" Aber leider muß ich ihm recht geben: Genauso sah die Küste aus, die vor
ein paar Tagen hinter uns im Meer versank. Trotzdem ärgert
mich der Vergleich. Oder nervt mich nur diese Unsicherheit,
nicht zu wissen, wo wir sind? WIKING SAGA beginnt schon wieder,
mir Neues beizubringen und meine eingefahrene Hochseesegelei
zu hinterfragen. Mal ganz ehrlich – was ist denn im Grunde so
schwierig an unserer augenblicklichen Lage? Eigentlich gar
nichts. Dennoch spüre ich diesen merkwürdigen Zug zwischen
Hinterkopf und Schulterblättern, die eisige Kralle, die sich langsam zusammenzieht.

Der Wind bleibt achterlich – längst habe ich ihn den „Passat des Nordens" getauft. Außerdem ist der Tag noch so jung, daß unser Landfall bei ausreichend Licht möglich scheint. Und von der Küste, die noch im Wachsen begriffen ist, aber schon Kerben erkennen läßt, weiß ich, daß sie uns ihre Fjorde und Bergrücken wie gespreizte Finger entgegenstreckt. Es sind in der Tat sichere Hände, die uns da gereicht werden, mit Ankerplätzen, geschützten Buchten und kleinen Siedlungen.

Und schließlich ist da ja noch Eugen, unser Herbergsvater, der zu seinen Segeln auch die beiden Diesel aktiviert hat. „Das gibt Meilen", spöttelt Jan, „stinkende Meilen. Aber so ist es nun mal auf den neumodischen Yachten. Bei einem fairen Vergleich sind sie die Verlierer."

Hallo – ich höre wohl nicht recht? Der so spricht, hat einen Gesinnungswandel durchgemacht. Unser Rennsegler Jan, der Hightech-Freak, der bisher nur beim Anblick heißer Rennziegen den beseelten Blick bekam, hatte doch anfangs für Wiki nur ein verächtliches Schulterzucken übrig. Da scheint sich ja unterwegs allerhand abgespielt zu haben zwischen den beiden. Wiki muß ihm ein paar Takte vom Segeln geflüstert haben aus einer längst vergessenen Epoche. Wieder hat sie ihre lautlose, aber spürbare Überzeugungsarbeit geleistet. Nach diesem Törn hat Wiki in Jan Brandt einen neuen Fan, zusätzlich zu ihren beiden alten Bewunderern.

„Wir stehen nördlich von Hamilton Inlet", verkündet Eugen über Funk und löst damit das Rätsel, das uns so lange beschäftigt hat. Drei blasse Wikingergesichter beugen sich über die Karte des Nordatlantiks, wo der Fjord namens Hamilton nur ein Blinddarm ist, der sich ins Land windet. Makkovik, ja, da war ich schon mal, das muß ziemlich am Nordausgang dieses seltsamen Wurmfortsatzes liegen.

Mit dem Restlicht des sterbenden Tages gleiten wir in den Fjord. Angekommen, Gott sei Dank! Daß dies nicht mehr Grönland ist, davon überzeugen uns auch dunkelgrüne Fichtengruppen. „Markland" heißt dieses Land, das „Waldland" der Wikinger. Nur eine knappe Meile fjordeinwärts haucht unser guter Weg-

begleiter, der Grönlandwind, sein Leben aus. Schade, aber das kennen wir ja: Der große Hirte hat seine Schäfchen in den Stall geschoben, Tür zu – und nun sucht euch eure Box alleine. WIKI kann das nur mit SHANGRI-LAS Hilfe schaffen, und tatsächlich hat Eugen längst die Fender ausgebracht und kommt angedampft. Leinen und Begrüßungsjubel fliegen herüber, und wenig später zieht ein merkwürdiger Trimaran, bestehend aus zwei Kunststoffrümpfen und einem Eichenrumpf, sein breites Heckwasser hinter sich her.

An der Fischerpier von Makkovik sind durchs Fernglas jede Menge Trawler zu erkennen, doch irgendwie mogeln wir uns dazwischen. Von den Hafenkötern wird das als Aufforderung verstanden, über die Fremdlinge in wütendes Gebell auszubrechen. Wir aber fallen in einen ohnmachtsähnlichen Erschöpfungsschlaf.

In aller Frühe, beim ersten Recken und Strecken, erfolgt der obligatorische Rundblick. Natur pur, wohin wir schauen – herrlich! Doch bevor das Dörfchen überhaupt mitkriegt, wer sich da in den Hafen geschlichen hat, sind wir schon wieder unter

Segeln. Schuld daran ist kein Geringerer als der günstige Nordwind. Wie könnten wir dieses Billigangebot ausschlagen? Jede Meile nach Süden ist kostbar.

Labradors hohe, zerklüftete Felskante steht ihrem grönländischen Gegenüber in nichts nach. Hier sind ebenfalls Superlative angebracht, allerdings auch ein paar negative, wenn es um die Gefährlichkeit dieser Küste geht. WIKI tanzt in den nächsten Tagen immer „an der Wand lang", und das wirklich nur tagsüber und bei bester Sicht. Es gibt unzählige Schären und dazu Felsen über oder unter Wasser, die sich gern noch mit Nebel und Regenschleiern tarnen. Bei schlechter Sicht oder Dunkelheit wird dieses Revier zum Nerventest. Hut ab vor den Wikingern! Wenn wir uns abends in einer namenlosen, traumhaften Kuschelbucht vor Anker ausruhen, die Seekarten mit den Horrorklippen vor uns auf dem Tisch, dann wächst der Respekt vor den Leistungen der Wikinger ins Unermeßliche.

Aber merkwürdig, in dieser Landschaft, die zum Bleiben verleitet, wo knappe Zeit zum Feind grandioser Naturerlebnisse wird, fangen wir plötzlich an, uns zu hetzen. Erschreckend oft fällt in den Bordgesprächen das Wort „New York". In diese Umgebung paßt es wirklich nicht, ich bin aber der einzige, der so empfindet. Drei Monate Einsamkeit müssen eben erst verarbeitet werden.

Die Belle-Isle-Straße ist erreicht. Wir stehen mittendrin und haben null Wind. Was nun? Die Versuchung, der SHANGRI-LA mit dem Tampen zu winken, wird übermächtig. Und doch wäre es ein Verrat an den Wikingern, unser Ziel L'Anse aux Meadows im Schleppverband zu erreichen. Denn die „Bucht der Weiden" ist unser Dreh- und Angelpunkt schlechthin. Hier haben vielleicht auch die alten Nordmänner bekalmt gelegen, den Rauch der Herdfeuer schon in der Nase, mit knurrenden Mägen und lange gestauter Sehnsucht. Hätten sie jetzt zu den Riemen gegriffen – oder sich auf ihre Kisten gekauert und abgewartet? Ich vermute letzteres, denn ihre Zeiteinteilung bestimmte nicht die Uhr, sondern die Natur. Geduldig abzuwarten, war Teil ihres Lebens, und der Wind kommt ja doch immer wieder. Fragt sich nur, aus welcher Richtung.

238

Plötzlich wird unsere Langeweile von einer Schule Buckelwale vertrieben, die ihr Erkennungszeichen, die schirmartige Schwanzflosse, wie im Zeitlupentempo aus dem Wasser schwingen. Sie ziehen immer näher heran. Ein ganzes Fontänenfeld kommt uns entgegen – wie unregelmäßig ausbrechende Geysire. Bei uns flautenmüden Kriegern bricht Hektik aus, Kamerataschen klatschen an Deck, Objektive werden hastig aufgeschraubt. Wir zählen sechzehn Buckelwale, die in gemächlichem Bogen auf uns zuhalten.

Ohne jede Scheu, im Rhythmus einer uralten inneren Dünung, tauchen ihre grauen Leiber auf und unter, schießen mit merkwürdig weichem „Plopp" ihren Blas in die Höhe, der zu feinstem Dampf zerstäubt. Jetzt ist der erste Wal unter der WIKING SAGA! Deutlich kann ich seine helle Bauchseite erkennen, dann steigen gewaltige Wasserpilze und Strudel empor – er taucht auf. Zwei Meter neben unserer Bordwand erhebt sich eine Insel aus grauer, vernarbter Walhaut. Mit einem Ruderriemen könnten wir sie berühren, aber wie zur Warnung öffnet sich das Atemloch, es folgt ein pfeifender Knall, wie er beim Herausziehen des Stöpsels aus einer Luftmatratze ertönt, und dann zischt die Salzdusche als allerfeinste Wasserwatte übers Boot. „Der stinkt nach Heringssalat", stellt Jan trocken fest. Stimmt, der Dunst riecht verdammt fischig.

Wir knipsen die Auslöser warm, denn wann sieht man Wale schon mal so hautnah? Sie begleiten uns noch eine Weile und führen immer wieder ihre nicht gerade variantenreiche Show vor: Rücken raus, Buckel machen, wegtauchen – und zum Schluß mit der quergestellten Schwanzflosse winken, von der die Tropfen perlen. Welch großartiger Besuch! Vor lauter Aufregung und Begeisterung übersehen wir die kleinen Waschbretter, die ein Hauch Wind aufs Wasser bürstet. Erst als das Segel, bis vor kurzem noch so reglos wie eine alte Pferdedecke überm Zaun, uns flappend ein Wecksignal gibt, kommen wir wieder in die Gänge. Auf, Jungs, wir haben Wind! Leider nicht aus günstiger Richtung, wie wir nach dem Trimmen feststellen. Das wird ein langes Bein zur Küste, und danach heißt es wenden und aufkreuzen.

In der Belle-Isle-Straße steht ein gewaltiger Tidenstrom, der uns in den nächsten Stunden leider nach Osten versetzt. Doch gemach, er kommt ja auch wieder zurück. Unter der Küste von Neufundland müssen wir dann aufpassen, daß wir die richtige Tide für den Landfall erwischen.

Die erste Siedlung in der Neuen Welt

Aber das ist erst am nächsten Tag der Fall, und inzwischen haben uns zermürbende Kreuzschläge nicht gerade in fröhliche Ankunftsstimmung versetzt. Trotzdem sind wir gespannt auf L'Anse aux Meadows, den Landeplatz unserer Vorgänger. Wie oft habe ich ihn schon in allen Einzelheiten geschildert, unsere Seekarten mit Anmerkungen versehen, die Prospekte vollgekritzelt. Die alte Wikingersiedlung kennt jeder der „glorreichen Sechs" mittlerweile so genau, als wäre er schon mehrmals dortgewesen.

Und dann laufen wir endlich in die Bucht am Schwarze-Enten-Bach und sehen vor uns die nachgebauten Wikingerhütten des Museums. Eugen, Jean und Helmut sind als Pfadfinder vorausgedieselt, haben SHANGRI-LA an der kleinen Pier des Dorfes vertäut und kommen im Schlauchboot um die Ecke gerauscht, um die beste Passage für WIKI zu suchen. Die Bucht soll vor tausend Jahren wesentlich tiefer gewesen sein. Das muß sie auch, denn wenn wir schon mit unserem superflachen Boot zweimal Grundberührung bekommen, wäre sie sonst für andere Schiffe kaum zugänglich gewesen.

Wir rudern WIKI bis zum Knirschen an den Strand, dann heißt es Helm auf, Schwert umgeschnallt, über die Kante und bis zu den Waden im Wasser über den heiligen Wikingerboden von Amerika gewatet. Ein bißchen eigenartig ist das schon, jetzt endlich am Ziel zu sein. Eine kleine Ansprache ist fällig, und schon wieder klicken Kameras. Wir kommen unangemeldet, völlig überraschend, und das Personal des Museums gerät aus dem Häuschen.

„Herrje, wir sollten euch eine Medaille überreichen", heißt es. Aber wir wehren ab.

„Nein, nicht uns, wir sind nur die Stellvertreter. Verdient hätten sie die Menschen, die einmal hier siedelten." Was sie bis zu ihrer Ankunft hier geleistet haben, können wir auch jetzt nur ahnen, vorstellbar ist es nicht.

Wir werden gebeten, noch zwei Tage zu bleiben, damit das Fernsehen uns filmen kann. Aber wir bitten um Verständnis. Wir sind keine Filmstars aus Hollywood, sondern Segler, die noch gut tausend Meilen bis New York vor sich haben. Wenn der Wind günstig ist, fällt das Segel von der Rah, warnen wir, nichts kann den Drachen dann aufhalten.

Angst und bange macht uns, was sich für die nächsten Tage ankündigt: schockweise Journalistenfragen und jede Menge Kameraeinstellungen. Dabei sollte unsere Ankunft in L'Anse aux Meadows eine reine Privatsache werden, bemerkt nur vom Museum und von ein paar Touristen. Und das wird sie auch, denn in der folgenden Nacht um vier Uhr kommt günstiger Wind auf.

Sorry, Freunde, wir wollen bestimmt nicht unhöflich sein, aber wir haben's angekündigt: Wenn der Wind zum Start ruft, schwebt der Drache davon.

So sind sie denn schnell wieder verschwunden, die „German Vikings", ganz nach altem Wikingerbrauch: Überfallartig in die Buchten und Flußmündungen hineingesegelt, blitzschnell mit dem Schwert das Interesse am Eigentum des Nächstbesten bekundet und mit einigen Souvenirs wieder zurück an Bord, Segel gesetzt und weg. Nun, in einigem unterscheiden wir uns doch von den Vorbildern, obwohl auch wir Beute gemacht haben. Aber bei uns sind es Bilder, die wir mitnehmen, Erinnerungen, die wir lebenslang in uns tragen und die zum großen Erlebnis der Expedition WIKING SAGA verschmelzen werden.

Noch aber liegen fremde Küsten und Inseln an unserem Weg: Neufundlands herbe Westküste und Cape Breton Island. Dann geht es weiter südwärts, an Nova Scotia entlang, bis WIKING SAGA mit einem kleinen Sprung hinüber zum Cape Cod erstmals USamerikanische Gewässer erreicht. Im Long Island Sound, genauer gesagt in Bridgeport, bekommen wir einen kleinen Vorgeschmack auf das, was man in USA einen großen Bahnhof nennt. New York aber wird der Hammer!

Der Lindwurm von Manhattan

In den ersten Tagen nach unserer Ankunft bewegt sich, von einem großen Artikel in der *New York Times* angelockt, ein vielköpfiger Lindwurm vom Eingangstor des Intrepid-Museums (so genannt nach dem gleichnamigen Flugzeugträger, der dort liegt) auf Wiki zu. „Where are the Vikings?" Kevin vom Museum kann die Frage schon nicht mehr hören. Da hat er eigens ein Hinweisschild an seinem Informationszentrum angebracht, und trotzdem muß er ständig den Wegweiser spielen. „Am besten, ich lasse den Arm gleich ausgestreckt", meint er süßsauer. „Warum muß euer Boot auch so klein sein?" Ein Glück, daß ich aus alten Weltumseglertagen noch gute Freunde in New York habe, Jo und Sabine, zu denen wir uns manchmal vor der überwältigenden Freundlichkeit flüchten können.

Selbst die drei Kolumbus-Schiffe, seit Juni als Stars der Windjammerparade in amerikanischen Gewässern und seinerzeit auf dem Hudson River von den Massen umjubelt, bringen den Tausendfüßler nicht mehr zum Stocken. Wiking Saga, dieses Relikt aus alter Zeit, vor der Skyline von Manhattan – das muß beschrieben, gefilmt, gewürdigt werden. Wir kommen uns vor wie Exoten, die herumgereicht werden und an denen jeder einmal geschnuppert haben muß, bevor der Lindwurm zum Schwindwurm wird und nach einer Woche, wie auf Befehl, plötzlich ganz ausbleibt.

„Nichts unterliegt dem Alterungsprozeß so sehr wie eine Attraktion", stellt Eugen fest, und ein wenig Schadenfreude klingt dabei an. Mit Recht, denn in den letzten Tagen gab es nur die Wikinger und ihr Schiff, sonst nichts. Dabei ist allen klar, daß es ohne Eugen, Jean und Helmut keinen glücklichen Ausgang der

Expedition gegeben hätte, daß ihre Leistung jener der WIKING-SAGA-Crew in nichts nachsteht. Nur – das muß auch einmal laut ausgesprochen werden, und dazu bietet sich unsere abendliche Runde auf der SHANGRI-LA an. In der geschlossenen Teakhöhle des Salons, unserem Thingplatz, kann rausgelassen werden, was raus muß. Hier können auch Dank und Anerkennung artikuliert werden. Diese Abende auf der SHANGRI-LA sind die Schmiede, in der die eiserne Klammer geformt wird, die unsere Expedition zusammenhält.

Bald aber wird dieses Stahlband nicht mehr gebraucht, denn New York ist unsere Endstation. SHANGRI-LA wird den Winter über in der Obhut von Jo und Sabine bleiben, bis sie dahin segeln kann, wo der Passat weht und wohin sie eigentlich gehört: in das türkisgrüne Wasser der Tropen. Und die WIKING SAGA? Für die baut Peter eine Wiege, in der sie die Überfahrt nach Europa auf einem Containerschiff verschlafen wird. Daheim wird sie dann auf Ausstellungen und Messen ihre Geschichte erzählen: von den Menschen, die sie erdachten, mit ihr segelten und Brücken bauten zu einer längst vergangenen Welt, der Welt der Wikinger.

DANKSAGUNG

Erfolgreiche Expeditionen und Abenteuer sind immer das Verdienst eines Teams. Ohne die Hilfe der SHANGRI-LA-Crew wäre die Reise der WIKING SAGA so nicht möglich gewesen. Mein Dank gilt daher besonders dem Skipper Eugen, weiterhin Helmut und Jean. Den Neuwikingern Peter, Jürgen und Jan danke ich für ihren Einsatz bei gemeinsam durchlittenen Strapazen. Aber auch ohne die Unterstützung von vielen namenlosen Helfern, Freunden und Förderern wäre unser Wikingerschiff auf materielle und finanzielle Klippen gelaufen. Den Firmen Jeantex, Leica, Secumar, Zodiac, Heino Haase, Liros und International danke ich für die kostenlose Überlassung von Material und Ausrüstung. Am stärksten verbunden aber bin ich meiner Frau Silke, die mit ihrem Optimismus und Durchhaltewillen zwei harte Segelsommer entscheidend geprägt hat.

Wikingerschiffe waren technisch
vollkommene Konstruktionen.
Das Ruder – genial gelöst –
konnte auf See ausgewechselt
werden.

1 Ruderpinne
2 Gurtband aus Leder
3 Vidje; dieser Tampen wurde
  mehrfach erneuert
4 Profiliertes Ruderblatt
5 Holzkeil zum Spannen der Vidje

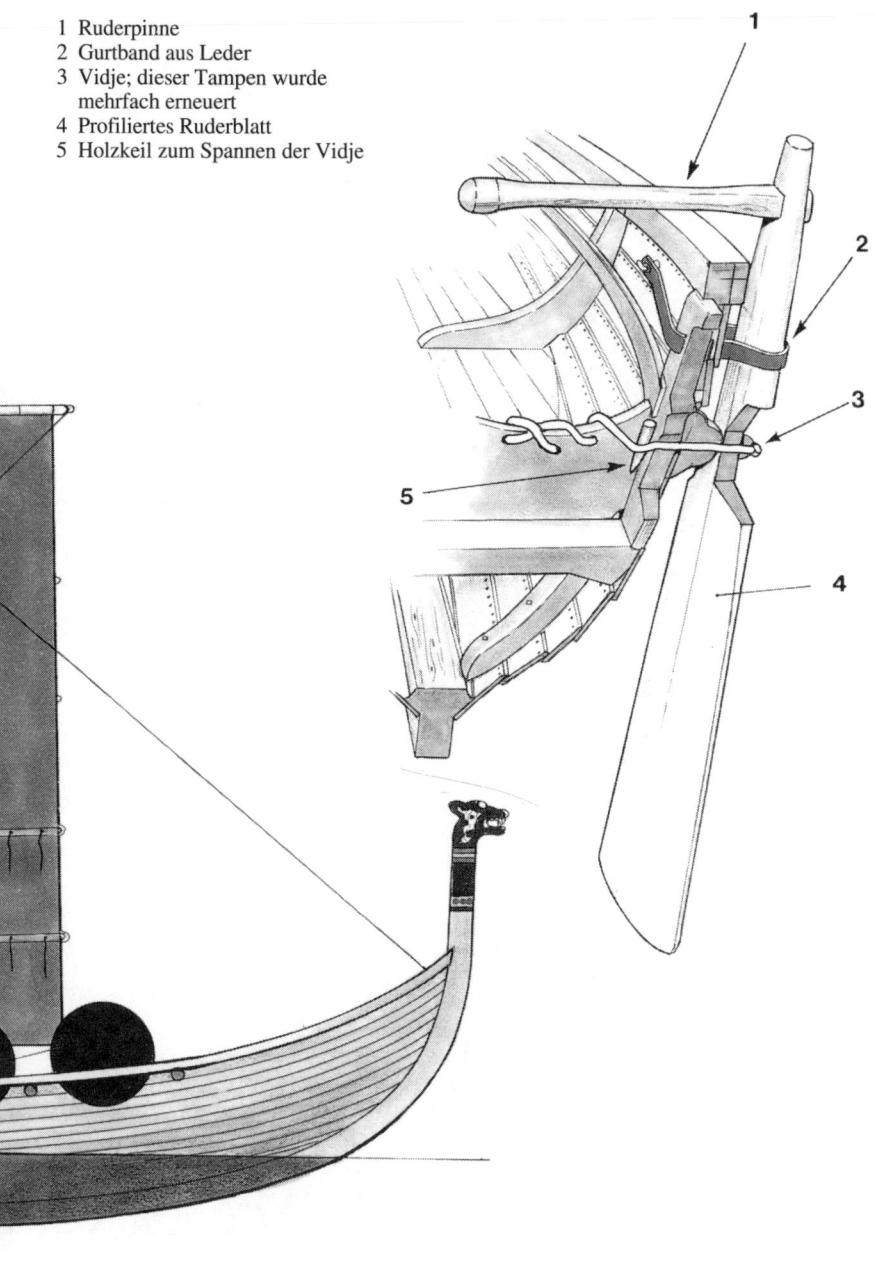

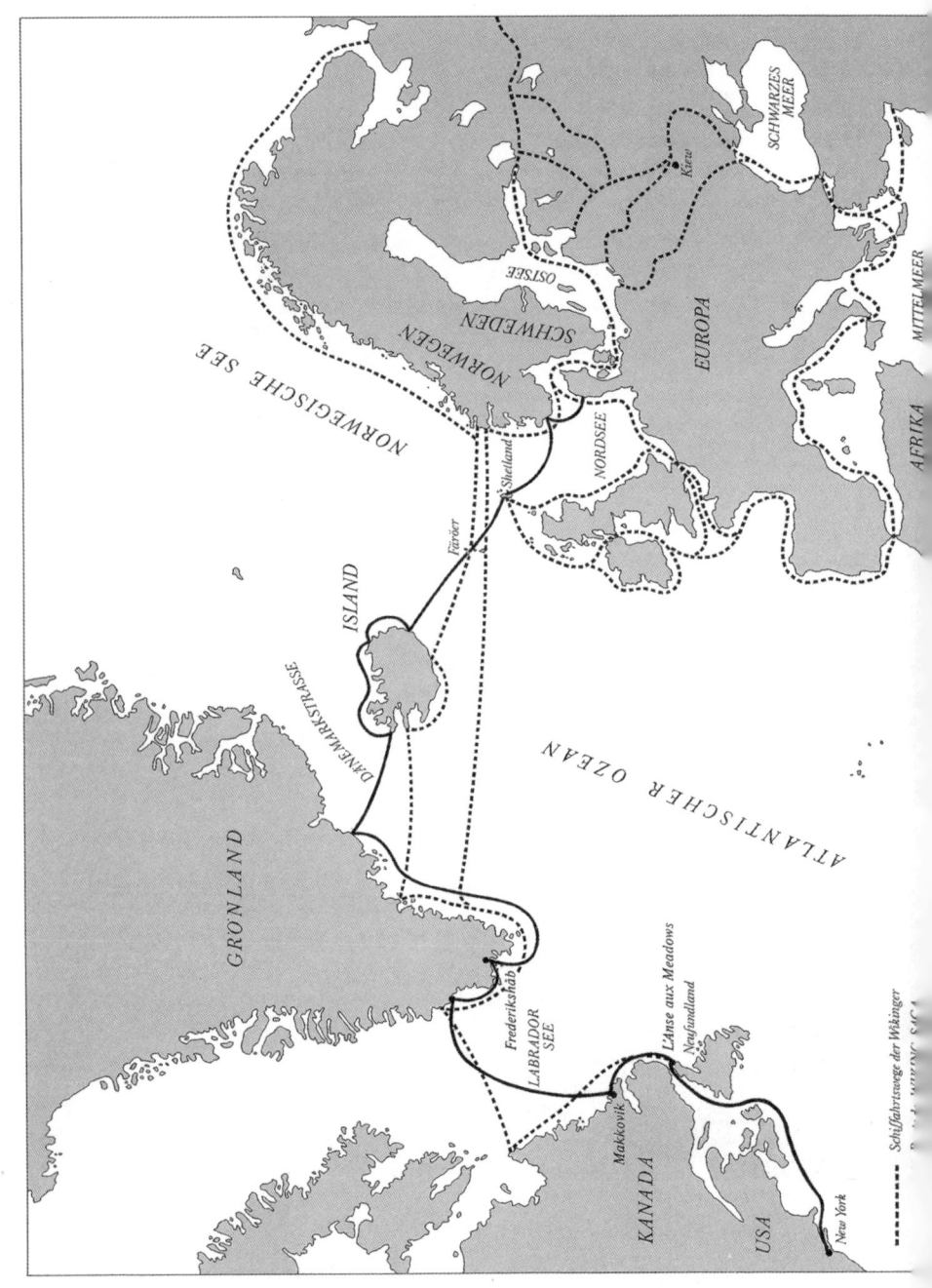

Schiffahrtswege der Wikinger